놀이지도

좌승화 · 최애경 · 김길숙 · 김혜윤 지음

도서출판 파란마음

머리말

영유아는 놀이를 하면서 배우고 자란다. 영유아기의 놀이가 영유아에게 즐거움을 제공하고, 그들의 전인적 성장과 발달을 도우며, 그들의 생활을 보다 풍부하게 만들어 준다는 사실은 오늘날까지 많은 학자들에 의해 강조되어 왔으며, 영유아교육의 신념으로 받아들여지고 있다. 영유아들에게 놀이는 자신을 표현하는 방식이며 삶 그 자체라고 할 수 있다. 단순히 뛰어 놀면서 주변 사물에 관심을 보이는 것 이상의 자기표현 방식이며, 세상과 소통하는 방식이다. 이러한 과정을 통해 영유아들은 세상에 대한 자기만의 인식의 틀과 의미를 형성하게 된다.

놀이는 영유아가 자발적으로 참여하는 행동으로 결과보다는 과정이 중요하고 계획된 형식이나 규제 없이 자유롭고, 즐겁고, 재미있는 것이어야 한다. 이러한 영유아기의 건강한 놀이경험은 성장한 후에도 긍정적인 영향을 미친다. 영유아기의 즐거운 경험은 성장한 후 성인이 되었을 때에 영유아기의 좋은 추억 등으로 정서적 지원을 제공함과 동시에 문제를 해결하고 극복할 자원을 제공한다. 그러나 영유아에게 교과 학습이 지나치게 강조되고 있는 요즈음, 영유아의 놀이의 중요성이 점차로 약화되는 시점에 놓여있다고 해도 과언이 아니다. 조기의 교과 학습에 대한 부모들의 맹신적 욕구에도 불구하고 영유아에게 '놀이 자체가 곧 학습'이라는 신념은 영유아교육의 하루일과 중 많은 부분이 자유선택놀이 활동으로 진행되면서 확고하게 실현되고 있는 실정이다. 특히 누리과정에서는 하루 한 시간의 바깥놀이를 의무화하여 영유아들의 놀이 활동이 성장과 발달에 핵심요소라는 사실을 상기시켜주고 있다. 이와 같은 맥락에서 영유아교육 현장에서 영유아에게 구조화된 놀이로서 게임을 체계적으로 제공하는 교사의 역할도 매우 중요하다고 본다. 이에 본 서는 영유아의 놀이를 어떻게 이해하고 도울 수 있는지에 대해 관심을 가지고 집필하였으며, 구체적으로 영유아의 놀이와 게임에 대한 전반적인 이해를 돕고 실제적인 지도에 도움을 주기 위하여 펴내게 되었다.

이 책의 내용은 학부학생들의 수준에 적절하면서 한 학기 강의교재로 사용하기에 적합하도록 구성하였다. 본 서는 총 12장으로 구성되어 있으며, 제I부는 놀이지도의 이론

(제1~6장)을, 제II부(제7~12장)는 놀이지도의 실제를 다루었다.

먼저 제I부 이론편에서의 제1장은 놀이의 개념을 밝히고, 제2장은 놀이 이론, 제3장은 놀이와 발달과의 관계를 설명하였다. 그리고 제4장은 놀이에 영향을 미치는 요인을 분석한 연구들을 종합 · 정리하여 놀이 관련 요인을 제시하였으며, 제5장은 놀이를 바람직하게 지도하기 위한 놀이 환경 구성방안, 제6장은 놀이지도 시의 교사의 역할 및 교사 개입 전략들을 제시하였다. 제II부 실제편에서는 영유아교육기관에서 실행하고 있는 활동 중심의 놀이 활동을 고안하였다. 각 놀이 활동들은 본 서의 실제편에서 제시한 놀이 방법을 기초로 보다 더 융통성 있게 활용될 수 있기를 기대한다. 공동저자들이 관심 있는 부분을 주제별로 나누어서 집필하였는데 제1장, 제2장, 제4장은 좌승화 교수가 제3장, 제5장, 제6장은 최애경 교수가 집필하였다. 제7장, 제8장, 제11장은 김길숙 교수가 제9장, 제10장, 제12장은 김혜윤 교수가 맡아서 집필하였다.

본 서는 여러 집필진이 유아교육을 공부하는 예비유아교사들과 영유아의 놀이에 관심을 가진 현장에 도움이 되고자 집필을 시작하게 되었다. 놀이다운 놀이가 중심이 되는 영유아교육의 현장을 위해 첫걸음을 걷는 예비유아교사나 영유아교육 현장에 계신 현장 전문가들에게 작은 보탬이 되기를 소망해 본다. 가능한 다양한 관점의 놀이 관련 내용과 활동을 조직적으로 구성하고자 하였지만 탈고를 앞둔 시점에서 아쉬움이 남는다. 앞으로 계속 보완하여 이러한 아쉬움을 줄여나가기 위해 끊임없는 노력을 이어갈 것이다.

이 책이 나오기까지 여러 측면에서 도움을 주신 모든 분들께 감사의 인사를 드리고자 한다. 출판하게 되기까지 세세한 관심과 격려를 아끼지 않으셨던 도서출판 파란마음 황호철 사장님과 삽화 작업이 많아 진행 및 편집에 힘이 드셨을 편집부 선생님께 감사를 드린다. 그리고 오랜 시간 동안 바쁜 일정에도 서로 머리를 맞대고 영유아의 놀이를 중심으로 지혜와 우정을 나누며 끝까지 인내심을 발휘한 집필진의 모습을 오랫동안 기억하고 싶다. 끝으로 본 서가 영유아의 놀이에 입문하는 예비유아교사 및 현장의 교사들에게 조금이나마 도움이 되길 바란다.

저자 일동

차 례

| Part I | 놀이지도의 이론적 이해

Chapter 1 놀이에 대한 이해

Chapter 2 놀이 이론

Chapter 3 놀이와 발달

Chapter 4 놀이에 영향을 미치는 요인

Chapter 5 놀이 환경

Chapter 6 놀이지도

| Part II | 놀이지도의 실제

Chapter 7 역할놀이

Chapter 9 물놀이

Chapter 10 모래놀이

Chapter 11 조작놀이

Chapter 12 대집단 게임

Part I

놀이지도의 이론적 이해

Chapter 1

놀이에 대한 이해

1 놀이의 개념

2 놀이의 정의

3 놀이의 특성

4 놀이의 중요성

5 놀이의 교육적 가치

6 놀이 연구

놀이는 영유아들이 가장 좋아하는 활동이다. 영유아들은 놀면서 자라고 배운다. 고대로부터 현재까지 광범위한 분야에서 인간의 발달에서 놀이의 중요성을 인식하고 철학, 심리학, 유아교육학 등 다양한 분야에서 많은 연구가 이루어지고 있고 하나의 학문적 영역으로 자리잡고 있다. 놀이가 인간 성장의 기본요소로 인정받고 있지만 현대 사회에서 인지적 성취만을 중요시 여기는 가치관이 팽배하면서 "숙제하고 놀아라.", "공부하고 놀아라." 등의 말로 놀이가 인지적 활동보다 비생산적인 행동으로 인식되는 경향이 있다. 이로 인해 영유아들이 놀이할 기회가 점점 줄어들고 있는 실정이다. 이처럼 놀이를 교육적 측면에서 하나의 학문 영역으로 다루고는 있으나 아직 놀이에 대한 개념적 이해가 완전히 정립되지는 못한 상태이다.

본 장에서는 놀이에 대한 이해를 돕기 위해 놀이의 개념과 특성, 놀이의 중요성 및 교육적 가치를 살펴보고자 한다.

1 놀이의 개념

놀이는 모든 영유아의 삶에서 보편적이며 자연스러운 부분이다. 요한 휘징가(Johan Huizinga, 1955)는 그의 저서 『호모 루덴스(Homo Ludens)』에서 놀이는 문화의 한 요소가 아니라 문화 그 자체가 놀이의 성격을 가지고 있다고 했다. 즉, '노는 인간' 혹은 '놀이하는 인간'으로 인간은 전형적인 호모 루덴스라는 것이다.

일반적으로 놀이란 영유아에게 있어 생활 자체라고 할 수 있으며, 발달과 학습의 수단이라고 한다. 그러면 놀이란 무엇인가? 많은 연구자들은 놀이를 하나의 활동 범주로 개념화하기 위한 노력을 기울였다. 이 과정에서 놀이와 유사한 개념으로 탐색 활동과 비교하여 설명하거나 놀이와 대비되는 행동으로 일과 구분하여 놀이를 개념화하려고 시도하였다. 그러므로 여기서는 놀이는 일과 어떻게 구분되는가?', '탐색 행동과는 어떤 차이가 있을까?' 라는 질문에서 시작하여 놀이와 탐색, 놀이와 일을 대비시켜 놀이의 개념을 살펴보겠다.

1) 놀이와 탐색

놀이와 탐색은 어떤 외적 목표에 도달하기 위한 행동이 아니라 내적으로 동기화된 행동이라는 공통점을 갖는다(이숙재, 2014; Fenson & Schell, 1986). 이러한 점에서 놀이는 탐색과 유사한 개념으로 자주 사용되기도 했으나 허트(Hutt, 1971)는 놀이와 탐색을 서로 다른 행동으로 구분하면서 놀이를 개념화하였다. 허트(Hutt, 1971)에 의하면 탐색은 '이 물건의 속성은 무엇일까?(What does this object do?)' 라는 의문에서 시작되는 행동인 반면에 놀이는 '이 물건을 가지고 무엇을 할 수 있을까?(What can I do with this object?)' 라는 의문과 관련된 행동이라고 규명하면서 놀이를 탐색과 구분하였다.

놀이와 탐색의 중요한 차이점으로 놀이는 사물에 대한 정보를 알아내려는 시도와 관계없이 영유아의 욕구와 필요에 의해 자발적으로 하는 행동이라는 것이다. 이에 반해 탐색 활동을 하는 영유아는 그 사물이 갖는 속성에 대해 알고자 한다. 따라서 탐색은 시기적으로 놀이 이전에 나타나는 활동이며 영유아가 처음 보는 물체에 대한 던지기, 만져보기, 살펴보기 등의 행동으로 진지하게 하는 활동이다. 일반적으로 영유아들은 새롭고 신기한 자극에 접하면 먼저 탐색을 통하여 사물과의 관계를 형성한다. 그리고 형성된 관계를 통해 자극을 파악하고 조사하여 자극에 익숙해지면 놀이 행동이 나타날 수 있다.

그러나 놀이와 탐색은 행동의 정형화 정도, 집중도, 정서상태 등 세 가지 측면에서 서로 다른 특성을 보인다(Wohlwill, 1984). 즉, 탐색 행동을 할 때는 어떤 상황이나 대상이든 상관없이 정형화된 행동을 표출하는 데 반해 놀이 행동은 다양한 행동으로 표현되는 차이가 있다. 이에 탐색을 할 때는 놀이할 때보다 사물에 더 집중하는 경향이 있다는 것이다. 이처럼 탐색할 때는 집중하기 때문에 긴장한 정서상태를 보이지만, 놀이할 때는 미소와 웃음 등 이완된 긍정적 정서를 표출한다.

사실 동물이나 인간의 발달 단계에서는 탐색과 놀이가 분명하게 구분되지 않았으며, 영유아의 놀이 에피소드에서도 놀이와 탐색이 혼합되어 나타나는 일이 종종 발생한다(김수영 외, 2014). 단지 탐색에는 사고적인 측면이 강하게, 놀이에는 행동적인 측면이 강하게 반영되어 있어 '놀이' 라는 용어와 '탐색' 이라는 용어가 조합되어 '탐색적 놀이' 라는 용어로 사용되기도 한다(Fenson & Schell, 1986).

놀이와 탐색의 행동 특성을 비교하여 나타내면 다음 | **표 1-1** | 과 같다.

| 표 1-1 | 놀이와 탐색의 비교

구분	놀이	탐색
근원	• 이 물건을 가지고 무엇을 할 수 있을까?	• 이 물건의 속성은 무엇인가?
발생 시간	• 탐색 이후에 일어남	• 놀이보다 먼저 나타남
상황	• 친숙한 사물을 대할 때	• 낯선 사물을 대할 때
목적	• 자극 유발	• 사물에 대한 정보 수집
행동	• 다양한 행동	• 정형화된 행동
기분	• 긍정적 정서	• 긴장함
집중도	• 낮음	• 높음
심장박동	• 높음	• 낮음

2) 놀이와 일

놀이와 일의 중요한 차이점은 아무리 즐거움을 느끼는 일이라 할지라도 일은 목표가 돈이든, 지위이든, 선택된 분야에서 성공이든 상관없이 외적으로 동기화되어 있다. 이에 반해 놀이는 지극히 자발적으로 표출되는 행동이다. 일은 때때로 놀이처럼 자유롭게 선택되기도 하지만 어떤 종류의 일을 피하기 위한 선택은 우리 사회에서 좀처럼 허용되지 않는다.

프로스트와 클라인(Frost & Klein, 1979)은 놀이를 정의하면서 일의 특성을 대비시켜 설명하였다. 즉, 놀이는 능동적이고 자발적이며 재미있고 과정 중심적이라고 하였다. 반면에 일은 수동적이며 강요적이며 단조롭고 외부로부터 부과되는 규칙에 얽매이는 특성이 있다고 하였다. 이와 같이 놀이와 일의 특성은 각기 다르지만 놀이와 일은 이분화되는 것이 아니라 하나의 연속선상에 두고 모든 활동은 완전한 놀이와 일이라기보다는 놀이에 가깝다든지, 일에 가깝다고 설명하였다.

| 표 1-2 | 놀이-일 연속체

놀이	일
• 능동적	• 수동적
• 자발적	• 강요적
• 재미있음	• 단조롭고 고됨
• 목표 있음	• 외적 목표에 구속
• 스스로 시작함	• 타인에 의해 착수됨
• 진지함	• 무사 안일함

| 출처 | Forst & Klein(1979: 21). Children's play & playground.

듀이(Dewey)도 영유아의 놀이와 일을 같은 맥락으로 간주하면서 영유아의 활동에서 놀이와 일을 구분하기 위하여 정확한 선을 그어 분리하기는 모호하다고 하였다.

영유아들의 놀이 개념을 분석한 킹(King, 1979)은 영유아들이 직접 선택한 활동만을 놀이로 분류하며, 교사가 지정한 활동은 놀이가 아닌 일로 분류하였다. 이러한 연구를 통해 그는 일과 놀이를 몇 가지의 기준에 따라 구분하였다.

| 표 1-3 | 킹(King, 1979)의 놀이와 일 분류

일	놀이
• 해야 하는 것(have to)	• 할 수 있는 것(can)
• 교사의 참여와 기대 정도가 높다.	• 교사의 참여와 기대 정도가 낮다.
• 끝까지 하는 것(finish)	• 마음대로 그만두는 것(quit)
• 인지적 활동	• 최소한의 인지적 활동이 요구되는 신체 활동
• 가끔 즐겁다.	• 항상 즐겁다.
• 일과 놀이는 연속체이다.	

| 출처 | King(1979: 82). The kindergarten's perspective. The Elementary School Journal, 80(2).

이와 같이 놀이는 즐거움을 동반하는 활동인 반면 일은 유용성과 목표 달성을 중요시한다. 우리는 흔히 어린 시절의 영유아는 놀면서 자라고 배운다고 한다. 이때는 놀이나

일 모두 영유아들의 자발성에 근거를 둔 즐거운 활동이다. 성인에게 있어서 놀이는 일한 다음에 얻을 수 있는 것으로 간주되지만, 영유아기에는 어떤 것이 일이라는 것을 의식하지 않고 활동을 시작한다(고문숙 · 임영심 · 황정숙, 2006).

이러한 맥락에서 영유아기의 놀이가 중요하다는 사실을 인정하지만 놀이와 일(공부)의 관계에서 딜레마가 발생하게 된다. 놀면서 배우고 자란다는 것을 가슴으로는 이해하지만 사회가 복잡해지고 경쟁적으로 변해감에 따라 "숙제하고 놀아라.", "공부하고 나서 놀아라." 등의 말을 쉽게 한다. 동화 『피노키오』(글 · 카를로 로렌치니)에서도 나오듯이 피노키오가 학교에 가지 않고 놀이공원에 놀러 가면서부터 이야기가 전개된다. 이처럼 교사, 교육행정가, 학부모들은 오랫동안 실내 활동보다는 바깥놀이 활동을 훨씬 덜 중요시 여겨왔으며, 이는 놀이와 일을 별개로 여겨 왔음이 자명한 사실이다.

그러나 놀이와 일의 특성은 다르지만 놀이와 일을 동일선상에 두고 놀이를 순수한 놀이, 놀이 속에 일이 포함되어 있는 활동, 혹은 놀이의 속성이 전혀 없는 활동들까지도 연속체로 보는 경향이 있다. 이에 놀이와 일을 이원적으로 구분하는 것보다는 놀이 활동에 바탕을 둔 유아교육 프로그램 중심으로 운영하는 것이 바람직하다고 본다.

3) 놀이와 놀이가 아닌 행동

■ 놀이와 비놀이

레비(Levy, 1978)는 놀이와 놀이가 아닌 행동을 서로 대비시켜 놀이를 개념화하려는 시도를 하였다. 그는 놀이 행동을 인간의 특성을 창의적이고 심오하게 계발하도록 돕는 역동적인 과정이라고 설명하면서 놀이와 비놀이 행동의 특성을 비교하였다. 즉, 놀이 행동은 내적 동기(intrinsic motivation), 현실로부터의 일시적 단절(suspension of reality), 그리고 내적 통제 신념(intrinsic locus of control)이라는 세 가지의 특성을 가진다. 반면에 비놀이는 외적 동기(extrinsic motivation), 현실(reality), 외적 통제 신념(external locus of control)이라는 세 가지의 특징을 갖는다.

놀이의 세 가지 특성 중 첫째, 내적 동기란 행동 그 자체에서 만족을 얻는 것이며, 반면에 외적 동기는 행동의 결과에 의해서 만족을 얻는다. 예를 들면, 실외 모래놀이터를 뛰어서 한 바퀴를 돌고나서 선생님께 다 했다고 스티커를 한 장 받아 기뻐하면 모래놀이터를 한 바퀴 뛰었다는 행동의 결과에 만족을 한 것이다. 그러나 모래놀이터를 한 바퀴 뛰고 나서도 다시 계속 뛰는 행동을 반복하면 뛰는 행동 자체가 만족을 주는 행동으로 바로 이런 행동이 놀이의 특징이라는 것이다.

놀이의 두 번째 특성인 현실로부터의 일시적 단절은 놀이 중에 현실적 자아에서 벗어나 잠시 상상의 자아에 이입시켜 환상의 세계로 들어가는 상태를 말한다. 이러한 놀이의 특성 때문에 영유아들은 현실에 얽매이지 않고 현실을 떠나 자유롭게 상상하면서 놀이를 통해 다양한 탐색과 경험을 할 수 있게 된다.

놀이의 세 번째 특성인 내적 통제 신념이란 놀이에 참여하는 영유아가 스스로 자신의 행동에 대해 통제권을 가지고 있음을 자각하고 비놀이 행동보다는 놀이 행동을 할 때 외부 요인의 영향을 덜 받고 스스로 선택하고 만족한다는 것이다.

■ 놀이와 정형화된 행동

지성애 외(2014)는 놀이 행동과 틀에 박힌 행동을 반복하는 정형화된 행동(stereotyped behavior)을 구분하여 설명하면서 놀이의 개념을 설명하였다. 정형화된 행동은 동물원에 있는 동물의 행동에서 주로 관찰된다. 예를 들면, 동물원의 우리에 갇힌 사자가 우리 주변을 어슬렁거린다면 이러한 행동을 놀이로 볼 수 있을까? 영아의 경우에도 자신의 엄지손가락이나 공갈 젖꼭지를 지속적으로 빨고 있는 행동을 자주 한다. 혹은 단체로 시설에 수용되어 있는 수동적인 영유아들의 경우에는 반복적으로 혹은 자기 자극을 유발하기 위해 몸을 흔드는 등의 행동을 하기도 한다. 영유아의 이러한 행동도 놀이라고 할 수 있을까?

위에서 예로 든 행동들에는 외연적 목적은 없으며, 이렇게 정형화된 행동은 지루한 상황에서 자극을 높여 각성을 조절하는 데 도움을 줄 수는 있다. 그러나 이와 같은 정형화된 행동에는 반복은 있지만 융통성, 즐거움, 변화성 등이 부족하여 비놀이적 행동으로 구분된다(지성애 외, 2014).

■ 놀이와 게임

게임이란 규칙이 엄연히 존재하는 것으로 '놀이'와는 분명히 구분될 수 있다(지성애 외, 2014). 사실 상징놀이에도 주어진 역할에 맞는 정해진 규칙이 존재한다. 예를 들어 학교놀이를 하면 선생님과 학생의 역할에 적합한 놀이 행동이 기대될 것이며, 이를 벗어날 경우에는 다른 친구들로부터 역할에 적절한 행동을 강요받을 것이다. 또한 술래잡기 놀이나 축구와 같은 게임에서도 공식적인 규칙이 존재한다. 피아제(Piaget, 1962)는 영유아의 인지적 놀이발달 과정을 설명하면서 놀이에서 게임으로 발달해 나간다고 하였다. 그는 놀이의 논리성과 체계성은 영유아의 인지능력과 연령에 따라 점진적으로 발달해 나간다고 보면서 놀이와 게임을 구분하지 않고 놀이의 범주 안에 규칙이 있는 게임(games with rules)을 포함시켰다.

그러나 현대 사회에 들어오면서 전자매체를 활용한 인터넷 게임이나 비디오 게임이 성행하고 있어 놀이와 게임을 구분하여 설명할 필요가 있다(지성애 외, 2014). 최근 들어 영유아들이 컴퓨터 게임이나 인터넷 검색, 스마트폰을 이용한 게임, 동영상 시청 등을 하는 시간이 급격하게 증가하고 있다. 그렇다면 이러한 행동은 놀이인가? 컴퓨터나 스마트폰 등의 전자 미디어를 활용한 게임에도 지켜야 할 규칙이 있으며, 규칙을 지키지 않을 경우에는 게임을 지속할 수 없게 된다. 그러나 이러한 행동을 놀이로 볼 수 없으며, 컴퓨터 놀이(computer play)라기 보다는 컴퓨터 게임(computer game)으로 인식해야 할 것이다(지성애 외, 2014).

2 놀이의 정의

놀이는 영유아에게 있어 생활의 전부라고 할 수 있다. 그만큼 영유아기의 놀이는 보편적이며 자연스러운 활동이다. 영유아는 놀이를 통해 배우고 자란다고 한다. 이로 인해 놀이는 영유아의 모든 발달 영역에 영향을 미친다. 그러면 놀이란 무엇인가?

영유아들이 놀이를 하고 있다는 사실은 쉽게 인식할 수 있지만 실제적으로 놀이가 무엇인가에 대한 정의는 쉽지 않은 일이다. 놀이연구가로 잘 알려진 프로스트(Frost, 1992)도 "놀이는 플라톤에서부터 피아제에 이르기까지 연구되어 왔지만 놀이를 과학적으로 명확하게 정의하기는 불가능하다. 성인으로서 우리가 놀이를 한 번 정의해 본다면 '그냥 나가서 자유롭게 노는 것' 정도로 정의할 수밖에 없다. 다시 말해 아이의 눈으로 놀이를 정의해야 한다."고 주장한다.

그럼에도 불구하고 학자마다 놀이를 다양하게 정의하고 있는데 이를 정리하면 | 표 1-4 | 와 같다.

| 표 1-4 | 놀이의 정의

학자	놀이의 정의
실러(Shiller)	• 잉여 에너지를 맹목적으로 소비하는 행동
프뢰벨(Fröbel)	• 인간의 가장 순수한 정신적 활동
라자루스(Razarus)	• 자유롭고 목적이 없으며 즐겁고 재미있는 활동

3 놀이의 특성

위에서 살펴본 바와 같이 놀이는 간단하게 정의 내려질 수는 없지만, 우리는 놀이에 대한 여러 가지 정의를 바탕으로 놀이가 지니는 특성을 찾을 수 있다.

다음의 예화들은 놀이의 특성을 이해하는 데 도움을 줄 수 있을 것이다.

- 재석이는 경쟁적인 스포츠에 거의 관심이 없는 초등학교 1학년 아동으로 부모가 학교 축구팀에 가입하기를 원했기 때문에 축구팀에 가입했다. 그러나 재석이는 축구경기 때문에 긴장하여 게임을 한 날 저녁에는 저녁밥을 먹을 수 없다.
- 6개월 된 경아는 어머니의 지갑을 탐색하기 위하여 많은 시간을 보냈다. 경아는 다음 행동을 하기 전에 열심히 모든 방법을 동원하여 내용물을 탐색하였다.
- 정미는 지방 신문의 카피라이터로서 자기의 직업을 사랑한다. 정미는 자기가 너무 좋아하는 일의 대가로 월급을 받는다는 것은 좀 미안한 일이라고 친구에게 말한다.

| 출처 | 김수영 · 김수임 · 김현아 · 정정희(2007: 13). 놀이지도. 재인용.

재석이가 참가한 축구 시합을 놀이라고 할 수 있겠는가? 경아가 어머니의 지갑을 탐색하고 있는 활동을 놀이라고 볼 수 있는가? 정미는 일을 하는 것일까? 위의 예화들에서 볼 수 있듯이 놀이를 탐색, 일, 학습과 뚜렷이 구분할 경계선은 분명하지 않지만 놀이가 갖는 본질적인 특성들을 다음과 같이 유추할 수는 있다.

■ 놀이는 내적으로 동기화되어 있다.

놀이가 내적으로 동기 유발되었다는 것은 경쟁이나 보상과 같은 외적 요인과는 관계없이 흥미, 욕구, 호기심 등의 내적 요인에 의해 놀이 활동이 이루어진다는 것이다. 따라서 내적 동기화된 놀이는 활동 그 자체가 보상으로 작용하기 때문에 영유아는 자발적으로 놀이 활동에 몰입하고 놀이 활동 자체나 그것이 가져다주는 성취감을 즐긴다. 즉, 영유아는 놀고 싶은 마음이 생겨서 놀이를 한다.

■ 놀이는 즐거운 것이다.

놀이는 본질적으로 재미있고 즐거워서 웃음과 미소를 동반한다. 그러나 때로는 놀이에 약간의 두려움이 동반될 때도 있다. 예를 들어 미끄럼을 타기 위해 미끄럼틀 꼭대기에 올라가면서 다소 두려움을 느낄 수도 있다. 하지만 영유아가 이러한 행동을 반복하며 미끄럼을 타면서 이러한 두려움에 즐거움이 수반되기도 한다. 즉, 두려움을 느낄지라도 영유아들이 스스로 하고 있는 활동을 즐긴다는 것이다. 앞의 예화에 나온 재석이의 경우는 부모가 원하기 때문에 억지로 축구를 하였으므로 내적으로 동기화된 것도 아니며, 재석이에게 있어 축구경기는 스트레스를 일으키는 활동으로 즐거움을 주지 못한다. 지루하거나 재미없는 활동은 이미 놀이가 아닌 것이다.

■ 놀이는 자유롭게 선택되어야 한다.

자유로운 선택은 놀이의 특성에서 매우 중요한 요소이다. 만약 영유아에게 놀이를 강제로 하게 한다면 그것은 더 이상 놀이로서의 활동이 아니다. 예를 들어, 유치원 교사가 영유아에게 놀이 활동을 지정해 준다면, 영유아들이 스스로 선택한 놀이와 같은 활동이라도 그 활동은 놀이라기보다는 일로서 생각하게 된다(King, 1979).

■ 놀이는 과정 지향적이다.

놀이에 참여하는 영유아들의 관심사는 그 활동의 목표나 결과보다는 놀이 활동 그 자체에 초점을 둔다. 즉, 결과 지향적이 아니고 과정을 중요하게 여긴다는 것이다. 놀이를 할 때는 무엇인가를 달성해야 한다는 목표가 있는 것이 아니기 때문에 영유아들은 다양한 활동을 자유롭게 할 수 있어 융통성을 가진다.

■ 놀이는 비사실적이다.

놀이는 상상적이다. 놀이에는 가작화 요소가 많이 들어 있어 영유아들은 놀이 속에서 '~인 척(as~if)' 하게 된다. 놀이 상황에서는 일상적으로 사용하는 물건이나 일상적 행동은 현재의 제약에서 벗어나 사물이나 행동이 갖는 실제적 의미 대신에 영유아들 스스로 새로운 의미를 부여한다. 이 특성은 영유아기의 상징놀이에서 많이 나타난다. 예를 들어, 빗자루를 다리 사이에 끼우고 말을 타는 시늉을 하기도 한다.

4 놀이의 중요성

영유아의 바람직한 전인적 발달보다는 인지적 학습이 지나치게 강조되고 있는 요즈음 놀이의 중요성이 점차 약화되고 있는 것이 현실이다. 더구나 영유아의 놀이를 위한 놀이터는 마련되어 있지만 놀이터에서 놀고 있는 영유아는 점점 찾아보기가 어려워지고 있다.

그러나 놀이는 영유아의 발달과 학습에 중요한 매개체가 된다. 놀이는 영유아들의 전인적 발달을 도울 뿐만 아니라 영유아들에게 즐거움을 제공하고, 그들의 생활을 보다 풍부하게 만들어 준다. 따라서 여기서는 놀이의 중요성을 각 발달 영역과의 관련성을 중심으로 살펴보겠다.

■ 놀이 활동은 영유아의 신체 성장을 촉진시키며 기본 운동능력을 발달시킨다.

신체 활동은 놀이의 가장 중요한 부분 중의 하나이다. 놀이는 영유아의 신체적 기술을 증가시키도록 도우며, 그러한 기술들을 새로운 상황에서 사용할 수 있도록 도와준다. 뛰기와 던지기 등의 다양한 놀이를 하면서 기본 운동능력을 향상시킬 수 있다. 또한 놀이 동작을 하면서 대 · 소근육을 움직이게 되므로 신장과 체중 등의 신체 성장이 촉진되고 혈액순환과 배설 등의 생리 기능도 증진된다. 또한 영유아는 다양한 놀이 동작을 함으로써 바른 자세를 형성할 수 있게 된다. 그리고 굴 속 기어가기, 시소 타기, 평균대 걷기와 같이 신체 각 부분의 조화를 이룰 수 있는 놀이를 함으로써 바른 자세가 형성될 수 있다.

예를 들어, 쌓기놀이를 하면서 필요한 블록을 손으로 집어서 쌓을 위치로 운반하고, 자신이 디자인한 형태에 맞추어 균형 있게 쌓는 동작을 하게 된다. 이러한 놀이 동작이 반복되면서 처음에는 작은 블록을 손바닥 전체로 서툴게 잡다가 점차 손가락 끝으로 정교하게 잡을 수 있게 되며, 눈과 손의 협응이 잘 이루어져 원하는 위치에 쌓을 수 있게 된다.

영유아는 놀이를 통하여 걷기, 뛰기, 던지기, 매달리기, 기어가기 등의 대근육 운동능력 및 물체의 조작, 눈과 손의 협응, 잡기, 쥐기 등의 소근육 운동능력을 기른다. 또한 영유아가 놀잇감을 보고, 만지고, 조합하고, 두드리는 등의 탐색 활동을 통해 감각 및 지각능력을 발달시킬 수 있다.

■ 놀이는 영유아의 정서발달을 돕는다.

놀이를 통한 영유아의 정서발달은 영유아의 감정이나 생각이 놀이를 통해 표현된다는 사실에 바탕을 둔다. 왜냐하면 영유아는 언어로 표현하는 능력이 부족하므로 놀이 경험을 통하여 자신의 감정을 표출하기 때문이다.

프로이드(Freud, 1971)에 의하면 놀이는 억압된 감정을 해소시키고 불쾌한 경험을 극복한다고 분석함으로써 놀이가 정서발달의 근본이 된다고 하였다. 영유아의 부정적인 감정이나 적대적인 생각이 놀이를 통해 건강한 방법으로 표현될 수 있기 때문에 영유아의 정신건강에 많은 도움을 주게 된다는 것이다. 즉, 영유아는 놀이를 통해 걱정이나 불안, 좌절감, 갈등 등을 해소하기도 하며, 그 속에서 해결점을 찾기도 한다. 예를 들면, 새로 태어난 동생에 대한 질투심이나 미운 감정과 부모에 대한 섭섭한 마음을 소꿉놀이에서 인형을 때리거나 다치게 함으로써 자연스럽게 그 감정을 밖으로 드러낼 수 있다. 이처럼 영유아는 놀이를 하면서 동생을 미워하는 마음, 부모에 대한 섭섭한 마음 등을 해소할 수 있으며 이러한 과정을 통해서 영유아의 정서상태는 정화된다.

■ 놀이는 영유아의 사회성을 발달시킨다.

영유아는 다른 영유아와 놀이를 함으로써 타인과의 사회적 관계를 형성하게 된다. 영유아는 사회적 관계에서 초래하게 된 문제점들을 해결하는 방안을 배움으로써 사회적인 존재로 성장한다. 즉, 놀이를 통해 친구들과 함께 협동하고 사이좋게 놀거나 싸우면서 더불어 살아가는 지혜를 배우고, 약속 지키기, 성 역할 이해하기 등의 수많은 사회적 학습을 하게 된다.

영유아의 놀이를 보면 처음에는 혼자 놀이가 많으나 점차 다른 영유아들과 어울려 놀게 되고, 친구 만드는 방법을 알게 되며, 이를 통하여 다른 영유아의 행동과 반응을 관찰하는 기회를 갖게 된다. 친구들과 놀면서 영유아는 친구집단을 형성하는 데 필요한 협동, 규칙, 질서, 양보 등의 사회성을 배우게 되어 사회적 능력이 더욱 발달된다.

놀이와 사회성 발달과의 관계를 분석한 연구들(김희숙, 1989; 박은영, 2013; Burns & Brainerd, 1979; Connolly & Doyle, 1984)에 의하면, 여러 종류의 놀이 중에 특히 사회극놀이나 상상놀이가 영유아의 사회성 발달을 촉진시키는 것으로 나타났다.

사회극놀이를 통해 영유아들은 선생님, 의사, 아기, 공주, 엄마, 아빠 등의 다양한 역할을 수행한다. 이러한 사회극놀이를 통해 타인의 관점에서 그 세계를 경험함으로써 타인을 이해할 수 있는 조망수용능력(perspective taking ability)을 발달시키게 된다. 이러한 사회적 조망수용능력은 인지발달의 기초 요인이 된다.

■ 놀이는 영유아의 언어발달을 돕는다.

놀이를 하면서 영유아가 말을 하도록 자극을 받는다. 영유아의 놀이를 관찰해 보면 혼자 노는 경우에도 중얼거리면서 노는 것을 볼 수 있다. 혼자 놀이의 상황에서든 다른 영유아들과의 사회적 놀이의 상황에서든 영유아들은 놀이를 하면서 언어를 사용하여 의사소통의 기술을 발달시켜 나간다. 언어발달과 놀이의 관련성을 연구한 몇몇 연구에서도 놀이가 영유아의 언어발달에 영향을 미친다는 사실이 밝혀졌다. 예를 들어, 저소득층의 문화 실조아를 대상으로 주제 중심의 상상 극놀이를 실시한 결과는 주제 중심의 상상 극놀이에 참여한 영유아의 이야기 이해능력과 회상능력이 향상된 것으로 밝혀졌다(Saltz & Johnson, 1974).

■ 놀이는 영유아의 인지발달을 돕는다.

영유아의 놀이 경험은 인지발달에 중요한 영향을 미치며 영유아의 학습과 정적 상관관계를 갖는다. 특히 창의성 발달, 확산적 사고능력, 조망수용능력, 기억력 등과 밀접한 관련이 있는 것으로 밝혀졌다.

사실 영유아는 놀이를 하면서 스스로 인지학습을 한다. 여러 가지 놀잇감과 흙, 나무토막, 돌멩이, 나뭇잎 등 구체적인 사물을 가지고 노는 동안 각 물체의 무게, 질감, 색깔, 크기 등 물리적 지식을 익히게 될 뿐만 아니라 여러 가지 논리 · 수학적 지식도 습득하게 된다. 색연필을 가지고 놀다가 우연히 노란색과 파랑색을 섞었더니 초록색이 된다는 것을 배우기도 하고, 놀이를 통해 주의집중력을 기르기도 한다.

뿐만 아니라 놀이 중에 접하는 새로운 사물이나 상황을 탐색하고 실험하면서 환경과 사물에 대한 지식을 넓힐 수 있으며(Henninger, 1987), 놀이 행동의 융통적이고 실험적인 속성은 영유아의 문제해결력을 길러준다(Pepler & Ross, 1981).

■ 놀이는 영유아의 창의성과 상상력을 발달시킨다.

놀이 상황에서 영유아들은 기존의 규칙이나 방법에 제한을 받지 않고 자유롭게 선택하고 독창적인 방법으로 놀면서 창의력을 발달시킨다. 또한 영유아들은 놀이의 주제나 대상이 무엇이든 간에 자유롭게 상상의 날개를 펼 수 있다. 비고스키(Vygotsky, 1978)도 상상놀이에서 상징은 추상적 사고의 발달을 유도함으로써 정신적 기술의 획득 및 지능이 발달될 수 있다고 하였다. 창의성 발달에 관한 연구들(Sutton-Smith, 1967)에서도 영유아가 놀잇감을 가지고 놀 수 있는 상황에서 더 창의적인 방법으로 그 놀잇감들을 사용하며 이를 통해 창의성의 발달이 이루어지는 것으로 밝히고 있다.

위에서 살펴본 바와 같이 영유아의 발달 특성에 따른 가장 효과적인 학습 수단은 놀이라고 볼 수 있으며, 놀이를 통하여 영유아는 세상을 경험하면서 전 발달 영역별로 통합적인 발달을 이루어나간다고 볼 수 있다.

5 놀이의 교육적 가치

놀이에 대한 또 다른 개념으로 포함될 수 있는 것은 바로 놀이가 교육적 가치를 지닌다는 점이다. 놀이는 영유아의 생활 속에서 가장 자연스럽게 이루어지는 학습 활동이며, 스스로 학습하도록 자극을 주고 동기유발을 제공해 준다.

일반적으로 우리는 놀이와 학습을 분리해서 생각한다. '놀지 말고 공부해라.', 혹은 '공부하고 놀아야지.' 라는 말 속에서 이 점을 실감할 수 있다. 그러나 교육에서 놀이의 장점은 결코 작지 않다. 놀이는 자유롭고 자발적인 활동이며 즐거움과 재미를 근간으로 한다.

16세기부터 19세기에 걸쳐 형식적 유아교육과정을 만드는 데 지대한 공헌을 한 루소는 유아의 교육 방법으로 놀이가 가장 적절하다는 교육관을 제시하였다. 이를 토대로 오늘날의 유아교육은 놀이가 곧 교육이며, 놀이는 발달에 적합한 학습 기회를 영유아에게 제공할 수 있는 최선의 방법 중에 하나라는 인식을 하게 되었다.

교육적 측면에서 볼 때 중요한 가치를 갖는 놀이의 의의에 대해 이숙재(2014)는 학습, 교육, 평가, 그리고 치료의 네 가지 측면에서 다음과 같이 설명하고 있다.

■ 놀이를 통해 학습할 수 있다.

놀이는 영유아에게 즐거움을 주는 활동이므로 놀이를 교수 · 학습에 도입하면 영유아의 흥미를 지속시키고 적극적인 참여를 유도할 수 있다. 외적 강요에 의한 학습보다는 학습자의 자발적인 동기에 의한 학습이 가장 효과적이다. 즉, 놀이는 외적 압력에 의한 것이 아니라 영유아의 자발적 욕구에 의해 내적으로 동기화되었다는 점에서 이미 효과적인 학습의 기본 조건을 갖추고 있다고 볼 수 있다.

또한 학습자가 학습에 임할 때 학습자의 적극적인 참여와 시도는 학습의 효과를 높이는 데 필수적이다. 일반적으로 영유아는 놀이 활동에 적극적이며 재미있어 한다. 영유아는 놀이 세계의 주인공으로서 능동적으로 놀이 활동에 참여하여 놀이 상황을 탐색하고, 결정하고, 선택하며, 자발적으로 인적 · 물적 환경과 다양한 상호작용을 해나가면서 폭넓은 학습의 기회를 갖게 된다. 뿐만 아니라 놀이 상황은 영유아에게 구체적인 경험을 제공하므로 효과적인 학습이 이루어지며, 다양한 활동이나 행동이 반복적으로 나타나고 경험이 심화 · 확대되어 학습 효과가 높아진다.

■ 놀이를 통해 교육할 수 있다.

위에서 살펴본 바와 같이 놀이는 영유아의 학습을 효과적으로 만들어 주므로 놀이를 유아교육의 매체로 적극적으로 활용해야 할 필요성이 있다. 놀이의 교육적 기능을 이상금(1987)은 놀이가 영유아기 교육의 조화적인 발달, 종합적인 학습을 성취시키는 최상의 방법이라고 강조하면서 놀이의 교육적 기능을 설명하였다. 김광웅(1975)도 놀이가 다음과 같은 여섯 가지 특성을 갖는다는 점에서 유아교육의 방법으로 놀이가 가장 적절하다고 하였다.

① 놀이는 유아들이 가장 좋아하는 활동이다.
② 놀이는 유아들의 자발적 동기에 의한 활동이다.
③ 놀이는 구체적인 경험을 하게 하므로 체험적이다.
④ 놀이에서는 사건이나 행동이 반복적으로 나타난다.
⑤ 놀이는 다양한 경험을 포함하고 있다.
⑥ 놀이 상황에서는 일상적으로 사용하는 물건이나 일상적 행동은 현재의 제약에서 벗어나 사물이나 행동의 새로운 의미를 탐색할 수 있으므로 놀이는 탐구적이며 창의적이다.

이외에도 많은 심리학자들과 유아교육 전문가들이 놀이가 가지는 교육적 가치를 설명하면서 놀이가 유아교육에서 적극 활용되어야 할 것을 강력하게 시사하고 있다. 그러나 놀이가 교육적인 가치를 갖는다고 해도 영유아의 모든 놀이 활동이 성장과 발달에 긍정적으로 영향을 미친다고 볼 수는 없다. 따라서 놀이 활동이 보다 교육적이며 가치 있는 활동이 되기 위해서는 적절한 놀이 환경의 제공과 교사나 성인의 효율적인 지도가 필요하다.

■ 놀이를 통해 평가할 수 있다.

영유아는 놀이를 통해 자신의 모든 것을 표현한다. 자신의 정서 상태는 물론이고 신체적, 인지적, 사회적인 영역이 모두 놀이 행동에 반영되어 있다. 특히 놀이는 영유아가 자발적으로 참여하는 활동이므로 상담이나 실험 상황과 같은 인위적인 방법보다는 자연스러운 상황에서 영유아의 행동과 반응을 있는 그대로 관찰할 수 있다는 장점이 있다.

놀이 시간을 통하여 영유아의 전반적인 발달 수준을 평가할 수 있으며, 발달상의 문제점을 진단할 수 있다. 예를 들어, 놀이에 참여하는 영유아의 행동과 반응으로 신체적 장애나 사회 정서적 장애, 인지적 장애 등을 파악할 수 있어 상담이나 치료로 이어지게 할 수 있다. 또한 영유아의 놀이 행동 자체를 평가할 수도 있다. 즉, 영유아가 좋아하는 놀이 활동, 자주 사용하는 놀잇감, 놀이 친구의 선호도 등을 평가하여 영유아에 대한 이해도를 높일 수 있을 뿐만 아니라 이러한 평가를 바탕으로 놀이지도에 효율적으로 활용할 수도 있다.

■ 놀이를 통해 치료할 수 있다.

영유아가 놀이에서 기쁨, 슬픔, 긴장, 좌절, 분노, 공포 등을 자연스럽게 표출하는데 이러한 감정의 표출을 통해 영유아의 정서 부적응이나 기타 문제 행동이 치료될 수 있다. 정신분석학적 이론은 영유아가 놀이 상황에서 자연스럽고 자발적으로 감정을 표현한다는 놀이의 특성을 근거로 놀이의 치료적 가치를 제안하였다.

그 밖에 정화 이론(catharsis theory)에서는 놀이를 통하여 울적한 감정이 배출된다고 보았으며, 자기표현 이론(self-expression theory)에서는 놀이 활동이 영유아 자신의 욕구와 감정을 가장 자연스럽고 쉽게 분출할 수 있는 창구의 역할을 한다고 주장하였다.

6 놀이 연구

1) 놀이 연구의 역사

놀이 연구의 역사를 간략하게 고대, 근대, 현대로 대별하여 살펴보겠다.

■ 고대

놀이에 관한 체계적이고 과학적인 연구가 본격적으로 시작된 것은 1920~1930년대이다. 그러나 영유아의 놀이에 관한 관심은 고대 그리스의 플라톤에서 시작되었다. 플라톤은 그의 저서 『공화국(Republic)』에서 영유아는 직접적인 교육보다는 음악이나 춤과 같이 놀이 본능이 잘 발휘될 수 있는 일종의 오락같이 가르치는 것이 효과적이라고 주장하였다.

■ 근대

놀이에 대한 관심은 로크와 루소로 이어진다. 로크는 영유아들이 좋아하는 놀이를 하도록 허용해야 영유아가 바르게 성장한다고 지적한다. 로크에 따르면 영유아는 놀잇감을 가지고 놀면서 여러 가지 학습을 하므로 다양한 놀잇감을 영유아에게 제공해야 한다고 하였다.

한편 루소는 그의 교육사상을 피력한 『에밀(Emile)』에서 놀이의 중요성을 강조하였다. 이 책에서 그는 영유아들은 자유롭게 돌아다니면서 스스로 학습해야 하며, 만 10~12세까지도 놀이와 학습이 동일한 것이므로 놀이 중심의 교육을 해야 한다고 주장하였다.

■ 현대

놀이를 유아교육과정의 교육 내용으로 활용할 것을 주장한 학자로 프뢰벨과 몬테소리를 들 수 있다. 유치원의 창설자인 프뢰벨은 '놀이란 영유아기의 가장 순수한 정신적 산물이며 인간생활 전체의 모범이라고 할 수 있다' (안인희, 2004)라고 강조하면서 놀이를 유아교육과정의 핵심요소로 보았다. 그는 놀이를 통해 영유아를 지도하기 위하여 역사상 최초의 교육적 놀잇감인 은물(gift)을 직접 만듦으로 인해 유아교육에 깊은 영향을 끼쳤다. 영어 단어 'gift' 에서도 나타나듯이 '하나님께서 아이들을 사랑하시어 내려

주신 놀이 선물'이라는 뜻을 갖는다. 프뢰벨은 영유아들이 자신이 고안한 은물을 가지고 놀이를 함으로써 신과 자연과 인간의 조화를 깨닫고 신과 자신의 능력을 알게 되어가면서 발달해 나간다고 보았다.

몬테소리는 정신지체 아동에게 감각교육을 시키기 위한 목적으로 감각교구를 개발하였다. 그녀는 빈민가나 저소득층 영유아들에게 자신이 개발한 감각교구를 이용하여 교육적 효과를 보았다. 그녀가 개발한 몬테소리 교구들은 세계 곳곳의 여러 유아교육기관에서 지금까지 널리 활용되고 있다.

이후에는 프로이드의 정신 분석 이론이 놀이치료의 임상적 연구에 기여하였고, 피아제의 인지 이론은 놀이와 인지발달과의 관계를 밝히는 연구로 발전해왔다.

2) 놀이 연구의 동향

1920년대와 1930년대에 들어서면서 놀이에 대한 본격적인 연구가 시작되었다. 이 시기의 대부분의 연구들은 첫째, 놀이와 아동발달과의 관계에 대한 연구, 둘째, 놀이에 영향을 미치는 요인에 관한 연구, 셋째, 놀이의 본질에 관한 연구, 넷째, 평가 및 진단을 위한 놀이 활용에 관한 것들이다. 여기서는 실제적인 측면에서 놀이와 아동발달과의 관계, 놀이에 영향을 미치는 요인과 관련된 연구를 중심으로 간략히 살펴보겠다.

(1) 놀이와 아동발달과의 관계에 관한 연구

놀이와 아동발달과의 관계를 다룬 연구에서는 상징놀이와 인지발달, 사회적 놀이 수준과 인지발달, 언어놀이와 언어발달, 대근육 운동놀이와 신체적 발달, 놀이와 사회성 발달과의 관계 등이 많이 다루어지고 있다.

■ 놀이와 인지발달

1960년대 후반에 들어 놀이를 인지 행동으로 개념화한 피아제 이론과 상징놀이를 구체적 사고 과정에서 추상적 사고 과정으로의 전환이라고 본 비고스키의 인지 이론에 대한 관심이 높아지면서 연구의 초점이 인지발달을 중심으로 많이 이루어지고 있다.

최근 몇몇 연구에서는 놀이가 IQ의 증진을 가져올 수 있다는 가능성을 지지하는 결과가 나왔다. 예를 들어 사츠와 존슨(Saltz & Johnson, 1974)의 연구에서 사회극놀이 훈련과정이 영유아의 놀이 행동과 IQ 향상에 긍정적인 영향을 미친다고 밝히고 있다.

이 밖에도 다양한 놀이 상황에서 경험한 행동이 이후의 문제해결에 긍정적인 영향을 미친다는 연구결과가 있으며(Bruner, 1972), 놀이에서 점수가 높게 나온 영유아들은 놀이 점수가 낮게 나온 영유아보다 확산적 사고검사에서 더 좋은 점수를 받아 놀이와 창의력 사이에도 인과관계가 있음을 밝힌 연구결과도 있다(Lieberman, 1977).

■ 놀이와 언어발달

상징놀이는 영아와 유아 모두의 언어발달과 밀접한 관계가 있는 것으로 알려져 있으며(Garvey, 1977), 또 다른 연구(Pellegrini & Galda, 1982)는 유아의 극놀이 활동이 이야기 이해력을 증진시킨다고 보고하고 있다.

■ 놀이와 사회성 발달

가비(Garvey, 1977)는 집단놀이에 관한 연구에서 영유아들이 여럿이 어울려 놀 때에는 사회적 능력이 필요하다고 하였다. 영유아는 함께 놀이를 할 때에 놀이의 주제를 구성하고 변화시킬 수도 있다. 영유아가 사회극놀이에 성공적으로 참여하려면 각 역할을 받아들이면서 이야기 흐름에 맞게 협동을 하여야 한다. 실제로 사회극놀이와 영유아의 사회성 기술과의 상관이 높음이 코놀리(Connolly, 1980)의 연구에서도 지적되고 있다. 이 연구는 사회극놀이에 자주 참여하는 영유아가 교사와 또래 모두에게 보다 더 인기가 있으며, 이들은 사회성 기술에서도 우수하다고 교사들이 평가를 한 것으로 밝히고 있다.

■ 놀이와 신체발달

블러튼 존스(Blurton-Jones, 1976)는 만 3세에서 만 5세 사이 영유아들의 거친 놀이 행동(rough and tumble play)을 관찰하였다. 이 연구는 거친 놀이가 외형적으로는 적대 행동과 유사하지만 몸싸움놀이를 하고 난 이후에는 우정이 싹튼다는 점에서 적대 행동과 다르다는 사실을 밝혔다. 스미스와 볼튼(Smith & Boulton, 1987)에 의하면 여아보다는 남아가 거친 놀이를 더 많이 하며, 남아의 놀이가 여아보다는 훨씬 더 거칠며, 남아의 연령이 높아질수록 더 거칠어지고 다양한 형태의 몸싸움을 한다. 영유아의 공격적 행동과 관련하여 거친 놀이에 관한 다양한 연구가 이루어졌는데, 특히 수톤 스미스(Sutton-Smith, 1980)는 공격적인 행동과 달리 거친 놀이는 우선 상대를 다치게 하고자 하는 의도가 전혀 없으며, 영유아의 발달에 긍정적인 영향을 끼치므로 부모나 교사는 영유아들의 몸싸움과 공격적인 행동을 정확하게 구분해야 한다고 경고한다.

(2) 놀이에 영향을 미치는 요인에 관한 연구

놀이에 영향을 미치는 요인에 관한 초기의 연구들은 주로 놀이시설, 놀잇감, 영유아의 놀이 행동과의 관련성을 주로 다루었다. 최근에 들어서는 부모와 교사의 놀이 개입 정도나 부모-자녀 간의 상호작용, TV 등 전자 미디어, 남아와 여아의 성차(gender difference)와 같은 변인에 관해서도 많이 연구되고 있다.

■ 물리적 환경 요인

최근의 놀잇감에 관한 연구들은 놀잇감의 종류나 구조화 정도에 따른 영유아의 놀이 행동을 분석하였다. 일반적으로 구조성이 높아 놀이 용도가 제한되어 있는 놀잇감(예 퍼즐, 장난감 자동차 등)은 영유아의 단독놀이를 더 많이 유발시키며, 구조성이 낮아 용도가 제한되어 있지 않은 놀잇감(예 블록, 찰흙, 모래 등)은 영유아의 구성놀이와 상상놀이를 자극하는 것으로 알려져 있다.

놀잇감의 종류와 놀이 행동의 관계에 대한 연구(Dodge & Frost, 1986)에서도 구조성이 높아 용도가 제한되어 있는 놀잇감보다 구조성이 낮은 놀잇감이 구성놀이나 상상놀이를 더 유발시키는 것으로 나타났다.

존슨(Johnson, 1935)은 놀잇감의 양에 따른 놀이 행동에 관한 연구에서 바깥놀이터에 놀이기구가 많을수록 단독놀이 행동이 더 많이 나타나며, 놀이기구가 적을수록 유아들 간의 사회적 상호작용과 갈등이 많이 발생한다고 보고하였다.

놀이 공간과 놀이 행동에 관한 연구(신동주, 1997)에서 영유아들의 수에 비해 실외놀이 공간이 좁으면 낮은 수준의 놀이 행동이 일어나는 반면, 놀이 공간이 너무 넓으면 오히려 상호작용의 기회가 적어진다는 사실이 밝혀졌다. 그러나 제한된 공간에서라도 대근육 활동을 조장시키는 놀이기구가 있다면 영유아들 간에 상호작용의 빈도에는 큰 영향을 미치지 않는 것으로 나타났다(Fontaine, 1996).

■ 인적 환경 요인

놀이에 영향을 미치는 요인으로는 위에서 언급한 놀잇감이나 놀이시설만이 아니라 가정 환경 변인, 교육 환경 변인에 대해서도 연구되고 있다. 예를 들어, 부모들은 자녀와의 놀이 상호작용에 성 유형화된(sex-typed) 놀이 즉, 남아는 남자다운 놀이, 여아는 여자다운 놀이를 하도록 격려하는 경향이 있다고 하였다(Smith & Lloyd, 1978).

부모 이외에 영유아의 교육을 담당하는 교사도 영유아의 놀이 행동에 영향을 미치는 것으로 알려져 왔다. 특히 교사가 의도적으로 영유아의 놀이 행동을 훈련시키는 효과에 대한 연구가 많이 이루어져 왔다. 스밀란스키(Smilansky, 1968)의 연구에서 저소득층 유아의 사회극놀이 참여율을 증가시키기 위하여 사회극놀이 훈련을 실시한 결과, 유아들의 사회극놀이 참여율이 높아진 것으로 밝혀졌다.

이 밖에도 또래는 영유아의 놀이 상대자로서, 놀이 모방자로서 중요한 인적 환경이다. 애브람비치와 그루섹(Abramovitch & Grusec, 1978)의 연구에 의하면, 영유아는 부끄럼을 타는 소극적인 또래 친구보다는 유능한 친구를 더 많이 모방하며 동작이나 행동보다는 언어를 더 많이 모방하는 것으로 나타났다.

■ TV와 만화 프로그램

최근에 연구가 활발히 이루어지고 있는 연구 분야는 TV의 영향과 관련된 것이다. 현대 사회에서 TV는 생활의 일부라고 할 만큼 영유아의 생활에 깊숙이 들어와 있다. 그런데 영유아들에게 미치는 TV의 영향에 대한 연구들은 유아들에게 악영향을 미친다는 결론들이 점점 많아지고 있는 실정이다(Frost, 1992). TV 프로그램의 주인공들이 부모의 역할 모델을 대신하고 있으며(U.S News and World Report, 1985), 장시간의 TV 시청은 영유아들의 비만을 촉진시키며 콜레스테롤 수치와 혈압을 높게 하는 것으로 밝혀졌다(Dietz & Gortmaker, 1985; Winston, 1984).

싱거(Singer, 1980)는 TV를 활용하여 영유아의 상상놀이를 촉진시킬 수 있는지를 실험하였다. 그의 연구에서 성인과 함께 상호작용을 하면서 TV를 시청한 영유아와 TV는 시청하지 않고 성인과 상호작용만 한 영유아의 상상놀이 참여율을 비교한 결과는 두 집단 모두 상상놀이 참여율이 높게 나타났다. 이는 영유아의 놀이 활동에 성인의 개입이 상상놀이를 촉진시키지만 TV는 영유아의 상상놀이에 영향을 미치지 못한 것을 의미 한다.

그러나 칼데라와 그의 동료들(Caldeira, Singer, & Singer, 1978)의 연구에서는 상상의 놀이친구를 가진 영유아가 그렇지 못한 유아보다 TV를 덜 시청하는 것으로 밝혀져서 TV와 영유아의 상상놀이에 관련성이 있는 것으로 밝혔다. 지난 30여 년간 이루어진 TV의 공격적인 내용과 영유아의 공격적 놀이 행동과의 관계에 관한 많은 연구들은 TV 시청이 영유아들의 공격적인 행동과 공격적인 언행 사용을 유발하며 그 영향은 상당히 지속적인 것으로 밝히고 있다(Steinfeld, 1973).

위에서 살펴본 바와 같이 TV는 영유아의 발달과 놀이에 여러 가지 측면에서 부정적인 영향을 미치므로 TV 시청 시간을 가정에서 조절할 필요가 있으며, TV 이외의 다른 실내 · 외 활동을 할 수 있도록 성인의 지도와 감독이 요구되어진다. 이러한 관점에서 미국소아과학회는 영유아들의 TV 시청 시간을 일주일에 10시간 이하로 할 것을 권장하고 있다(Frost, 1992).

■ 스마트 미디어

20세기에 인터넷이 보급된 이후 현대 디지털 문명의 발전은 사회 전반에 걸쳐 획기적인 변화를 일으켰다. 디지털 미디어 기기는 PC를 기반으로 한 인터넷으로부터 시작하며 휴대전화, 인터넷과 휴대폰 기능이 결합된 스마트폰, 태블릿 PC까지 진화된 상태이다. 양방향 소통형의 스마트 미디어는 기존 매체에 비하여 상호작용의 특성이 강화된 이유로 급속도로 보급, 확산되어 있다(한국정보화진흥원, 2012).

만 6세 이상 인구의 94.6%는 스마트폰을 포함한 이동전화를 이용하고 있으며, 간편성, 이동성, 편리성 등이 뛰어나 영유아들도 손쉽게 과다 사용하고 있는 현실이다(한국인터넷진흥원, 2013). 특히 크기가 작고 언제 어디서든 사용이 편리하다는 점과 다양한 콘텐츠가 영유아들의 호기심을 충족시킬 수 있다는 특성으로 인해 영유아들의 스마트 미디어 사용이 증가하고 있다(유구종, 2012). 따라서 최근에는 영유아를 대상으로 하여 스마트 미디어 사용과 관련된 연구가 다양하게 진행되고 있다.

■ 놀이 행동과 성차(gender difference)

영유아의 놀이 행동에서 나타나는 성별 차이는 연구가들뿐만 아니라 현장의 교육자들도 많은 관심을 갖는 영역이다. 놀이 행동의 성차는 널리 받아들여지고 있으나 이와 같은 차이의 근원을 밝히는 데에는 다양한 견해가 있다.

놀잇감의 선호도에 있어 남아와 여아의 성차는 13개월에서 14개월 사이에 이미 나타나기 시작한다고 한다. 놀잇감 선호도에 있어 여아는 남아보다 더 의존적이며, 덜 탐색적이며, 놀이 형태는 더 조용한 편으로 나타났다. 반면에 남아는 독립적이며 더 탐색적이며, 대근육을 사용해야 하는 놀잇감을 선호하며, 뛰거나 구르는 놀이 형태를 더 많이 보이는 것으로 밝혀졌다(Goldberg & Lewis, 1969). 남아는 성인들의 성 차이를 전형적으로 나타내는 남성적인 놀잇감(예 자동차, 총, 칼 등)을, 여아는 여성적인 놀잇감(예 소꿉놀이 장난감, 인형 등)을 주로 가지고 노는 것으로 밝혀졌다. 이와 유사하게 남아는 여아가 남성적 놀잇감을 거부하는 정도보다 훨씬 더 강하게 여성적인 놀잇감을 거부하는 것으로 나타났다. 부모들은 자녀의 성에 부합되는 놀잇감을 선택하도록 중재하고 있는 것으로 드러나 성-전형적인(sex-stereotyped) 놀잇감의 선택은 부모의 영향이 크다는 점을 시사하고 있다(Caldera, Huston, & O' Brian, 1989).

이와 함께 여성적인 놀잇감은 영유아들의 놀이에서 언어적 상호작용과 신체적 접근성을 더 많이 유발하는 반면, 남성적인 놀잇감은 다양한 질문과 가르침을 훨씬 덜 유발하는 것으로 밝혀졌다(Frost, 1992).

남아와 여아의 성차는 바깥놀이 행동에서도 두드러지게 나타났다. 실내놀이에서는 여아들이 극놀이를 주로 하였으나 남아들은 바깥놀이를 훨씬 더 선호하며, 또한 바깥놀이를 하는 동안 극놀이와 가작놀이를 많이 하는 것으로 밝혀졌다(Campbell & Frost, 1985). 이는 실내놀이에서 보다는 바깥놀이 행동에서 남아와 여아의 성차가 뚜렷함을 시사하고 있다.

그렇다면 과연 영유아들의 놀이 행동에서 나타나는 성 차이는 선천적으로 타고나는 것인가? 아니면 후천적으로 습득한 문화적인 영향 때문인가? 이 문제에 관해서는 일치된 견해는 없지만 대체로 다음의 세 가지 측면에서 주로 설명되고 있다.

첫째, 놀이 행동에서 뚜렷한 성 차이는 생후 1년 정도부터 나타나기 시작하므로 유전적이며 생득적이라고 설명한다. 예를 들면 베들하임(Bettelheim, 1988)은 놀이 행동에서 남아는 여아보다 훨씬 더 경쟁적이며 이러한 성 차이는 선천적이며 본능적이라고 강력하게 주장한다.

둘째, 부모-자녀 간의 상호작용에서 부모들은 자녀들에게 성-전형적인 역할과 놀잇감을 선택하도록 격려하고 지도한다는 설명이다.

셋째, 영유아들의 성역할을 규정짓는 놀이 행동에 관한 문화적인 규칙을 후천적으로 습득해 나간다는 입장이다.

Chapter 2

놀이 이론

오랫동안 학자들은 '영유아는 왜 놀이를 하는가?', '영유아의 발달에서 놀이의 가치는 무엇인가?', '놀이의 기능은 무엇인가?' 등에 관하여 의문을 가져왔다. 이러한 문제에 대해 놀이연구자들은 서로 다른 답을 제시하면서 여러 가지 놀이 이론을 제기하였다. 이러한 이론들 중에서 어느 한 가지 이론만으로는 영유아의 발달에서 놀이의 가치를 완전하게 설명할 수는 없다. 그러나 각 놀이 이론은 영유아의 발달과 놀이 행동을 보다 잘 이해하는 데 도움이 되는 다양한 관점을 제공하고 있다고 본다.

본 장에서는 19세기 말부터 20세기 초에 나온 고전적 놀이 이론과 1920년대 이후 등장하여 최근까지 대두된 현대적 놀이 이론에 대해 살펴보고자 한다.

1 고전적 놀이 이론

고전적 놀이 이론(classical play theory)은 놀이를 생물학적이며 계통발생학적인 측면에서 설명한다. 즉, 놀이가 왜 존재하며, 놀이가 제공하는 목적이 무엇인지를 철학적 측면에서 설명한다.

이에 따라 고전적 놀이 이론은 크게 두 가지로 대별된다. 첫째, 에너지 조절 수단으로서 놀이를 보는 관점인 잉여 에너지 이론과 휴식 이론이 있다. 둘째, 본능과 연관된 관점으로 반복 이론과 연습 이론이 있다.

1) 잉여 에너지 이론

잉여 에너지 이론(surplus energy theory)에서는 인간은 노동을 하고 난 후 에너지가 남으면 이것을 쓰기 위해 놀이를 한다고 하였다. 즉, 유기체는 생존을 위해 에너지를 산출하며, 필요한 에너지 이외의 잉여 에너지는 즐거움을 추구하는 데에 소모한다는 것이다.

잉여 에너지 이론의 대표적인 학자로는 쉴러(Friedrich Schiller)와 스펜서(Herbert Spencer)가 있다. 이들은 놀이를 목적 없는 행동으로 간주하고 인간과 동물이 잉여 에너지를 소모하기 위하여 놀이를 한다고 하였다.

18세기 독일의 시인이자 철학자인 쉴러는 놀이를 '목적 없이 남는 에너지를 소비하는 것'이라고 정의하였다. 그에 의하면, 인간이나 동물은 기본적인 욕구를 충족시키기 위하여 일을 하게 되는데 기본 욕구가 충족된 후에 남은 잉여 에너지를 사용하기 위해 놀이를 한다는 것이다. 특히 어린 영유아는 자신의 생존을 위해 일을 하지 않아도 되므로 남는 에너지가 많으며, 이러한 잉여 에너지를 놀이를 통해 소모하므로 성인에 비해 더 많은 시간을 놀이에 사용한다는 것이다. 쉴러의 놀이론은 영유아가 성인보다 놀이를 더 많이 하는 이유를 적절하게 설명하고 있다. 놀이에 대한 이러한 쉴러의 통찰은 현대 놀이 이론에도 영향을 미쳤다.

첫째, 쉴러는 놀이 참여자는 놀이를 통해 현실을 넘어서고 변형시키는 과정에서 새로운 상징적 표상을 갖게 된다고 하였다. 이러한 관점은 현대 놀이 이론의 주축인 피아제(Piaget, 1962), 비고스키(Vygotsky, 1978), 스밀란스키(Smilansky, 1968) 등의 이론에서도 찾아볼 수 있는 개념이다.

둘째, 쉴러는 놀이의 종류를 구분하여 물질적(material) 잉여는 신체적 놀이로 나타나고, 반대로 심미적(aesthetic) 잉여는 상징적 놀이로 나타난다고 하였다. 그가 사용한 신체적 놀이와 상징적 놀이라는 용어는 20세기의 놀이 이론에서도 다시 사용되고 있다.

19세기 영국의 철학자이자 심리학자인 스펜서(Spencer, 1873)는 인간은 생존에 필요한 에너지를 날 때부터 가지고 태어난다고 주장하였다. 만약 에너지가 생존하는 목적으로 사용되지 않는다면 다른 방향으로 어느 정도 소비해야 하며, 영유아는 과도한 에너지를 놀이에서 발산한다고 했다. 즉, 인간은 생존을 위해 에너지를 산출하며 필요한 에너지 이외의 잉여 에너지는 즐거움을 추구하는 데 소모한다는 것이다. 유기체의 계통발달 순서에 따르면 고등동물일수록 행동이 다양하며, 기본적인 욕구를 해결하는 데 필요한 시간과 에너지의 양은 줄어든다. 따라서 하등동물은 생계유지를 위해 더 많은 에너지를 사용하며, 이에 고등동물이 하등동물보다 더 많은 잉여 에너지를 갖게 되므로 하등동물보다 놀이를 더 많이 한다는 것이다.

스펜서는 놀이의 종류를 놀이의 내용에 따라 질적으로 구분하였다. 그는 『심리학의 원리』(Spencer, 1873)라는 책에서 놀이를 감각운동기관의 활동, 예술적 놀이, 고도의 협동을 요하는 게임, 모방놀이 등 네 가지로 분류하였다. 이러한 놀이 유형은 피아제의 감각운동놀이, 상징적 표상놀이, 규칙이 있는 게임, 상상놀이 등과 유사하다. 이러한 점에서 스펜서의 놀이 이론은 놀이 연구 분야에 크게 기여하였다고 볼 수 있다(유효순 · 김희태, 2014). 또한 이 이론은 왜 영유아가 성인보다 놀이를 더 많이 하며, 왜 고등동물이 하등동물보다 더 놀이를 많이 하는가를 잘 설명하고 있다.

이처럼 잉여 에너지 이론은 철학적이며 생리학적인 관점에서 놀이 이론을 정립하면서 현대 놀이 이론에도 많은 영향을 미쳤다. 그러나 이 이론은 놀이를 설명하기 어려운 문제점이 있다. 즉, 잉여 에너지 이론은 인간이 노동을 한 후 에너지가 남으면 이를 소모하기 위해 놀이를 한다는 것인데 영유아들은 피곤하고 지친 상태에서도 놀이를 지속한다는 사실은 이 이론의 모순점으로 제기된다. 즉, 새로운 자극을 주면 놀이 참가자들은 피곤하고 지쳐있어도 다시 놀이 활동을 한다는 것이다(Miller, 1968; Groos, 1901). 엘리스(Ellis, 1973)는 영유아가 지쳐 있을 때라도 새롭고 흥미로운 놀이 기회가 주어지면 피로감을 잊고 놀이에 몰두할 수 있다고 주장하면서 잉여 에너지 이론에 의문을 제기하였다.

2) 휴식 이론

휴식 이론(recreation theory)은 노동으로 쌓인 육체적 · 정신적 피로감을 풀고 휴식하고 싶을 때 놀이를 한다는 것이다. 19세기 독일 철학자 라자루스(Lazarus)에 의하면 인간은 힘든 노동을 하고 나서 정신적 · 육체적으로 에너지가 고갈되면 일과 반대되는 활동을 하게 된다고 한다. 이러한 활동이 바로 놀이라는 것이다. 즉, 일을 하면 에너지가 소비되어 에너지가 부족해지며, 부족한 에너지는 잠을 자거나 에너지 부족을 초래한 일과는 전혀 다른 활동에 몰두함으로써 재생될 수 있다. 따라서 그는 놀이란 일과 상반된 개념으로 일을 통해 소모한 에너지를 다시 재생산하여 저장하는 것이 놀이의 목적이라고 하였다.

20세기 초반의 철학자 패트릭(Patrick, 1916)은 라자루스(Lazarus)의 이론을 계승 · 발전시켜 휴식 이론을 정립시켰다. 그에 의하면 현대 사회에서 사람들은 고도의 집중력을 요하는 정신적인 활동을 많이 하게 되어 쉽게 피로감을 느끼며, 이러한 피로를 풀기 위하여 뛰기, 달리기, 던지기 등과 같은 운동이나 레크리에이션을 하게 되었다는 것이다. 영유아들의 경우도 그들이 피곤하여 쉬고 싶을 때 에너지가 공급될 때까지 기다리는 동안 지루함을 없애기 위해 놀이를 한다는 것이다.

라자루스나 패트릭의 휴식 이론은 스트레스가 심한 현대 사회의 놀이 현상을 합리적으로 설명하고 있다. 직장에서 하루 종일 스트레스가 많은 정신적 활동을 한 후 신체 활동을 하거나 다른 종류의 정신적 활동을 하면 활기를 되찾게 된다.

이러한 주장으로 인해 휴식 이론은 스트레스가 심한 현대 사회에서 놀이를 합리적으로 설명하는 것처럼 보이지만, 영유아의 놀이 해석에는 다소 부족함이 있다. 프로스트(Frost, 1992)는 만약 놀이가 휴식 이론의 주장처럼 일을 해서 생긴 피로를 회복하기 위한 활동이라면 피로감을 느낄 정도로 일을 하지 않은 영유아가 놀이에 열중하는 이유를 설명해 주지 못한다고 비판하였다.

3) 연습 이론

고전적 놀이 이론 중에 가장 설득력 있는 이론은 그루스(Groos, 1901)의 연습 이론이다(유효순 · 김희태, 2014). 그루스(Groos, 1901)는 『동물의 놀이』와 『인간의 놀이』라는 그의 저서에서 놀이는 영유아기의 전유물이며 영유아기는 놀이를 위해 존재한다고 주장하였다.

연습 이론(practice theory)에서 놀이의 목적은 미래생활에 필요한 행동을 본능적으로 연습하여 강화하는 것이라고 설명한다. 고등동물이 하등동물보다 놀이 기간이 긴 이유는 성인기의 생존에 필요한 기본적인 기술을 연습하기 위해서라는 것이다. 동물의 놀이 기간은 계통발생에 따라 다른데 고등동물일수록, 생존 기간이 길수록 미성숙의 기간도 길어 놀이 기간도 길다. 이 기간이 긴 이유는 복잡한 유기체가 성인기에 필요한 기술을 배워 숙달하려면 오랜 시간 동안 연습을 해야 하기 때문이다. 만약 고등동물인 인간이 하등동물처럼 특별한 연습 없이 성인기에 필요한 행동을 익힐 수 있다면 연습이 필요하지도 않을 것이다. 그러나 두 살짜리 아이는 걸을 수 있기 위하여 기어가기, 앉기, 서기 등의 기본능력을 수없이 연습해야 한다. 고등동물일수록 생활에 필요한 선천적 능력을 불완전하게 가지고 태어나기 때문에 이러한 능력을 발달시키려고 놀이를 통하여 연습을 해야 한다는 것이다. 즉, 놀이는 성인기의 활동을 연습하기 위해 필요하다는 것이다.

그러나 영유아기의 놀이가 실제로는 성인기의 활동과 무관해 보이는 '필요 없는 활동' 으로 구성된 이유는 무엇일까? 연습 이론에 의하면 이것은 영유아들의 놀이가 결과를 지향하는 것이 아니라 놀이 활동의 과정 그 자체에 더 많은 관심을 갖기 때문이다. 이러한 놀이 활동을 연습이라고 규정하는 것은 놀이 내용이 성인기에 필요한 활동을 그대로 모방한 것이라는 의미가 아니라 유아들이 놀이 경험을 통해서 각 발달 단계마다 필요한 과업을 적절히 연습하여 이루어 나갈 수 있다는 것이다. 이에 그루스(Groos)는 영유아의 발달에 따라 놀이 활동의 내용과 종류가 달라진다고 하였다. 즉, 놀이 과정을 통하여 필요한 과업을 이루어나가면서 지적 행동으로 발달하게 된다는 것이다.

그럼에도 불구하고 그루스(Groos)의 연습 이론은 성인기에 필요한 기술과 행동을 연습하기 위하여 놀이가 필수적이라는 이론적 근거를 제공하였으며, 놀이가 왜 일차적으로 영유아기에 나타나는가를 잘 설명했다는 점에서 의의가 있다.

하지만 놀이의 기능을 특정 행동이나 기술을 연습하는 일부 놀이 활동으로 제한하고 축소시켜 놀이가 전 발달 영역에 골고루 영향을 미친다는 점을 설명하지 못하고 있다. 그리고 놀이를 통하여 이미 성인기에 필요한 기술을 획득한 후에도 놀이가 계속된다는 사실을 충분히 설명하지 못하는 한계점이 있다. 이 이론의 단점은 성인기에 필요한 여러 기술들이 특정한 단계적 놀이 활동에 의해 획득된다고 주장하고 있으나 이에 대한 구체적인 증거가 없다는 것이다.

4) 반복 이론

반복 이론(recapitulation theory)은 인간이 하등동물에서 진화되었다는 다윈(Darwin)의 진화론에 기초를 두고 있다. 반복이란 개체발생(한 인간의 개별발달과정)은 계통발생(인류라는 종의 발달과정)을 그대로 따른다는 개념이다. 영유아 연구를 과학적으로 접근한 미국의 심리학자이며 교육학자인 홀(Hall)이 주장한 이론이다.

홀(Hall)은 인간의 배아발달 과정이 인간의 진화과정과 동일한 단계를 거친다는 사실을 발견하면서 개개인의 발달, 즉 개체발생은 계통발생을 반복한다고 주장하였다. 태내 발달과정에서는 인간이 원생동물에서 인간으로 점점 복잡한 단계를 거치는 과정이 나타나는데 이런 계통발생적인 인류가 '과정적' 으로 재현된다고 보았으며 놀이는 이러한 과정을 반복하는 것으로 설명하였다. 예를 들어, 영유아들이 놀이기구를 타고 기어오르는 놀이 행동은 원숭이와 비슷했던 조상들이 나무에 올라가 열매를 따는 행위를 재현하면서 동물 단계의 과정을 반영하고 있으며, 술래잡기는 조상들이 사냥으로 먹잇감을 찾던 경험을 재현하면서 야만 단계의 사회적 특성을 반영한다는 것이다. 또한 애완동물 기르기는 유목민기의 특성을 반영하며, 영유아들이 무리지어 놀이하는 것은 부족 단계의 사회상이 나타난다는 것이다.

굴릭(Gulick)도 놀이에서 개체발생은 계통발생을 반복한다는 진화론적 원리가 나타난다고 보았다. 그에 의하면 현대 인류의 게임은 원시인의 행동을 재현했다는 것이다. 야구에서 달리기, 정확히 던지기, 방망이로 맞추기 등은 초기 사냥 활동의 재현이라는 것이다(유효순 · 김희태, 2014).

반복 이론에서는 놀이가 영유아의 발달에서 정신적인 정화작용을 한다고 지적한다. 홀(Hall)에 의하면 놀이과정에 종족본능이 표출되는데, 이러한 본능이 놀이를 통해 반복적으로 재현되면서 점차 약화되어 없어지고 대신에 영유아들은 현대 사회에서 나타나는 보다 복잡한 고도의 기술을 획득할 준비를 한다는 것이다. 그러므로 놀이의 목적은 현대생활에는 불필요한 원시적 본능을 제거시키는 것이다. 예를 들면 아이들이 야구놀이를 반복적으로 하면 현대생활에서는 불필요한 원시생활의 사냥본능을 제거할 수 있다는 것이다.

그러나 반복 이론은 현대의 영유아들이 다양한 놀잇감이나 최첨단 게임 등 놀잇감으로 놀이하기를 즐기는 것에 대해서는 문화의 재현이나 반복으로 설명할 수 없다는 점에서 한계점을 갖는다(Frost & Klein, 1979). 또한 반복 이론이 영유아의 놀이에서 나타나는 다양하고 복잡한 특성을 진화론의 발달과정으로 설명하기 어렵다는 제한점을 지니고 있다.

이상에서 살펴본 고전적 놀이 이론은 놀이의 목적 및 기능을 중심으로 분석하였다. 그러나 각 이론은 놀이를 설명하는 데 부분적인 한계점을 가지고 있음에도 불구하고 놀이에 관한 역사적 조망을 제시해 주고 있으며 현대적 놀이 이론의 근간이 되고 있다. 고전적 놀이 이론을 간략하게 요약 · 정리하면 | 표 2-1 | 과 같다.

| 표 2-1 | 고전적 놀이 이론

놀이 이론	학자	놀이의 목적 및 기능
잉여 에너지 이론	쉴러, 스펜서	• 잉여 에너지의 발산
휴식 이론	패트릭, 라자루스	• 노동을 통해 소모된 에너지의 재생
연습 이론	그루스	• 성인기의 생활에 필요한 기술의 연습
반복 이론	홀, 굴릭	• 원시 본능의 발산, 고도의 기술 획득을 위한 준비

2 현대적 놀이 이론

현대 심리학의 영향을 받은 현대적 놀이 이론(contemporary play theory)은 놀이 행동과 발달심리학적 요인과의 관련성을 밝히기 위한 시도를 하고 있다. 20세기에 들어서면서 프로이드, 피아제, 비고스키 등의 심리학자들이 놀이 이론의 중심에서 연구를 하였다. 이들의 주된 관심은 발달심리학에 있었으므로 영유아의 놀이에 대한 연구는 이차적인 관심이었다. 그러나 이들은 공통적으로 영유아가 역할놀이나 상상놀이를 통해 자신을 표현하며, 놀이는 부분적으로 소망을 충족하는 것이라고 보았다.

여기서는 현대적 놀이 이론을 정신분석 이론, 인지발달 이론, 각성조절 이론, 상위 의사소통 이론 등을 중심으로 살펴보겠다.

1) 정신분석 이론

정신 분석가들이 놀이에 관심을 가지게 된 것은 프로이드(Freud)에서 시작되었으며 에릭슨(Erikson) 이론으로 발전해 갔다. 여기서는 프로이드 이론과 에릭슨 이론을 중심으로 살펴보고자 한다.

(1) 프로이드(Freud) 이론

프로이드(Freud)는 놀이가 영유아의 정서발달에 중요한 역할을 한다고 주장하면서 영유아의 놀이와 관련하여 다음과 같은 설명을 하였다.

첫째, 프로이드(Freud)는 쾌락의 원리(pleasure principle)를 설명하면서 영유아는 놀이에서 희망을 성취하고 기쁨을 느낀다고 하였다. 그는 영유아들이 놀이하는 동기를 쾌락의 원리로 설명한 것이다. 즉, 영유아는 현실 세계에서는 이룰 수 없는 일들을 놀이를 통해 투사(projection)한다는 것이다. 예를 들어 선생님, 의사, 요리사, 비행기 조종사, 동물, 엄마, 아빠 등 현실에서는 될 수 없지만 놀이 상황에서 자유롭게 자신이 원하는 역할을 수행하면서 만족과 즐거움을 느끼게 된다고 한다.

둘째, 프로이드에 의하면 놀이에는 정화작용(cathartic play)의 기능이 있다고 한다.

놀이를 통하여 영유아는 정서적 충격을 받은 사건과 관련된 부정적 감정들을 정화할 수 있다. 영유아는 놀이를 통해 충격을 받은 사건을 반복하거나 나쁜 경험을 준 사람이 되어보는 역할 바꾸기를 함으로써 부정적 감정들을 해소할 수 있게 된다. 이는 불안, 두려움, 공격 욕구 등과 같은 불유쾌한 감정이나 정서가 놀이를 통해 약화되거나 극복될 수 있다고 보는 정화 이론과 유사하다. 예를 들면, 부모에게 체벌을 당하거나 심하게 꾸지람을 들은 후 영유아는 자기 인형을 때리거나 놀이 친구에게 공격적인 언행을 하는 경향이 있다. 이처럼 영유아가 놀이를 통해서 실제생활에서 크게 영향을 받았던 모든 것을 재현함으로써 나쁜 경험이나 부정적인 감정을 놀이에서 다른 대상이나 사람에게 전이할 수 있다. 따라서 영유아들은 자신에게 정서적인 상처를 준 사건의 영향력을 약화시켜 나가면서 극복하게 된다.

왈더(Robert Walder, 1933)는 놀이가 불안감 등 나쁜 정서를 완화시켜준다는 사실을 '반복강박충동(repetition compulsion)' 으로 설명하였다. 왈더에 의하면, 영유아들은 현실에서 경험한 나쁜 경험을 한 번에 갑자기 정화시키기는 어렵다고 보았으며, 영유아들은 반복적이고 지속적으로 놀이를 통해 나쁜 경험을 점진적으로 완화시킨다는 것이다. 브라운, 커리, 그리고 티트니치(Brown, Curry, & Titnitch, 1971)의 예시에서 악몽의 사건을 경험한 영유아들이 그 경험을 역할놀이를 통해 반복적으로 표출하면서 그 사건의 충격을 완화시켰다. 어느 날 유치원에 있던 영유아들이 불행하게도 사다리에 올라가서 일하던 인부가 떨어져 심하게 부상을 당한 후 응급치료를 받고 구급차로 이송되는 과정을 목격하게 되었다. 이 사건 이후로 영유아들은 몇 주간 목격한 내용과 유사한 역할놀이를 반복해 나갔으나 점차 그 빈도가 약해졌으며, 이러한 반복적 놀이로 인해 영유아들이 받은 충격은 완화되었다고 보고하였다.

(2) 에릭슨(Erikson) 이론

프로이드(Freud)의 후계자인 에릭슨(Erikson)은 프로이드(Freud)의 이론을 확대 · 적용하여 놀이를 사회적 현상으로 설명하였다(이숙재, 2014). 영유아는 놀이를 통하여 신체적 · 사회적 기술을 발달시킴으로써 자아 존중감을 강화시킬 수 있다는 것이다. 영유아의 심리 · 사회적 발달을 반영하는 세 단계, 즉, 자기 세계적 놀이 단계, 미시 세계적 놀이 단계, 거시 세계적 놀이 단계를 거치면서 영유아는 놀이 영역을 확장시키고 자아

를 조절하는 등 현실 세계에 적응하는 법을 배운다는 것이다. 주변 환경에 숙달해가는 과정으로서의 놀이 단계에 대한 에릭슨(Erikson)의 설명은 다음 | 표 2-2 | 와 같다.

| 표 2-2 | 에릭슨의 놀이 단계

단계	심리 · 사회적 발달 특징
자기 세계적 놀이 (the autocosmic play)	• 출생~만 1세경 • 자신의 세계를 탐색하는 단계 • 듣기, 말하기, 혹은 손과 발 등을 중심으로 자신의 신체를 중심으로 한 놀이를 주로 함 • 자신의 신체와 감각운동적 기능을 반복적으로 연습하는 데 초점을 둠
미시 세계적 놀이 (the micro-sphere play)	• 만 2세경 • 자기 세계의 놀이를 벗어나 놀잇감이나 사물에 관심을 가짐 • 조작 가능한 놀잇감들을 가지고 혼자놀이를 하면서 놀잇감에 익숙해지고 놀이를 통한 즐거움을 느끼기 시작 • 놀이를 통해 자신을 보다 유능한 존재로 느끼게 되어 자아를 강화하게 됨
거시 세계적 놀이 (the macro-sphere play)	• 만 3~4세경 • 성인의 세계를 흉내내며, 친구들과 환상과 실제를 공유하는 극놀이를 주로 함 • 친구와의 사회적 상호작용에 관심을 갖기 시작함 • 놀이가 자아를 조절하면서 현실에 적응해 나가도록 하는 사회적 의미를 갖게 됨

2) 인지발달 이론

인지발달학자들은 놀이가 지적 성장을 촉진한다고 간주하였다. 이와 같은 인지발달론적 놀이 이론을 피아제 이론, 비고스키 이론, 수톤 스미스 및 브루너 이론으로 나누어 살펴보겠다.

(1) 피아제(Piaget) 이론

① 놀이 이론

인지발달론적 접근에서 가장 대표적인 학자인 피아제에 의하면 영유아의 놀이 경험은 인지발달과 긴밀한 관계를 맺고 있다고 주장한다. 영유아의 놀이는 이 세상을 이해하는 데 도움을 줄 뿐만 아니라 인지발달의 정도를 나타내는 지표 혹은 부산물이라고 하였다.

영유아의 인지발달은 본래 가지고 태어난 반사 활동과 외부적 환경과 서로 연합하는 것으로 동화와 조절의 과정을 거쳐 평형화를 이룰 때 일어나는 것으로 보았다. 동화(assimilation)란 영유아가 외부 세계의 새로운 자극을 자신의 인지구조에 맞추어 받아들이는 과정을 의미한다. 반면에 조절(accomodatin)은 외부 세계의 자극을 받아들이기 위하여 자신이 기존에 가지고 있던 인지구조를 수정하는 것을 의미한다.

피아제는 인지발달 과정에서 출현하는 새로운 형태의 도식에 자신이 가지고 있는 여러 가지 도식을 동화시키는 즐거움을 얻기 위해서 그 행위를 반복하는 것이 놀이라고 하였다. 피아제는 영유아의 놀이가 외부의 세계를 자신의 인지체계에 동화시키는 과정이라고 설명하면서 놀이와 모방을 구분하여 비교하였다. 즉, 놀이는 조절보다 동화가 우세하게 작용하는 상황이며, 모방은 순수한 조절 행동이라고 설명하였다. 예를 들어 영아가 베개를 머리에 대고 자는 모습을 흉내내는 것은 모방하는 행동이다. 반면에 영아가 이불, 수건, 가방 등을 머리에 대고 눕는 시늉을 하면서 노는 것은 사물의 본래 기능과 무관한 베개로 동화시켜 놀이를 하는 것이다.

이처럼 영유아들의 놀이는 새로운 도식을 만들거나 조절하여 적응하려는 목적 없이 순수한 기능적 즐거움만을 위해 반복적으로 행동하는 것이다. 그러므로 영유아가 놀이에서 주로 보여주는 반복적인 행동, 재생, 일반화 과정 등은 놀이 행동 자체에 대한 즐거움과 기쁨을 느끼는 것으로 새로이 조절할 필요 없이 순수한 동화의 기능만으로 가능한 것이다.

② 놀이 단계

피아제에 의하면 영유아의 인지능력은 단계를 거쳐 발달해 나가며 인지발달 수준에 따라 놀이 형태가 발달한다고 주장하였다. 즉, 놀이는 영유아의 인지적 발달 수준을 반영하므로 참여하는 놀이의 형태가 단계별로 다르다는 것이다. 감각운동기, 전조작기, 구체적 조작기의 인지발달 단계에 따라 놀이 형태는 연습놀이, 상징놀이, 규칙 있는 게임의 세 단계로 진행한다고 주장하였으며 이를 표로 나타내면 다음 | 표 2-3 | 과 같다.

| 표 2-3 | 피아제의 인지발달 단계에 따른 놀이 유형

인지발달 단계	놀이 유형	특징
감각운동기	연습놀이	• 출생~만 2세 • 신체의 감각 운동을 연습하는 즐거움을 위한 단순한 놀이를 반복 • 이미 알고 있는 도식을 반복 • 구체적 대상물을 사용한 놀이 형태
전조작기	상징놀이	• 만 2~7세 • 사물이나 상황, 역할 등이 실제와 다르게 가작화되는 놀이 • 인지적 불균형과 자기 중심적 사고를 반영한 놀이 형태를 보임
구체적 조작기	규칙 있는 게임	• 만 7~11세 • 동화와 조절이 평형을 이루어 게임을 하기 시작 • 게임을 시작하고 통제하고 유지하기 위해 외적 규칙을 사용하기 시작

만 2세 이하의 감각운동기 영아는 연습놀이를 한다. 연습놀이는 감각기관 혹은 대·소근육을 이용하여 단순한 순환적 반응을 반복하는 놀이(예 소리나는 것을 붙잡기, 장난감을 반복하여 떨어뜨리기)를 한다. 이 시기의 영아들은 기능적인 즐거움을 위해 감각 기관과 신체 운동능력을 활용하여 반복적으로 행동을 되풀이하며 이러한 반복 연습은 다음 단계의 놀이 형태의 기초가 된다.

감각운동기에서 숙달되어야 할 여러 행동이나 기능은 처음에는 영아에게 아주 어려운 것들이다. 그러나 일단 숙달되고 나면 신체 활동 자체에 동화가 일어나 놀이가 되며 이와 같은 연습놀이에서 희열을 느끼고 점차 자신감과 신뢰감을 갖게 된다.

만 2~7세 사이의 전조작기 유아들은 상징놀이를 한다. 이 시기의 유아는 내적인 사고와 생각을 가상의 형태로 표현할 수 있다. 따라서 놀이 행동에서 사물이나 행동, 역할 등을 실제와 다르게 가작화하여 '마치 ~인 척' 하는 상징놀이를 많이 한다. 상징놀이는 여러 단계로 진전되는데 초기에는 자신의 경험을 재생하여 가작화한다. 즉, 인형을 자신이라 생각하고 잠을 재운다거나 얼굴을 씻겨주는 상징놀이를 한다. 그 다음에는 점차 다른 사람이나 사물에 대해 가작화하게 된다. 예를 들어 아빠가 면도하는 것과 같이 주위 모델을 모방하는 단계로 발전한다.

만 7~11세 사이의 구체적 조작기의 유아는 규칙이 있는 게임을 한다. 이 시기의 유아들은 인지 및 사회적 능력의 발달로 인해 사회화된 추상적 사고와 사회적 기술을 적용하는 규칙 있는 게임(games with rules)을 할 수 있다. 규칙 있는 게임에서는 두 명 이상의 놀이자들 사이에서 경쟁관계가 형성되므로 규칙이 놀이에서 중요한 요소가 된다. 규칙은 정해진 내용을 배워서 정하거나 놀이자들끼리의 합의에 의해 정해질 수 있다. 특히 유아에게 제공되는 구조화된 놀이로서 게임은 집단의식과 도덕적 규약뿐만 아니라 기초적인 개념학습을 체계적으로 배울 수 있는 기회가 될 수 있다. 규칙 있는 게임의 예로는 경기장에서 하는 게임, 게임 도구를 이용하는 테이블 게임, 구슬치기, 술래잡기, 단어 게임 등을 들 수 있다.

(2) 비고스키(Vygotsky) 이론

비고스키(Vygotsky, 1896~1934)는 영유아가 보다 높은 정신과정으로 발달하는데 있어 놀이가 중요한 역할을 한다고 주장하였다. 프로이드나 피아제와 마찬가지로 비고스키도 영유아의 놀이를 주로 연구한 것이 아니라, 영유아의 인지발달에 관한 연구 과정에서 놀이가 중요한 역할을 한다는 점에 주목하게 되었다.

① 놀이와 추상적 사고

비고스키(1978)는 그의 대표 저서인 『Mind in Society(사회 속의 정신)』라는 책의 'The role of play in development(발달에 있어서 놀이의 역할)' 라는 장에서 놀이가 정신발달에 기여하며, 놀이는 발달을 주도한다고 규정하였다. 즉, 놀이가 인지발달에 직접적인 역할을 하며 놀이가 사고수준(피아제의 인지발달 단계)을 반영하기 보다는 발달을 주도한다고 하였다.

비고스키에 의하면 추상적 사고가 발달하지 않은 영유아는 의미와 사물이 하나로 인식되므로 의미와 사물을 분리하여 생각할 수 없다. 다시 말해, 영유아는 의미와 사물을 분리시킬 수 없어 막대를 가지고 말을 흉내낼 수 없다. 이들에게는 의미와 사물이 하나로 인식되어 실제로 말을 보지 않고는 말을 생각할 수 없는 것이다.

그러나 실제로 사물을 보지 않고는 그 사물에 대해 생각할 수 없다가 상징놀이를 하면서 점차적으로 사물로부터 의미를 분리하여 생각할 수 있게 된다. 사실 처음부터 즉각적으로 사물로부터 사물의 의미를 분리시킬 수는 없다. 처음에는 사물과 사물의 의미와의 관계에서 영유아에게는 사물의 본래 의미가 우세하게 작용한다. 따라서 사물의 본래 의미를 분리하기 위해 영유아들은 주축(pivot)으로 사용할 어떤 대체 물건이 필요하게 된다. 즉, 말 타는 놀이를 교실에서 하기 위해서 빗자루 혹은 막대기 등을 주축으로 사용하여 그의 말 타기 행동을 규정할 필요가 있다는 것이다. 이러한 놀이과정에 따라가 보면 초기에는 주축으로 사용하는 주축 혹은 대체 물건이 원래 상징하고자 하는 물건과 매우 유사한 모습을 갖지만 점차 그 전형성이 감소되어 마침내는 사물의 의미가 사물의 형태보다 우세하게 된다.

따라서 영유아들은 어떠한 물건(주축)을 가지고도 의미하는 대상으로 대치할 수 있게 된다. 즉, 처음에는 말과 비슷한 모습의 어떤 물건이 필요하지만, 영유아의 사고과정이 좀 더 구조화되면 빗자루나 막대기를 주축으로 사용하지 않고도 말타기놀이를 할 수 있게 된다. 이러한 상징놀이를 통해 영유아들은 인지구조가 실제의 사물(막대기 혹은 빗자루 등)을 주축으로 사용하지 않고도 말타기놀이를 할 수 있게 된다(Vygotsky, 1978).

이와 같은 상징놀이 과정을 통해 영유아의 인지발달 수준이 실제의 구체적 사물 없이도 의미를 부여하는 추상적 사고의 발달을 촉진시킬 수 있다. 이런 의미에서 상징놀이가 영유아의 추상적 사고의 발달에 중요한 역할을 한다는 것이다.

② 놀이와 발달

비고스키는 영유아의 인지발달을 근접발달 영역의 개념으로 설명하고 있다. 근접발달 영역(zone of proximal development)이란 영유아가 스스로의 힘으로 문제를 해결할 수 있는 수준인 실제적 발달 수준과 성인이나 유능한 또래들과 사회적 상호작용에 참여함으로써 도움을 받아 문제를 해결할 수 있는 수준인 잠재적 발달 수준 간의 영역이라고 정의하였다. 비고스키는 인지발달의 핵심인 근접발달 영역이 놀이 상황에서 형성되어(Vygotsky, 1978: 102) 개념적 이해가 놀이 활동에서 이루어져 이후의 인지발달을 도모하게 된다고 하였다.

예를 들면, 인형놀이에서 "넌 선생님이니까 까불면 안 돼.", 혹은 "난 학생이니까 움직이지 않고 잘 앉아 있어야 해."라고 말하면서 현실생활에서는 혼자 할 수 없는 행동을 놀이 상황이 근접발달 영역이 되어 마치 진짜 선생님이나 학생처럼 장시간 집중해서 앉아 있어야 하는 선생님이나 학생의 역할인 한 단계 높은 수준의 행동을 한다는 것이다(Berk & Winsler, 1995; Bodrova & Leong, 1996). 영유아는 놀이 상황에서 요구하는 행동 수준과 갑자기 충동적으로 하고 싶은 행동 사이의 갈등에 직면한다. 이때 영유아는 보통 때는 할 수 없었던 행동을 아직 도달하지 못한 잠재적 발달 수준에서 자기조절을 하여 놀이 상황이 요구하는 수준의 행동을 한다. 즉, 영유아는 놀이 상황에서 사회적 규칙에 위배되는 행동은 자제하고 사회적 규칙을 따르는 놀이 행동을 함으로써 놀이의 즐거움을 얻으면서 동시에 인지발달을 도모하게 된다(Vygotsky, 1978).

이와 같이 놀이 상황은 보통 때는 할 수 있는 것 이상의 수준으로 집중하고 참여할 수 있는 역할, 규칙, 시나리오 등을 제공하며, 놀이에는 돋보기의 초점처럼 발달의 경향성이 집중된 형태가 나타나 영유아들의 발달을 도모하는 것이다.

(3) 수톤 스미스(Sutton-Smith)와 브루너(Bruner) 이론

수톤 스미스(Sutton-Smith)는 20세기 후반에 가장 영향력 있는 놀이 이론가이다. 그의 초기 이론은 인지발달에 대한 놀이의 역할을 강조하였으며, 놀이 행동이 다양성을 인정하고 창의성과 문제해결력에 긍정적인 영향을 미친다고 하였다.

브루너(Bruner)는 놀이에서 목적보다 수단을 더 중요하게 여겼다. 놀이를 할 때의 영유아는 목적을 가지고 있지 않으므로 이제까지 해보지 않은 새롭고 생소한 방법으로 다양한 시도를 해볼 수 있다. 일단 영유아가 놀이에서 새로운 행동의 놀이를 탐색하게 되면 먼저 반복적 연습이 이루어져 새로운 행동 패턴을 습득하게 된다는 것이다.

이와 유사한 주장으로 수톤 스미스는 역할놀이에서 발생하는 상징적 전환(symbolic transformation)이 영유아의 인지적 융통성을 증진시킨다고 설명하였다. 예를 들어, 놀이에서 막대기는 총이 되기도 하고, 놀이 친구가 부모나 선생님 역할을 하기도 한다. 이와 같이 놀이 상황에서 발생하는 상징적 역할 전환으로 인하여 창의적 아이디어가 확장되고 연합되어 영유아의 사고가 유연해져 상상력과 창의력을 증진시킨다고 하였다.

수톤 스미스와 브루너의 이론은 놀이가 인지적 사고의 융통성에 대한 잠재력의 발달을 야기하며 영유아발달에서 놀이가 확산적 인지기능의 역할을 한다는 측면에서 놀이의 중요성을 강조하였다(오영희 · 박찬옥 · 박영양, 2005).

3) 각성조절 이론

각성조절 이론(arousal modulation theory)은 엘리스(Ellis, 1973)가 벌린(Berlyne, 1960)의 연구를 기초로 자극과 놀이 간의 관계를 설명하면서 제안한 이론이다. 이 이론은 인간은 각성 수준을 적정하게 유지시키려는 중추신경조직의 욕구를 만족시키기 위하여 놀이를 한다고 설명한다. 각성조절 이론은 영유아가 놀이 활동에서 사물을 탐색한다거나 혼자놀이를 한다는 점에 초점을 두고 있다. 인간은 자극이 너무 많을 때나 너무 적을 때에 각성 수준을 조절하고자 하는 욕구가 있다. 즉, 각성 수준을 적절하게 유지하기 위해 자극을 감소시키거나 자극을 증가시키기 위해 놀이를 한다는 것이다.

벌린(Berlyne)에 의하면 영유아는 자극이 과도한 새로운 상황에서 혼란을 느끼면서 각성 수준이 높아진다. 이때 높아진 자극을 감소시키기 위하여 놀이를 하게 되고, 놀이 상황이 친숙해지면 각성 수준이 적절하게 내려온다는 것이다. 반대로 각성을 일으키는 자극이 충분하지 않아 영유아가 지루함을 느끼게 되면 자극을 찾아 낮아진 각성 수준을 적절한 수준으로 올림으로써 각성 수준을 유지하려고 한다(Berlyne, 1960).

예를 들어, 기존의 방식으로 미끄럼틀 타는 것에 싫증이 난 유아는 서서 혹은 세발자전거를 이용하여 미끄럼을 탐으로써 자극을 증가시킬 수 있다. 이러한 예에서도 볼 수 있듯이 놀이는 낮은 각성 수준을 적정한 수준으로 높여주는 활동이다. 반대로 새로운 자극들이 주어지면 영유아는 주변의 낯선 사물로 인해 각성 수준이 높아지고 높아진 각성 수준은 그 사물을 탐색하여 친근하게 됨으로써 각성을 감소시킨다.

엘리스(Ellis)는 벌린(Berlyne)의 이론을 수정하여 놀이는 각성을 최적의 수준으로 끌어올리는 '자극추구 활동(stimulus-seeking activity)' 이라고 하였다. 즉, 놀이를 통하여 새롭고 특이한 방법으로 사물을 사용하고 행동하면서 자극을 증가시킬 수 있다는 것이다. 예를 들어 기존의 방식으로 미끄럼틀 타는 것에 싫증이 난 영유아는 누워서 미끄럼틀을 탐으로써 자극을 증가시킬 수 있다. 그러므로 놀이는 낮은 각성 단계에서 발생하는 '자극생산 활동(stimulation production activity)' 인 것이다(오미경 · 이은미 · 송윤이 · 황은순, 2014).

4) 상위 의사소통 이론

배잇슨(Bateson, 1971)은 놀이를 하는 영유아들이 서로 어떻게 의사소통하는지에 대해 오랫동안 연구를 하였다. 배잇슨은 영유아들이 놀이를 하는 동안 놀이인지 아닌지를 나타내는 신호를 하며, 언어를 사용하여 혹은 비언어적으로 놀이의 상황, 행동, 의도 등을 상대방에게 나타낸다는 사실에 주목하였다. 사실 피아제(Piaget, 1962)와 스밀란스키(Smilansky, 1968) 등의 인지적 놀이 이론은 외형적으로 나타나는 놀이에만 관심을 가졌기 때문에 놀이가 진행되는 과정에서 보이는 차이를 설명하지 못하였다. 이에 반해 상위 의사소통 이론은 놀이자가 자신의 놀이 상대자에게 설명을 해주고 이해시키기 위해서 사용하는 언어적 표현을 통하여 놀이를 분석한다(최인숙 · 박화윤, 2005).

예를 들면, 영유아들은 사회극놀이에서 "지금은 놀이하는 거야(This is play)!"라는 메시지를 교환하여 실제와는 다른 놀이 상황에서의 사물, 행동, 역할 등을 구성한다. 이러한 합의를 통하여 놀이의 틀(play frame)이 구성되면 가상의 세계와 현실의 세계를 넘나들며 놀이를 진행한다. 이처럼 영유아가 놀이의 틀에서 벗어나 놀이의 상황, 역할, 행동 등에 대하여 친구와 이야기 나누는 것을 상위 의사소통이라고 한다.

예를 들면, 학생 역할을 맡은 놀이 상대자가 학생의 역할을 잘 하지 못하는 경우, "학생이니까 가만히 앉아 선생님 말씀 잘 들어야 해. 학생이 왔다 갔다 움직이면 안돼."라고 말하는 것이다. 즉, 놀이자와 놀이 상대자는 현실에서 누구인지를 알며 또한 가장한 역할에 대해서도 이해한 것을 알 수 있다. 여기서 볼 때, 놀이는 놀이의 틀 안에서 놀이에 필요한 가장 의사소통(pretend communication)뿐만 아니라 놀이의 틀 밖에서 놀이 진행에 필요한 상위 의사소통(meta-communication)을 사용한다. 이로써 놀이를 하는 동안 유아들은 현실과 가상의 세계를 끊임없이 넘나들게 된다.

영유아들은 놀이를 할 때는 특정 역할에 대해서 배우는 것이 아니라 역할의 개념에 대해서 배우는 것이며, 이러한 놀이주제나 놀이맥락들이 모여서 하나의 문화체계를 형성한다는 것이다. 이러한 방식으로 영유아는 놀이를 통해 하나의 문화, 즉 사람들이 의사소통하며 살아가는 범주체계를 이해하게 되므로 놀이가 영유아의 학습과 발달에 중요하다고 할 수 있다(유효순 · 김희태, 2014).

상위 의사소통을 통하여 놀이의 틀(play frame) 안에서 놀이가 지속되고 유지되기 위해서는 놀이자 간의 합의 및 공유된 이해가 요구된다. 이러한 놀이에 대한 합의 및 공유된 이해를 구축해 나가는 과정을 상호주관성(intersubjectivity)이라고 한다. 상호주관성이란 다른 사람과 생각을 서로 나누는 과정에서 공유된 이해에 도달하는 것을 의미한다(Berk & Winsler, 1995; Goncu, 1993).

Chapter 3

놀이와 발달

1 놀이와 영유아의 발달

2 연령별 놀이발달의 특성

3 놀이 유형별 발달

영유아의 하루는 놀이로 시작하여 놀이로 끝날 정도로, 영유아의 삶은 놀이로 이루어진다. 영유아는 놀면서 자라고 동시에 배운다. 영유아의 일상생활 속에서 많은 시간을 차지하는 놀이를 제외하고 영유아의 삶에 대해서 이야기할 수 없다. 영유아는 뛰어놀면서 신체발달이 이루어지고, 또래들과 상호작용하면서 사회성 발달이 이루어진다. 또한 여러 놀이들을 통해서 과학적인 개념을 습득하고, 감정 표현을 하면서 정서도 발달된다. 이처럼 놀이는 영유아의 전인적 발달을 이끌어내는 매개체이자, 발달 정도를 반영하는 거울로 볼 수 있다.

본 장에서는 영유아의 발달과 학습에 많은 영향을 미치는 놀이와 영유아의 발달, 연령별 놀이발달의 특성 그리고 놀이 유형별 발달에 대해 살펴보고자 한다.

1 놀이와 영유아의 발달

1) 놀이와 신체발달

놀이는 영유아의 신체발달을 돕는다. 놀이를 위해서 영유아는 신체를 움직여야 한다. 영유아들의 놀이 중에는 몸 전체를 움직여야 하는 놀이에서부터 손이나 입 등 신체의 일부만 움직여서 할 수 있는 놀이까지 다양하다. 그러므로 놀이는 다음과 같은 측면에서 영유아의 신체발달과 밀접한 관계가 있다.

- 놀이는 영유아의 신체 성장을 촉진한다.
- 걷기, 뛰기, 구르기, 던지기 등의 기본운동 기술을 연습하고, 운동능력이 향상된다.
- 놀이 경험을 통해 위험한 상황에 적절히 대처하는 방법을 알게 된다.

2) 놀이와 언어발달

놀이는 영유아의 언어발달을 돕는다. 놀이에서 언어는 중요한 매체의 역할을 하며, 놀이는 영유아가 언어를 연습할 수 있는 하나의 장이다. 놀이를 통해 얻게 되는 언어발달의 측면은 다음과 같다.

- 놀이를 통해 다양한 어휘를 습득하고, 의사소통능력을 형성한다.
- 놀이 활동의 다양한 언어적인 경험은 상황에 적절한 언어를 구사할 수 있게 만든다.
- 정확한 발음과 목소리 조절능력이 발달되고, 올바른 문장 구성력도 증진된다.
- 역할놀이 경험을 통하여 읽기, 쓰기, 말하기, 듣기발달의 기회를 제공받는다.

3) 놀이와 인지발달

놀이는 영유아의 인지발달을 돕는다. 놀이가 뇌발달의 원동력이 될 만큼(성연정, 2015 재인용), 놀이는 영유아의 인지발달과 학습에 필수적인 활동이다. 놀이를 통해 얻게 되는 인지발달 측면은 다음과 같다.

- 놀이 활동을 통해 구체적 사고가 추상적 사고로의 전환이 이루어진다.
- 사회극놀이는 영유아의 개념발달을 촉진시킨다.
- 놀이 과정에서 다양한 놀잇감과 물건, 자연물을 가지고 놀면서 각 물체의 물리적 특성(예 무게, 질감, 색깔, 크기 등)과 여러 가지 논리수학적 개념(예 수, 분류, 서열화, 공간, 시간, 보존 개념 등)을 습득한다.

4) 놀이와 사회성 발달

놀이는 영유아의 사회성 발달을 돕는다. 걸음마기 영아들의 놀이는 소통의 한 방식이며, 사회적 관계 형성 및 유지의 중요한 방법일 수 있다(이승아, 2015).

- 출생 초기 부모와의 놀이를 통해 사회적 관계의 기초를 형성한다.
- 가정에서 부모와의 놀이를 통한 상호작용에 의해 긍정적인 자아 개념이 형성된다.
- 놀이는 사회적 기술(예 순서 지키기, 나누기, 협동하기 등)을 습득할 수 있는 맥락을 제공한다.
- 또래와의 놀이를 통해 타인을 이해하고 조망하는 능력이 증진된다. 조망능력은 타인의 사고 및 지각과 정서를 이해하는 능력으로, 타인의 관점에서 무엇을 보고, 느끼는지에 관해 이해하는 것을 의미한다.

5) 놀이와 정서발달

놀이는 영유아의 정서발달을 돕는다. 영유아는 놀이를 통해 자유로움과 만족을 느끼며, 자신의 정서와 욕구를 표현하고, 풍부한 정서적 경험을 하면서 성장한다. 놀이는 즐거워서 자발적으로 하는 것이므로, 유아가 정서적 긴장이나 두려움 없이 많은 것을 배우고 익히는 학습의 기회가 될 수 있다(보건복지부 · 교육과학기술부, 2013). 놀이를 통한 정서발달은 다음과 같다.

- 영유아는 놀이를 통해 자신의 감정과 느낌을 표현하고, 정서인식 및 이해능력이 향상된다.
- 정서를 조절하고 통제하는 방법을 배운다. 긍정적인 감정뿐만 아니라 부정적인 감정도 표출하여 정서를 안정시킬 수 있기 때문에 정신 건강 및 정서실행능력 향상에 도움이 된다.
- 긍정적인 자아 개념, 자율성, 인내심, 성취감 등 영유아들의 건전한 정서발달에 도움을 준다.

6) 놀이와 창의성 발달

영유아기의 놀이와 창의성 발달과의 관계를 정리하면 다음과 같다(이숙재, 2011).

- 놀이를 하면서 창의성의 정의적 요소인 호기심, 자발성, 민감성이 발달된다.
- 놀이를 통해 다각적인 탐색을 하게 되어 융통성 있게 사고하는 능력이 발달된다.
- 가작화 요소(as~if)가 내포된 상상놀이를 통해 상상력이 발달된다.
- 놀이를 하면서 새롭고 독특한 아이디어를 생각할 기회가 많아 독창성이 발달한다.

이상에서 살펴본 것처럼 영유아는 놀이를 하면서 전인적 발달이 이루어지고 성장해 간다.

2 연령별 놀이발달의 특성

영유아가 성장하면서 놀이 행동과 놀이 유형은 변화한다. 그러므로 연령별 발달에 따라 나타나는 놀이의 특징을 이해하는 것은 영유아의 현재 발달 수준과 욕구를 이해하고, 영유아에게 적절한 놀이 활동 및 놀이 환경을 제공해 주는데 도움을 줄 수 있다. 여기서는 영유아들의 발달에 적합한 놀이지도를 위해 연령별로 나타나는 보편적인 놀이의 특성을 살펴보고자 한다.

1) 만 0세아

영아에게는 태어나서 처음 접하는 모든 대상이 호기심의 대상이며, 주변 세계를 향한 영아의 관심은 손을 뻗고, 기어가서 만져보고, 입으로 빨아보는 등의 행동으로 이어지며, 이는 곧 영아에게 놀이가 된다(Gestwicki, 1995). 영아는 자신의 신체를 이용하여 반응하기를 즐긴다. 물체를 잡을 수 있게 되면서, 첫 놀이 형태로 자신의 신체를 이용한 감각놀이를 즐기게 된다. 손과 입으로 사물을 탐색하는 놀이를 하고, 자신의 손과 발을 가지고 놀다가 사물에도 관심을 보인다.

또한 소리가 나는 물체에 관심을 보이고, 옹알이 소리를 가지고 놀기도 한다. 부모와 까꿍놀이 같은 사회적 게임에도 참여하기도 한다.

2) 만 1세아

만 1세가 되어 운동능력이 발달하여 걷기 시작하면, 강한 호기심을 갖고 독립적으로 행동하려는 특성이 생긴다. 이에 따라 주변의 대상과 다양한 사물에 관심을 더 갖는다. 사물에 대한 감각적 탐색과 조작을 더 많이 하고, 놀잇감 등을 이용한 사물놀이를 즐겨한다.

눈과 손의 협응력이 발달하여, 끌고 다니는 놀잇감을 가지고 놀이하는 대근육 놀이에 참여하게 된다. 그리고 스펀지 블록 쌓기놀이와 큰 상자 속에 물건 넣기 등의 조작놀이를 한다. 성인의 행동을 단순히 모방하는 역할놀이를 시작하고, 성인과 함께 놀이하는 사회적 놀이도 나타나게 된다.

3) 만 2세아

걸음마를 떼고 신체적 움직임이 활발해진 첫 돌 이후부터 만 2세 전후의 한 걸음마기 영아들은 주변의 물리적 · 사회적 환경에 대한 호기심과 탐색의 욕구가 증가하고 경험의 폭이 점차 넓어지며, 이를 수용 및 습득하고 표현하려는 요구와 필요도 높아지게 된다(이승아, 2015). 따라서 만 2세 영아는 신체 움직임이 안정되고, 만 1세 때보다 대 · 소근육 운동기술이 더 향상되어 층계 오르내리기, 앞으로 구르기, 흔들기, 공을 발로 차고 받고 굴리는 공놀이 등을 즐긴다.

또한 물감이나 점토, 모래 등을 가지고 감각적으로 탐색하는 놀이를 즐긴다. 그리고 영아들이 점점 주변 세계와의 경험이 많아지게 되면 미용실놀이나 병원놀이와 같이 실생활 속에서의 경험들이 극놀이의 내용으로 등장하게 되며, 들었던 동화의 내용을 극놀이로 나타낸다(김윤숙 · 조희숙, 2012).

3) 만 3세아

만 3세 유아는 신체발달이 이루어지면서 활동 반경이 넓어지고 자조기술이 발달한다. 이에 따라 대근육을 이용한 세발자전거 타기, 달리기 등의 놀이를 하게 된다. 소근육 조절능력도 발달되면서 블록 쌓기와 퍼즐 맞추기 등을 즐기며, 간단한 타악기 등을 활용하여 자신의 느낌을 표현한다.

또래 친구에게 관심을 보이기도 하지만, 혼자 놀이를 즐기고 병행놀이를 하는 경우가 많다. 이 시기에는 언어적 상호작용을 좋아해서 말하기 놀이와 그림책 보기를 즐겨한다. 그리고 상상력이 풍부해지는 시기이므로 엄마, 아빠 역할 같은 가족놀이를 많이 한다.

4) 만 4세아

만 4세가 되면 신체운동능력이 활발해져서 한 발로 서서 균형 잡기가 가능하고, 놀이 시설물을 오르내리기도 할 수 있다. 소근육을 사용하는 기술이 더 정교화되어 조작놀이를 즐기고 그리기, 색칠하기, 가위질을 성공적으로 수행한다. 만 4세 유아들은 자신들이 직접 만든 소품을 활용하는 역할놀이를 즐긴다.

또한 쉬운 단어와 짧은 문장을 읽을 수 있는 언어능력이 발달함에 따라, 또래와 성인이 함께 하는 수수께끼 같은 언어놀이를 즐긴다. 인지적 발달이 성숙함에 따라 만 4세 유아는 학습과 관련된 수놀이, 글자놀이 등을 즐긴다. 만 4세는 만 3세와 마찬가지로 생명체에 대한 지속적인 관심을 보이며, 동 · 식물을 직접 기르거나 키우는 것에도 관심이 높다. 그리고 만 4세 유아는 놀잇감을 단순하게 이용하기 보다는 더욱 새롭고 다양한 방법으로 활용할 줄 알게 된다. 이렇게 놀이가 확장되면서 점차 또래와 함께 노는 연합놀이를 주로 하게 된다.

5) 만 5세아

만 5세 유아는 걷기, 뛰기, 구르기, 한 발로 서기와 뛰기 등 기본운동 기술의 많은 부분이 가능하다. 또한 여러 가지 종류의 블록을 이용하여 다양한 구조물을 구성한다. 이 시기의 유아는 일상적으로 경험하는 가정생활과 관련된 놀이뿐만 아니라, 유아들 간의 계획에 따라 다양한 사회 구성원의 역할을 해볼 수 있는 병원, 미장원, 음식점, 세탁소 등의 사회극놀이를 한다. 그리고 점토와 색종이 등 다양한 미술재료를 가지고 창의적 표현을 한다.

이 시기의 유아는 수놀이 게임뿐만 아니라, 유아들 간의 상호작용과 전략을 세우는 그룹 게임, 일 대 일 게임 등을 즐기고, 수놀이 게임을 즐기며, 개별적인 탐색을 즐기는 조작 활동을 한다.

그리고 주변 세계에 대한 호기심이 많아 주변을 스스로 탐색하고 실험하는 놀이를 많이 한다. 읽고 쓰는 활동이 활발해져서 단어 카드를 보고 문장을 만들어보고, 책 만들기 활동에도 참여한다. 이와 같이 만 5세 유아는 놀이 유형이 다양해지고 발전되면서, 놀이규칙을 지키고 협동하는 놀이를 하는 경향이 높아진다.

3 놀이 유형별 발달

영유아가 성장하고 발달하면서 놀이 행동과 놀이 유형은 변한다. 영유아의 연령이 증가함에 따라 변화되는 놀이 유형을 인지적 놀이와 사회적 놀이로 구분하여 살펴보고자 한다.

1) 사회적 놀이

파튼(Parten, 1932)은 영유아교육기관의 자유놀이 시간을 관찰하여 영유아의 사회적 참여도에 따라 놀이를 6가지 유형으로 분류하였는데, 영유아들은 발달해 나가면서 사회적 상호작용이 달라진다.

(1) 비참여 행동(unoccupied behavior)

비참여 행동은 엄밀히 말하면 놀이로 볼 수 없는 행동이다. 즉, 영유아는 놀이를 하는 것이 아니고 순간적인 흥미에 따라 어떤 것을 몰두해서 바라보는 것이다. 따라서 관심 있는 것이 없을 때에는 자신의 몸을 만지작거리거나 의자에 앉았다 일어서는 행동을 반복하기도 하며, 여기저기 돌아다니거나 선생님을 따라다니기도 한다.

(2) 방관자적 행동(onlooker behavior)

가까운 거리에서 친구들이 노는 것을 바라보면서 시간을 보내면서, 구경하고 있는 친구에게 말을 걸거나 질문도 하고 제안도 한다. 그러나 놀이에 직접 참여하지는 않는다.

(3) 혼자놀이(solitary paly)

영유아 혼자 독자적인 놀이를 하는 형태로, 대화가 가능할 정도의 거리에 있는 영유아들이 각자 다른 놀잇감을 가지고 독립적으로 놀이를 한다. 다른 놀잇감을 가지고 옆에서 노는 친구에게 관심도 없고, 가까워지려고 시도도 하지 않는다.

(4) 병행놀이(parallel play)

다른 영유아와 서로 접촉하거나 간섭하지 않고 혼자서 독립적으로 놀이하는 형태이다. 다른 영유아와 함께 놀기보다는 옆에서 놀이할 뿐이고, 다른 영유아의 놀이에 영향을 미치지 않는다.

(5) 연합놀이(associative play)

다른 영유아들과 노는 집단 놀이 형태이다. 두 명 이상의 다른 영유아들과 놀이 내용에 대해서 이야기를 주고받고, 놀잇감도 빌려주기도 하지만, 역할을 분담하거나 놀이 내용을 조직적으로 전개하지 못한다.

(6) 협동놀이(cooperative play)

한두 명의 영유아가 지휘권을 가지고 공동의 목표 달성을 위해 역할을 서로 분담하여 조직적으로 놀이하는 형태이다.

2) 인지적 놀이

놀이의 지적인 가치를 강조한 피아제(Piaget)는 놀이 활동이 영유아의 인지발달의 정도를 반영한다고 주장했다. 그리고 인지발달 단계에 따라 놀이 형태를 분류했다. 그는 영유아의 인지가 발달함에 따라 놀이도 점차 복잡해져서 감각적이고 기능적인 연습 수준의 기능놀이, 상징놀이, 규칙이 포함되는 더 높은 수준의 놀이인 규칙 있는 게임으로 발달한다고 주장했다.

피아제(Piaget, 1962) 이외에도 스밀란스키(Smilansky, 1968), 프로스트와 클라인(Frost & Klein, 1979) 등도 인지발달적 관점에서 놀이 유형을 제시하였는데, 이를 정리하면 다음 | 표 3-1 | 과 같다.

| 표 3-1 | 인지적 놀이발달 유형

피아제(Piaget)의 인지발달 단계	피아제 (Piaget, 1962)	스밀란스키 (Smilansky, 1968)	프로스트와 클라인 (Frost & Klein, 1979)
감각운동기(출생~만 2세)	기능놀이	기능놀이	기능놀이
전조작기(만 2~7세)	상징놀이	구성놀이, 극놀이	구성놀이, 상징놀이, 사회극놀이
구체적 조작기(만 7~11세)	규칙 있는 게임	규칙 있는 게임	규칙 있는 게임

| 출처 | 최양미 · 김길숙 · 김혜윤(2009: 61). 놀이지도.

여기에서는 영유아의 인지발달 단계에 근거하여 놀이 유형을 가장 세분화하여 제시하고 있는 프로스트와 클라인(Frost & Klein, 1979)의 인지적 놀이 유형을 구체적으로 살펴보고자 한다.

(1) 기능놀이(functional play)

기능놀이는 감각운동기에 주로 나타나며, 영아가 매달려 있는 장난감을 건드려서 흔들거리거나 재미있으면 반복해서 하는 행동이다. 우연히 발견한 어떤 행위가 본능적으로 재미있고 자신의 욕구를 충족시켜줄 때, 단순한 행동을 반복적으로 되풀이한다. 예를 들어, 블록을 쌓거나 두드리는 행동으로, 특정한 놀이 기술이나 상징이 포함되지 않는다. 피아제(Piaget)는 기능놀이를 감각운동기의 주요한 특성으로 보고, 사물이나 그들의 몸을 가지고 반복적인 행동을 통해 도식을 연습하는 연습놀이로 불렀다.

(2) 구성놀이(constructive play)

구성놀이는 영유아가 놀잇감을 활용해서 무엇인가를 만들면서 기쁨을 느끼는 놀이이다. 구성놀이의 재료는 물감, 모래, 점토, 종이, 돌, 여러 가지 모양과 크기의 블록 등이다. 구성놀이는 이러한 재료를 조작하여 창조하고 구성하는 것이다. 예를 들어, 블록으로 도로나 집과 같은 다양한 구성물을 만드는 놀이이다. 만 3세 유아의 놀이 중 40%, 만 4~6세 유아의 놀이 중 51%가 구성놀이일 정도로 영유아들은 구성놀이를 많이 한다(Rubin, Fein, & Vandenberg, 1983).

스밀란스키(Smilnasky, 1968)는 구성놀이를 기능적 활동으로부터 창조적인 활동으로의 전환 즉, 사물을 조작하는 단계에서 사물을 구성하는 단계로의 발전을 의미한다고 보았다. 그러나 피아제(Piaget, 1962)는 구성놀이를 하나의 독립된 놀이 단계로 인정하지 않았다. 상징놀이와 규칙 있는 게임의 중간 또는 놀이와 지적 활동의 중간, 놀이와 모방의 중간 위치에 있다고 주장하였다.

(3) 상징놀이(symbolic play)

상징놀이는 존재하지 않는 사물을 상상력을 이용하여 표상화하는 놀이이다. 예를 들어, 손에 아무 것도 잡고 있지 않으면서 물을 마시는 시늉을 하는 놀이이다. 학자에 따라서 가상놀이, 가장놀이, 극놀이, 환상놀이, 상상놀이, 역할놀이 등의 용어로 불리며, 가작화(as~if) 요소가 공통적으로 내포된다. 상징놀이는 영유아의 지적 수준이 높아짐에 따라 발달한다. 초기에는 가작화가 자신의 신체와 일상생활에 대한 가장 행동을 보이다가, 점차 자신이 아닌 타인이나 사물에 대해서 가장 행동을 보인다.

(4) 사회극 놀이(sociodramatic play)

사회극 놀이는 상징놀이가 더욱 발전된 놀이 형태이다. 사회극 놀이는 두 명 이상의 놀이자가 같은 주제를 갖고 다양한 역할을 가상적으로 행하면서, 언어적으로 상호작용하는 놀이이다. 영유아는 자신이 현실 세계에서 직접 경험한 상황이나 사람의 역할을 모방하는 사회극 놀이를 많이 한다. 그러나 자신이 관찰한 내용을 정확하게 모방할 능력이 부족하기 때문에 비현실적인 또는 가작화 요소가 개입된다. 가작화 요소가 더해지면서 사회극 놀이의 내용이 다양하고 창의적으로 되고, 영유아는 더 큰 만족감을 갖게 된다. 또한 사회극놀이 경험은 유아의 사회적 기술능력을 증진시킨다.

(5) 규칙 있는 게임(games with rules)

규칙 있는 게임은 구체적 조작기 유아가 주로 하는 가장 발전된 놀이 형태이다. 규칙 있는 게임은 정해 놓은 규칙에 따라 2명 이상의 또래와 경쟁하면서 승부를 겨루는 활동이다(Hughes, 1995). 유아들은 규칙 있는 게임에서 미리 정해 놓은 규칙에 따라 자신의 감정과 행동을 조절하는 방법을 터득하고, 다른 사람의 의견을 수용하고 집단에 필요한 사회적 기술도 배우게 된다. 따라서 규칙 있는 게임은 가장 수준이 높은 놀이 유형이다.

규칙 있는 게임에는 경기장 게임, 테이블 게임, 영상 게임, 단어 게임이 있다. 이 외에도 집단 형태에 따라 원 게임, 자유대형 게임, 편 게임이 있다.

Chapter 4

놀이에 영향을 미치는 요인

1 개인적 요인

2 가정 환경

3 교육 환경

4 전자 미디어

영유아의 놀이는 성장 욕구이며 본능적(김수영 외, 2014)인 것으로 영유아들은 대부분의 시간을 놀이로 보낸다. 이러한 놀이는 영유아 자신의 개인적 요인에 따라 놀이가 다를 뿐만 아니라 여러 환경적 요인에 따라서도 놀이에 차이가 있다. 따라서 효율적인 놀이지도를 위해서는 영유아의 놀이 행동에 영향을 미치는 다양한 요인에 대한 정확한 인식이 필요하다.

영유아의 놀이에 영향을 미치는 요인은 크게 개인적 요인, 가정 환경 요인, 교육 환경 요인, 사회문화적 요인으로 대별할 수 있다. 개인적 요인에는 연령, 성별, 지적능력을 중심으로, 가정 환경 요인으로는 부모와 가정의 사회 · 경제적 배경을 중심으로, 교육적 환경으로는 교사, 또래, 놀이 공간, 놀잇감을 중심으로, 사회문화적 요인으로는 TV와 컴퓨터를 중심으로 살펴보고자 한다.

1 개인적 요인

영유아의 놀이에 영향을 미치는 개인 요인에는 연령, 성별, 지적능력, 인지 양식, 기질 등이 포함될 수 있다.

1) 연령

영유아들의 놀이는 연령별로 커다란 차이를 보인다. 영유아는 연령이 높아질수록 더 복잡하고 발전된 형태의 놀이를 한다. 연령에 따라 정신적, 신체적, 사회적으로 성장하면서 자연스럽게 놀이의 양적, 질적 측면에서 발달이 이루어지게 된다. 예를 들면, 영유아의 연령이 증가할수록 인지능력이 발달되어 혼자놀이보다 사회적 놀이를 더 많이 하게 되고, 놀이 지속 시간도 길어진다. 또한 인지적 능력이 포함되는 복잡한 규칙이나 고도의 기술이 필요한 놀이를 많이 하는 것으로 나타나고 있다. 영유아들의 연령별 놀이 특징을 연구한 파튼(Parten, 1932)은 만 2세에서 만 5세까지 유아 놀이의 변화하는 모습을 주의 깊게 관찰한 결과로 연령이 높아질수록 놀이에 참여하는 시간이 길어지면, 혼자놀이보다는 놀이친구들과 함께 활동하는 사회적 놀이에 더 많이 참여한다는 사실을 밝혔다.

한편 라이플과 이트만(Reifel & Yeatman, 1993)은 영유아의 연령이 놀이의 유형뿐만 아니라 놀이의 질에도 영향을 미친다고 밝혔다. 즉, 영유아의 연령에 따라 놀이의 지속 시간, 놀이 내용의 풍부성, 놀이 재료의 다양성, 놀이 행동의 확장성 등이 다르다는 것이다.

연령별 영유아의 놀이 특징을 살펴보면 다음과 같다.

■ 영아

영아들은 주로 혼자놀이를 하면서 다양한 정보를 얻거나 감각기관을 통해 배워나간다. 그러나 영아들은 걸음마기를 지나고 유아교육기관에 가게 되면서 새로운 사람들과 다양한 사회적 관계를 맺게 된다. 지금까지 가정 혹은 가정과 같은 생활 공간에서 주로 하던 혼자놀이 형태를 벗어나 타인과 사회적 상호작용의 기회가 많아지면서 혼자놀이보다 병행놀이를 더 많이 하게 된다. 그러나 이 시기의 병행놀이는 주로 신체언어로 상호작용하는 경우가 대부분이다.

■ 유아

유아의 연령이 만 3세 혹은 만 4세가 되면 유아교육기관에서 생활하게 되면서 집단생활을 경험하게 되고 낯선 유아와 쉽게 이야기하지는 않아도 놀이 행동에 익숙하게 되고 사회적인 상호작용을 하면서 협동놀이를 하게 된다. 만 4세 정도가 되면 극놀이나 소꿉놀이에 많은 시간을 소비하게 된다. 만 5세가 되면 상상놀이가 절정에 달하는 시기이다. 이 시기의 유아들은 만 4세 때보다는 더 다양한 놀이에 열중하게 되고 더 어린 유아들을 고려하거나 다양한 놀이의 종류에 몰두하게 된다(신유림 외, 2014). 즉, 만 5세경에 이른 유아들은 다른 사람의 역할뿐만 아니라 생물 혹은 무생물의 세계도 자신의 놀이 속에 재현할 수 있다. 또한 소근육이 발달하여 뛰기, 달리기, 기어오르기 등 운동놀이를 즐기며 그림을 그리거나 가위로 오리기 등의 미술 활동, 블록을 이용한 구성놀이에도 흥미를 보인다. 이러한 놀이 활동은 또래들과 함께 어울려서 연합으로 하지만 아직 또래들 간의 완전한 협력관계가 형성된 것은 아니다(유효순 · 김희태, 2014).

만 5세 이후에는 유아들의 놀이 형태나 종류가 다양해지고 규칙이 있는 게임을 즐기기 시작하여 놀이의 모습이 경쟁적으로 보일 때도 많다(박찬옥 외, 2002).

2) 성별

남아와 여아의 놀이를 관찰해보면 여러 면에서 차이가 있음을 알 수 있다. 일반적으로 이러한 차이는 남 · 여에 관한 전통적 고정관념을 반영하는 것이다. 예를 들면, 남아는 활동량이 많고 목소리가 크며 더 많은 사람들과 어울리기는 하나 말수가 적은 편이 특징이라고 할 수 있다. 반면에 여아의 경우는 말수가 더 많고 감정표현이 풍부하며 언어 표현에 있어서도 다양하다(신유림 외, 2014). 또한 여아는 더 자주 킥킥거리고 재잘거리며 언어로 감정을 표현하는 반면, 남아는 거칠게 소리를 지르고 서로 거친 몸싸움 놀이를 하는 등 감정표현에 있어서 비언어적이다. 즉, 이들이 놀이를 하고 있을 때를 관찰해 보면 소음, 움직임, 접촉, 언어적 다툼, 신체적 다툼 등 여러 면에서 차이가 있음을 알 수 있다.

신체 활동 수준에서도 성별 차이가 있는데 남아는 여아보다 실내 · 외 활동 모두에서 보다 거칠고 활동적이다. 이러한 활동 수준의 차이가 바로 유아의 놀이 형태에도 영향을 미치게 된다. 뿐만 아니라 남아는 놀이 활동에서 독립적이며 탐색적인 반면, 여아는 의존적이고 탐색놀이를 적게 하는 편이다. 놀이에 관한 여러 연구 결과에 의하면 남아들은 여아에 비해 실내 · 외에서 비교적 활동적이고 신체적 움직임이 활발한 놀이에 참여하는 것으로 나타났으며, 남아는 실외놀이를, 여아는 실내놀이를 더 많이 하는 것으로 나타났다.

이와 같은 남아와 여아의 놀이 측면에서의 차이를 비교해 보면 다음 | 표 4-1 | 과 같다.

| 표 4-1 | 놀이에서 남아와 여아의 차이

성별	남아	여아
특징	• 비언어적 표현이 많다.	• 언어적 표현이 많다.
	• 움직임이 많다.	• 움직임이 적다.
	• 신체적이고 공격적인 놀이를 좋아한다.	• 독서를 즐기며 그림그리기와 같은 정적인 놀이를 좋아한다.
	• 독립적이고 탐색적이다.	• 의존적이다.
	• 실외놀이를 선호한다.	• 실내놀이를 선호한다.

3) 지적능력

영유아의 놀이와 지적능력과의 관계에 관한 많은 연구가 오래 전부터 이루어지고 있다. 초기의 놀이연구에서는 주로 영재아, 정신지체아, 일반아의 놀이 차이를 비교하였다. 티먼(Teman, 1920)은 종단적 연구에서 인지적 영재아와 정신지체아의 놀이 특성을 비교하면서 놀이와 지적능력과의 상관관계를 규명하였다. 즉, 우수아는 신체적 운동이나 거친 게임에는 흥미를 보이지 않았고 지적이고 조용한 놀이에 흥미를 보였다. 뿐만 아니라 자신보다 약간 높은 연령의 영유아를 놀이친구로 선호하였으며 경쟁적 게임은 덜 선호하였다. 반면에 정신지체아는 놀이 활동에 있어서 독창성이 적고 복잡한 규칙이 없는 게임을 선호하며 자신보다 어린 유아와 더 잘 놀았다.

그러나 지능이 놀이에 영향을 미친다는 몇몇 연구결과와 달리 일부 연구결과에서는 놀이와 지적능력 사이의 관련성이 입증되지 못하기도 하였다. 예를 들면 사회극놀이의 훈련효과가 영유아의 지능에 따라 차이가 있는지 알아본 결과, 영유아의 지적능력은 사회극놀이 훈련 효과에 차이를 나타내지 못한 것으로 나타났으며(Smilansky, 1968), 상상놀이 참여빈도도 영유아의 지능지수에 따라 차이가 없는 것으로 나타났다(이숙재, 1984).

영유아의 지적능력과 놀이의 상관관계에 관한 연구들을 종합해 볼 때, 지적능력이 높은 영유아는 사고능력을 요구하거나 조용한 놀이, 상상놀이, 창의적인 놀이에 흥미를 보이는 반면 지적능력이 평균보다 낮은 영유아는 단순하고 반복적인 놀이를 더 좋아하는 경향이 있는 것으로 나타났다. 그러나 지적능력에 따라 놀이를 선택하거나 놀이발달이 이루어진다고 보기는 어렵다. 즉, 영유아의 지적능력은 영유아가 놀잇감을 선택하거나 활용하는 방법, 놀이친구와 상호작용하는 방식이나 놀이 내용의 복잡성 등에 중요한 작용을 하는 것은 사실이나 지적능력이 영유아의 놀이발달에 충분 조건은 될 수 없는 것으로 생각할 수 있다.

4) 인지 양식

인지 양식(cognitive style)이란 개인이 사물을 인식할 때 그 사물을 둘러싼 배경, 즉 장(field)의 영향을 받는 방식으로 인지과제에 대한 영유아의 개별적 반응 유형을 의미

한다. 인지 양식은 장 독립적(field-independent) 양식과 장 의존적(field-dependent) 양식으로 분류된다. 장 독립적인 영유아는 장의 영향을 거의 받지 않으며, 사물을 여러 개의 부분으로 지각하는 유형으로 복잡한 인지과제 내의 단순도형을 찾아내는 데 어려움이 적으며, 전체 도형 내에서 특정 부분에 쉽게 주의를 기울여 지각할 수 있는 인지 양식을 갖는다. 반면에 장 의존적인 영유아는 장의 영향을 많이 받고, 사물을 전체로서 지각하는 인지 양식을 갖기 때문에 전체 도형에 주의를 빼앗겨 숨겨진 도형을 쉽게 찾아내지 못한다(정옥분, 2006).

이처럼 영유아들이 가지고 있는 인지 양식의 차이가 놀이에도 영향을 주는 것으로 알려져 있다. 즉, 장 독립적인 영유아는 혼자놀이를 많이 하며 주도적 놀이 스타일을 지니는 반면, 장 의존적인 유아는 집단놀이에 더 많이 참여하면서 놀이 행동이 추종적이라는 특성이 있다(천혜경, 1988).

5) 기질

영유아의 성격적 특성은 흔히 기질(temperament)이라는 말로 표현한다. 기질은 영유아가 외부 자극에 어떻게 대처하는가에 대한 행동 양식으로 외부의 자극, 기회, 기대 또는 요구에 대한 반응으로 표현되며 환경적 요인에 의해 영향을 받는다.

가장 많이 연구되는 영유아의 기질 측면은 순한 아이(easy child), 까다로운 아이(difficult child), 더딘 아이(slow to warm up child) 등이다(Thomas & Chess, 1984). 심리학자들은 기질은 타고난 유전의 영향을 많이 받는 것으로 이러한 기질은 행동 스타일 또는 태도로 표현되기 때문에 영유아의 놀이 활동도 기질에 따라 다르게 나타난다고 하였다(Rose, Koskenvuo, Kaprio, Sarna, & Langinvainio, 1988).

순한 기질의 영유아는 일상생활습관에 있어서 대체로 규칙적이며 행복한 정서가 지배적이다. 주위 환경에 대한 반응강도는 보통으로 환경의 변화에 대한 적응력이 높으며 낯선 대상에게도 스스럼없이 잘 접근한다(송명자, 2005). 그렇기 때문에 순한 기질의 영유아는 친구들의 행동에 쉽게 반응하고, 놀이를 주도적으로 시작하는 편이며, 놀잇감을 잘 나누면서 협동적인 놀이를 잘 이끌어 가는 편이다.

반응이 더딘 기질의 영유아는 상황의 변화에 대한 적응이 늦고, 낯선 사람이나 사물에 부정적인 반응을 보이는 점에서는 까다로운 영유아와 유사하다. 생활습관은 까다로운 영유아보다 규칙적이지만 순한 영유아보다는 불규칙하다. 자극에 대한 반응 정도는 심하지 않고 활동 수준이 낮거나 중간 정도를 보인다. 반응이 더딘 기질의 영유아들은 활동량이 적고, 새로운 자극에 접근하기가 어려우며 반복적으로 접촉한 후에야 점차적으로 긍정적인 흥미를 조용히 보이면서 적응하는 경향이 있다(지성애 외, 2014).

2 가정 환경

영유아의 놀이에 영향을 주는 가정 환경 변인으로 부모변인과 가정의 사회 · 경제적 배경 등이 포함될 수 있다.

1) 부모

영유아의 최초 사회적 상호작용자인 부모는 영유아가 자라면서 경험하게 되는 놀이의 종류와 질, 그리고 유아가 놀이를 창의적으로 즐길 수 있는 정도 등에 영향을 미친다. 특히 영아기에는 부모와의 관계 속에서 사회성이 형성되며 대인관계를 경험하게 된다.

자녀와 상호작용하는 부모의 태도는 지속적으로 영유아의 성장과 발달에 영향을 미친다. 칙센미하이(Csikszentmihalyi, 1990)는 영유아의 적절한 놀이 경험을 위한 가정 환경으로 영유아에게 기대의 명료성, 현재에 초점 두기, 자녀에게 충분한 선택의 기회 제공, 자녀에 대한 신뢰, 그리고 도전의 기회 제공 등 다섯 가지 요인을 제시하였다. 이러한 다섯 가지 요인들이 가정에서 지속적으로 제공될 때에 영유아들은 최적의 놀이 환경과 놀이 경험을 갖게 된다고 하였다(김수영 외, 2014).

우리나라 영유아들을 대상으로 한 좌승화(2001)의 연구에서도 영유아의 놀이에 참여한 어머니들은 영유아가 스스로 문제를 해결할 수 있도록 격려하고 도와주는 방법으로 영유아의 놀이에 영향을 미친다고 밝히고 있다. 이와 유사하게 모자 간의 역할놀이에서 어머니들은 영유아의 능력이나 역할놀이 수준에 맞는 놀이 상대자로서 자녀들의 놀이에 참여한다는 연구결과도 보고되고 있다(Salta, 1980).

이처럼 가정 환경 변인이 영유아의 전반적 생활 환경을 결정한다. 현대 사회에서 부모들을 바쁜 일상생활로 인해 자녀들과 충분한 놀이 시간을 확보하지 못하는 경향이 있다. 그러나 장난감이나 구조화된 놀이 프로그램보다는 오히려 부모가 가장 좋은 장난감이며(김수영 외, 2014), 부모와 영유아가 함께 시간을 보내면서 놀이 시간을 가질 때 영유아들은 부모와의 놀이로부터 긍정적인 영향을 받는다. 예를 들면, 언어능력, 상징적 표현, 탐구적 행동, 부모와의 애착관계 형성, 그리고 사회적 관계 형성 등의 측면에서 부모와의 놀이 활동이 영유아에게 유익하다(Haight & Miller, 1993).

이처럼 영유아의 놀이에 영향을 주는 부모변인에는 부모의 양육태도, 부모의 이혼 혹은 편부모 가정 환경, 부모의 자녀 성별 인식태도 등이 세부적으로 포함될 수 있다.

■ 부모의 양육태도

영유아의 놀이 활동에서 부모의 역할은 부모의 양육태도와 상당히 밀접한 관련성이 있다. 예컨대, 부모가 영유아에게 자주 체벌을 가하면서 통제하는 경우에는 그 영유아는 공격적인 행동성향이 강해지는 반면 상상놀이에 참여하는 빈도가 적어지며, 부모와 영유아 간의 과잉접촉과 과잉보호는 영유아의 독립적인 놀이나 탐색 기회를 박탈하여 영유아의 자유로운 놀이발달이 정상적으로 이루어지지 못하게 할 수 있다(김수영 외, 2014).

어머니의 양육태도와 자녀의 놀이 행동과의 관계를 분석한 변영신과 이수경(2006)의 연구에 의하면, 어머니의 체벌 정도에 따라 공격성이나 극놀이 참여 빈도에 차이가 있는 것으로 나타났다. 즉, 어머니의 체벌이 심할수록 영유아들은 상상놀이에 덜 참여하는 경향을 보였다. 또한 부모의 양육태도가 허용적일수록 자녀와의 상호작용이 더 많아 놀이에서 부모들은 모델링 역할을 하며, 영유아가 성인 역할을 모방하는 놀이를 자유롭게 하도록 허용함으로써 상상놀이를 자극하였다. 반면에 어머니가 통제적이면서도 긍정적인 평가 태도를 가진 경우, 영유아는 혼자놀이와 병행놀이보다는 연합놀이와 협동놀이에 더 많이 참여하는 경향이 있는 것으로 나타났다.

부모와 자녀 간의 애착 유형에 따라 영유아가 참여하는 놀이 유형의 연구(Sroufe & Walters, 1977)에서 두 살짜리 영아를 관찰한 결과, 어머니와 안정되게 애착을 형성한 영유아는 어머니와 불안하게 애착을 형성한 영유아보다 상상놀이를 더 많이 하는 것으로 밝혀졌다. 뿐만 아니라 이들은 낯선 환경에서도 놀이 활동에 탐색적으로 참여하였다. 이와 같이 어머니가 반응적이면서 영유아의 행동에 민감하여 영유아가 안정되게 애착을 형성한 경우에 영유아는 주변 환경을 더 적극적으로 탐색하며, 이러한 탐색 활동을 통해 영유아들은 사물의 속성과 사용법을 더 잘 발견하게 된다는 것이다.

이처럼 부모의 양육태도에 따라 영유아가 놀이 행동에서 탐색적이고 적극적으로 상징놀이에 몰두하도록 할 수 있을 뿐만 아니라 놀이 행동이 독립적이고 융통성을 가질 수 있도록 하는 데 중요한 요인이 된다.

■ 부모의 이혼 혹은 편부모 가정 환경

부모는 자녀의 놀이를 촉진하거나 모델링을 제시하는 등 영유아의 놀이에 영향을 미치는 것처럼 부모의 이혼이나 사망 등의 이유로 한쪽 부모만 있을 경우에는 영유아의 놀이 행동에 변화가 있을 수 있다. 최근 들어 증가하고 있는 이혼문제도 영유아의 놀이에 영향을 미친다. 일반적으로 부성실조 남아는 아버지가 있는 남아보다 덜 공격적으로 놀이에 참여하며, 여아가 주로 하는 놀이를 선호하는 경향이 있다고 한다.

부모의 이혼으로 인해 편부모와 살게 되는 영유아는 안정감이 손상되고 이로 인한 스트레스는 영유아의 놀이 활동의 질과 형태에 중요한 영향을 주게 된다. 부모의 이혼이 영유아의 놀이에 미치는 영향을 보면 이혼가정의 남아들은 상징놀이에서 대체로 더 엄격하고 덜 상징적인 역할을 주로 하며 혼자놀이, 병행놀이, 기능놀이 등을 더 자주 하는 것으로 나타났다. 또한 부모이혼이 여아보다 남아에게 더 지속적으로 영향을 미치는 것으로 밝혀졌다. 상상놀이의 질적인 측면에서 정상 가정의 영유아는 이혼 가정의 영유아보다 상상놀이를 할 때 사물에 대한 의존도가 낮았다(Hetherington, Cox, & Cox, 1979). 이는 이혼 가정의 영유아들은 놀이의 성숙도나 정교성에서 정상 가정의 영유아보다 낮다는 것을 의미한다.

이처럼 부모는 영유아의 관찰자, 안내자, 놀이 제공자, 놀이 파트너 등의 역할로서 영유아의 놀이를 발달시키는 데 영향을 미칠 수 있다. 그러므로 부모는 영유아가 지닌 무한한 잠재능력을 최대한 성장 · 발달시킬 수 있도록 영유아가 자유롭게 놀이할 수 있는 환경과 시간을 허용해 주고, 영유아의 놀이 활동에 동참하여 격려해 줌으로써 영유아가 놀이를 진행해 나갈 수 있도록 해주어야 할 것이다.

■ 놀잇감에 대한 부모의 태도

놀잇감에 대한 부모의 태도도 영유아의 놀이에 영향을 준다. 즉, 부모들은 자녀의 성별에 따라 다른 놀잇감을 제공하는 것으로 밝혀지고 있다(신유림 외, 2014). 일반적으로 부모는 남아에게는 남아들이 주로 선호하는 남아 전형적인 놀잇감을 제공하며, 여아에게는 여아에게 적합한 놀잇감을 제공한다. 이러한 경향은 자녀의 방에서도 일치되게 나타났는데 영유아의 놀이 환경이라고 볼 수 있는 자녀의 방에서도 부모가 자녀의 성에 따른 기대와 인식이 반영되어 있었다(Eisenberg, 1983).

부모들은 자녀가 성에 적합한 놀잇감을 가지고 놀 때 자녀의 놀이에 흥미를 가지고 참여하는 것으로 나타났다(Caldera, Huston, & O' Brian, 1989; 신유림 외, 2014 재인용). 부모는 여아와 남아에게 특정 놀잇감을 갖고 놀도록 직접적으로 제안하지는 않았지만, 여아가 인형이나 소꿉놀이 용품 등 여아에게 적합한 놀잇감으로 놀이할 때, 그리고 남아가 남아에게 적합한 놀잇감으로 놀이할 때 더 적극적이며 긍정적으로 놀이상대로 참여하였다.

2) 가정의 사회 · 경제적 배경

영유아의 놀이 행동은 가정의 사회 · 경제적 수준이나 문화적 배경과 밀접한 관련성이 있는 것으로 알려져 있다. 도시와 농촌 간의 차이, 부모의 연간 소득 차이, 부촌과 빈촌의 거주지 차이, 부모의 학력 차이 등에 따라서 놀이의 형태도 차이가 날 수 있을 것이다.

예를 들면, 직업이 없거나 단순직에 종사하는 부모의 자녀들보다는 전문직이나 관리직 부모의 자녀들이 상상놀이나 협동적 상상놀이, 연합놀이, 협동놀이, 그리고 구성놀이를 더 많이 하는 것으로 보고되고 있다(최양미 외, 2012).

가정의 사회 · 경제적 수준이 영유아의 놀이에 주는 영향을 연구한 스밀란스키(Smilansky, 1968)는 이스라엘 영유아의 놀이 관찰에서 저소득층의 영유아들이 중류층에 비해 상상놀이에 덜 참여하는 것으로 밝혔다. 즉, 사회 · 경제적 수준이 낮은 가정의 취학 전 영유아는 놀이를 적게 하며 사회극놀이에는 전혀 참여하지 않는 등 놀이 활동의 여러 측면에서 결손을 보인다고 지적하고 있다.

여러 연구 결과들을 종합해 볼 때, 사회 · 경제적 수준이 중류층 이상인 가정의 영유아는 저소득층의 영유아보다 상상놀이, 사회극놀이, 구성놀이를 더 많이 하는 경향을 보이며, 저소득층 영유아들은 상대적으로 낮은 수준의 기능놀이, 혼자놀이, 병행놀이 등을 더 많이 하는 것으로 알려져 있다.

이는 가정의 사회경제 수준에 따라 영유아의 놀이에 차이가 있음을 명백히 밝히는 것으로 놀이의 중요성이나 가치에 대한 인식이 저소득 계층보다 중류 계층이나 상류 계층의 부모 인식이 높다는 사실을 시사한다.

우리나라의 문화적 배경을 중심으로 도시와 농촌 지역에 살고 있는 영유아들의 놀이를 비교한 연구에서 도시에 사는 영유아보다 농촌에 거주하는 영유아들의 놀이 유형이 훨씬 더 다양하고 전통적인 집단 게임을 많이 하며, 도시의 영유아들보다 더 성숙된 사회적 놀이 행동을 표출하는 것으로 나타났다(박찬옥 외, 2002 재인용).

이러한 가정의 사회 · 경제적 배경이 영유아들의 놀이에 영향을 주기는 하지만, 그러한 차이 자체가 놀이에 직접적인 요인으로 작용한다기 보다는 그것에서 파생되는 간접적 요인이 더 많이 작용한다. 즉 사회 · 경제적 수준 차이가 놀이에 대한 부모의 인식 차이 혹은 놀이 환경의 차이를 가져오고, 그 결과로 계층에 따라 영유아의 놀이 행동에 차이가 생겨난다고 볼 수 있다. 따라서 가정의 사회 · 경제적 배경과 관련된 여러 요인들이 영유아의 놀이 행동에 영향을 줄 수 있으므로 사회 · 경제적 수준에 따른 놀이 수준의 차이를 최소화할 수 있도록 교육현장에서 보다 풍부한 놀이를 제공해야 할 것이다.

3 교육 환경

영유아들을 둘러싼 여러 환경 중에서 교육 환경은 영유아들의 성장 · 발달뿐만 아니라 놀이 활동에도 중요한 영향을 미친다. 여기서는 영유아의 놀이에 영향을 미치는 교육 환경을 교사, 놀이 공간, 놀잇감, 또래 등의 측면에서 살펴보고자 한다.

1) 교사

영유아의 놀이발달에 있어 가정 환경에서는 부모가 중요하듯이 교육 환경에서는 교사의 역할이 중요하다. 교사는 부모를 대신해서 영유아를 사회화시키며, 영유아들이 자기 자신에 대한 인식을 점차 확대 · 발전시켜 나갈 수 있도록 놀이 환경을 조성하는 인적 환경이다. 이러한 교사는 영유아에게 알맞은 놀이 유형이나 놀잇감을 제공하여 풍부한 교육적 환경을 마련해 주는 역할을 하기 때문에 놀이 유형, 놀이 지속 시간, 놀이의 질에 영향을 미칠 수 있는 중요한 요인이다.

스밀란스키(Smilansky, 1968)의 연구에서 교사가 영유아의 사회극놀이에 개입함으로써 놀이 전개에 도움을 준 결과로 영유아들의 사회극놀이의 질과 참여율이 높아진 것으로 밝혀졌다. 우리나라 영유아를 대상으로 한 연구에서도 교사가 상상놀이에 개입했을 때에는 영유아의 창의성이 증진되고 놀이 활동과 내용이 더 풍부해졌으며, 놀이의 지속 시간이 증가하는 경향이 있는 것으로 보고하였다(이숙재, 2014). 반면에 교사 개입의 시기가 놀이 활동의 성패를 좌우하기도 한다. 교사의 적절한 개입은 놀이를 더욱 확장하고 풍부하게 하지만 부적절한 개입은 오히려 놀이를 방해하고 중단시키기도 한다.

이와 같은 연구결과들을 근거로 하여 영유아의 놀이 상황에서 보여야 할 교사의 역할을 다음과 같이 정리할 수 있다(Seefeldt, 1984).

- 교사는 놀이를 할 때에는 즐거운 태도로 임해야 하며, 유머와 인내심을 가지고 예기치 못한 상황을 받아들일 준비가 되어 있어야 한다.
- 교사는 상황에 따라 적절하게 개입할 수 있어야 한다.

- 교사는 새로운 자료와 상황들을 제시할 때에 친숙한 것과 균형 있게 제공될 수 있도록 계획해야 한다.
- 교사는 협동적인 놀이를 제공해야 한다.
- 교사는 가치 있는 경험을 제공해야 한다.

교사의 적절한 준비와 개입 전략은 궁극적으로 영유아들의 놀이 참여를 격려하고 확장시켜 준다. 따라서 교사는 영유아의 놀이 상황에 따라 교사의 도움이나 지원이 필요한 시기를 판단하여 영유아의 놀이를 적절히 지도할 수 있어야 할 것이다.

2) 놀이 공간

놀이 공간은 유아교육 프로그램의 질을 결정하는 중요한 요인이며, 놀이 공간의 면적 및 배치가 영유아의 놀이 행동에 영향을 미칠 수 있다. 또한 놀이 공간의 장소가 실내인가, 실외인가에 따라 놀이 활동의 유형도 달라진다. 실내놀이 공간에서는 구성놀이 활동이 주로 발생하고, 실외놀이 공간에서는 대근육을 활용한 기능놀이와 다양한 놀잇감을 통한 창의적 상상놀이 활동이 주로 발생한다. 여기서는 영유아의 놀이 행동에 영향을 미치는 놀이 공간을 실내놀이 공간과 실외놀이 공간으로 나누어 살펴보겠다.

- 실내놀이 공간

영유아가 사용 가능한 놀이 공간의 크기도 놀이 행동에 영향을 줄 수 있다. 예컨대 영유아가 놀이에 사용 가능한 공간이 줄어들면 대근육 활동이 줄어든다. 만약 교실에서 영유아들이 뛰고 달리면서 일반적인 거친 놀이 활동이 많이 이루어진다면 영유아들에게 있어 교실 공간이 너무 넓다고 볼 수 있다.

놀이 공간의 크기뿐 아니라 공간의 배치도 영유아의 놀이에 영향을 준다. 교실이 크지만 영역별로 나누어지지 않은 놀이 공간에서는 영유아가 다른 영유아의 놀이 활동이나 놀잇감 때문에 개인의 놀이 활동에 방해를 받을 수 있다. 따라서 가구를 재배치하여 넓게 개방된 놀이 공간을 구분시켜야 한다.

유아교육기관에서 놀이 공간을 흥미 영역별로 구분하는 중요한 이유는 융통성을 최대화하고 놀이의 전반적인 질을 강화하기 위함이다(김수영 외, 2007). 크고 개방된 방을 보다 작은 영역으로 구분짓는 공간 배치는 영유아들의 실내놀이 활동에서 대근육 활동을 감소시키며 극놀이와 구성놀이를 촉진시킬 수 있다. 그러나 이러한 효과를 위해 쌓기놀이 영역과 역할놀이 영역을 개방하여 보완적 영역의 성격을 활용하면 다양하고 심화된 놀이 활동을 촉진시킬 수 있다.

■ 실외놀이 공간

영유아에게 제공되는 실외놀이 공간도 놀이 행동에 중요한 영향을 미친다. 특히 영유아들의 실외놀이 활동은 실외놀이 환경이 제공하는 놀잇감의 종류에 따라 다양하게 나타나므로 실외놀이 환경의 놀잇감이나 놀이기구가 영유아들의 놀이 행동에 영향을 미친다.

전통적인 실외놀이 환경은 영유아들의 대근육 활동을 주로 야기시키며, 극놀이는 거의 유발시키지 못하므로 이러한 실외놀이 환경에서 나타나는 놀이의 사회적 수준은 매우 낮다는 사실이 밝혀졌다. 좌승화(2007)의 연구에서도 실외놀이 공간에 주로 설치되어 있는 고정된 복합놀이 기구만으로는 다양한 실외놀이 활동을 야기시키지 못하는 것으로 나타났다. 실외놀이 환경을 구성함에 있어서 영유아들 간의 사회적 상호작용을 증진시키고 인지적인 놀이 활동을 촉진시키기 위해서는 모래놀이를 촉진할 놀잇감이나 세발자전거 같은 움직이는 놀잇감을 제공해야 하며 이를 통하여 영유아들의 기능놀이를 극놀이로 발전시킬 수 있다.

3) 놀잇감

놀잇감을 통해 영유아는 자신의 감정이나 흥미를 표현한다. 놀잇감은 타인과의 사회적인 상호작용을 일으키는 역할을 하므로 놀이를 자극하고 영유아의 지속적인 발달을 도와준다. 유아들이 놀잇감과의 상호작용을 통해 문제를 스스로 해결할 수 있는 능력을 기를 수 있으며 이러한 문제해결로 인한 성취감은 영유아에게 새로운 놀이 활동에 대한 도전과 호기심을 자극하기도 한다. 그러므로 놀잇감은 영유아의 놀이 활동에 영향을 미치는 중요한 요인이라고 할 수 있다. 여기서는 놀잇감의 종류, 수량, 구조화의 정도를 살펴보고자 한다.

■ 놀잇감의 종류

놀잇감의 종류는 놀이 활동에서 발생하는 상호작용의 질에 영향을 미친다. 예를 들면, 블록이나 레고 등은 구성놀이를 촉진시키는 반면 인형, 의상, 소꿉놀이 관련 놀잇감들을 상징놀이를 촉진한다.

영유아에게 제공된 놀잇감의 종류에 따라 놀이 유형이 다르게 나타난다(Dodge & Frost, 1986). 블록이나 스티로폼 조각 같이 크기가 작고 용도가 분명하지 않은 놀잇감은 영유아들의 조작놀이와 구성놀이를 촉진하며, 영유아들이 역할놀이에 적합한 놀잇감으로 놀이를 할 경우에는 사회극놀이를 더 많이 하는 것으로 나타났다. 즉, 소꿉놀이 놀잇감이나 인형, 의류, 바퀴달린 놀잇감 등은 집단놀이와 사회극놀이를, 가위, 크레용, 물감, 구슬, 퍼즐, 점토 등은 혼자놀이와 병행놀이 및 구성놀이에 많이 사용되는 경향이 있다는 것이다. 이에 비해 블록은 사회성 놀이와 비사회성 놀이 모두에 똑같이 사용되는 경향이 있다.

■ 놀잇감의 구조화 정도

놀잇감의 구조화 정도에 따라 수렴적 놀잇감(convergent materials)과 확산적 놀잇감(divergent materials)으로 분류할 수 있으며, 놀잇감의 구조화 정도가 영유아의 놀이 행동에 영향을 미친다. 수렴적 놀잇감이란 놀잇감의 용도가 명확하게 제한되어 있는 것으로 퍼즐이나 단추 끼우기 등을 의미한다. 확산적 놀잇감이란 용도가 여러 가지로 활용될 수 있는 것으로 블록, 물, 모래, 진흙 등을 말한다.

수렴적 놀잇감을 활용한 영유아는 주어진 놀잇감의 제한된 용도에 맞는 반복놀이를 주로 하는 반면, 확산적 놀잇감을 가지고 놀이를 하는 영유아는 탐색놀이, 구성놀이, 상상놀이 활동에 많이 참여하는 경향이 있다(정진 · 성원경, 2004 재인용).

■ 놀잇감의 수량

놀잇감의 수량도 놀이 행동에 영향을 미친다. 존슨(Johnson, 1935)은 영유아들에게 많은 수량의 놀잇감이 제공되었을 때는 대근육을 활용한 놀이를 많이 했을 뿐만 아니라 놀잇감과의 접촉도 많았다. 반면에 놀잇감의 수량이 적게 제공되었을 때는 대근육 운동놀이가 감소했으며 놀잇감보다 영유아들 간의 사회적 접촉이 더 빈번하게 일어나는 것으로 보고하였다. 우리나라 영유아를 대상으로 한 김태연(1984)의 연구에서도 놀잇감의 수량이 부족한 상황에서는 유아의 공격성뿐만 아니라 창의적인 활동이 증가하는 경향을 보였으며, 놀잇감의 수량이 부족하고 종류가 다양하지 않을 때 비놀이 행동과 신체 운동이 증가하였다(이숙재, 2011 재인용).

이처럼 놀잇감의 종류, 수량, 구조화의 정도 등이 영유아의 놀이에 영향을 미친다는 것은 놀잇감이 영유아의 놀이에 직접적으로 영향을 주는 중요한 요인임을 의미한다. 따라서 영유아들의 놀이 효과를 극대화시킬 수 있도록 놀잇감에 대한 연구가 활발히 이루어져야 할 것이다.

4) 또래

또래는 영유아의 발달에 커다란 영향을 주는 요인이다. 영유아의 연령이 증가하면서 또래와 접촉하는 기회가 점차 많아지고 다양해져 영유아의 또래관계는 더욱 발달한다. 또래관계란 영유아와 성인과의 관계와 달리 수평적이다.

영유아들은 놀이할 때 또래의 생각이나 견해에 동조하거나 또래의 견해를 즉각 반영하는 등 또래의 영향을 많이 받기 때문에, 또래와의 상호작용은 놀이에 대한 흥미, 놀이에의 참여도, 놀이 활동의 질 등에 직접적으로 영향을 미친다.

놀이에 참여하여 또래들과 함께 놀이에 참여한 경험은 영유아들의 사회극놀이 수준에 영향을 미친다(허진경, 2001). 이는 또래들과 함께 놀이한 경험이 사회극놀이 수준뿐만 아니라 표상능력과 협상능력의 증진에 영향을 준다는 것이다. 그러므로 영유아들의 안전하고 일관성 있는 또래관계는 영유아의 사회적 능력 및 협동놀이와 밀접한 관련이 있다.

정계숙과 황영미(2000)의 연구에서도 또래관계는 놀이 과정에서 상호작용을 위한 중요한 수단이며, 이러한 또래관계는 협동적인 사회화 과정의 기반을 제공한다고 하였다. 이에 영유아의 놀이에 영향을 주는 또래관계를 또래와의 친숙도, 또래로부터의 수용 정도, 또래의 연령 측면에서 살펴보겠다.

■ 또래와의 친숙도

또래와의 친숙도와 영유아의 놀이와의 관계에 관한 많은 연구결과에서 영유아는 친숙하지 않은 또래보다는 친숙한 또래와 놀이할 때 높은 수준의 사회극놀이에 더 많이 참여하며, 놀이 시간도 더 길어진다. 또한 친숙한 또래와 놀이를 할 때 또래를 더 많이 배려하고, 의사소통이 높은 수준에서 활발하게 일어나며 놀이가 확장된다(유효순 · 김희태, 2014).

■ 또래로부터의 수용 정도

놀이과정에서 또래로부터의 수용 정도는 영유아의 놀이 행동에 영향을 준다. 일반적으로 놀이 과정에서 또래로부터 수용되는 정도에 따라 영유아들은 인기아, 고립아, 거부아 집단으로 분류된다. 주로 인기아 집단은 협동놀이와 병행놀이를 주로 하며, 고립아는 비놀이와 부정적 놀이 행동을 많이 보인다(김수영, 2000).

또한 놀이 개입 상황에서 인기아들은 놀이 활동을 기술하거나 설명을 제공하면서 놀이 상황에 개입하는 시도를 하여 또래들로부터 긍정적인 반응을 받는다. 반면에, 거부아는 요구를 하면서 놀이에 개입하고자 시도하며, 고립아는 비언어적인 방법으로 놀이에 개입하고자 한다. 즉, 고립아 및 거부아들은 기술이나 설명과 같은 의사소통 전략을 적절히 사용하지 못하므로 낮은 또래 수용도를 가져오는 주요인이 되고 있었다(송미선, 2001).

■ 또래의 연령

만 2~3세 정도의 영유아들은 다양한 연령의 영유아들과 상호작용하는 경향이 있으나 영유아의 연령이 높아지면서 점차 자신과 비슷한 연령의 또래와 놀이하는 것을 선호한다(유효순 · 김희태, 2014).

동일 연령의 영유아들은 서로 비슷한 흥미와 관심을 보이기 때문에 일반적으로 유아교육기관의 교실을 동일연령으로 편성한다. 혼합연령으로 교실을 구성했을 때보다는 동일연령일 때에 영유아들 간의 놀이 상호작용이 더 활발하게 이루어지며, 언어적 의사소통을 통한 협동놀이가 더 많이 이루어진다. 왜냐하면 동일연령의 또래들과 더 쉽게 사회적 상호작용이 촉진되기 때문이다.

4 전자 미디어

전자 미디어에는 영화, 비디오, TV, 게임, 컴퓨터, 인터넷 등이 속한다. 오늘날 급속한 전자매체 등의 기술발달로 전자 미디어가 긍정적으로 동시에 부정적으로 사회에 많은 영향을 주고 있다. 특히 영유아의 놀이에 영향을 주는 변인으로 전자 미디어가 최근 중요하게 대두되고 있는 실정이다.

최근 들어 유아교육자들과 부모들은 전자 미디어가 영유아의 성장과 발달에 미치는 영향을 중요하게 인식하고 있다. 이에 가정, 학교, 유아교육기관 및 생활 주변에서 전자 미디어의 과다 사용으로 인해 파생되는 부정적 영향에 대한 보고가 다양하게 나오고 있어 이를 방지하려는 노력이 상당히 이루어지고 있는 실정이다. 여기서는 최근에 부각되고 있는 TV와 컴퓨터를 중심으로 놀이에 미치는 영향을 살펴보겠다.

■ TV

영유아의 발달에 가장 많은 영향을 주는 전자 미디어가 TV이다. 우리나라 가정뿐만 아니라 유아교육기관 교실의 TV 보급률은 거의 100%에 달하고 있다.

지금까지 알려진 바에 의하면 TV의 영향은 긍정적인 측면보다 부정적인 측면이 더 많다(Frost, 1992). TV 프로그램의 주인공들이 부모의 역할 모델을 대신하고 있으며(US Today and World Report, 1985), 장시간의 TV 시청은 영유아들의 비만을 촉진시키며 콜레스테롤의 수치와 혈압을 높이는 것으로 밝혀졌다. 또한 TV를 많이 본 취학 전 영유아는 적게 보는 영유아보다 놀이를 덜 하는 것으로 밝혀졌다(Singer, 1980). 이와 같이 TV는 영유아를 수동적이고 의존적으로 만드는 것 외에 역할놀이에 중요한 요소가 되는 창의성과 내적 상상력의 발달을 저해한다.

최근에는 TV 프로그램에 등장하는 캐릭터가 영유아들의 친구로 자리매김하면서 놀이에 영향을 미치고 있으며, 나아가 유아의 발달에 직·간접적으로 영향을 미치고 있다(Chang, 2003). 우리나라는 1970년에 월트 디즈니사의 캐릭터가 국내에 보급되기 시작하여 1990년대 중반부터 캐릭터 산업이 본격적으로 전개되었다. 2000년대에 들어서는 뽀로로의 등장으로 영유아들의 놀이와 생활용품에 깊숙이 들어와 있는 실정이다(정선영, 2003).

전문가들은 TV 프로그램에 등장하는 캐릭터 놀잇감의 문제점을 지적한다. 즉, 캐릭터 놀잇감이 영유아의 자연스럽고 창의적인 놀이의 장애물이 될 뿐만 아니라 TV 캐릭터 놀잇감으로 이루어지는 활동은 놀이가 아니라 모방에 불과하다는 시각도 있다(Johnson, Christie, & Wardle, 2005). 최근 이루어진 고준희(2012)의 연구에서는 영유아들이 TV 캐릭터 놀잇감보다 비캐릭터 놀잇감으로 가상놀이를 할 때 놀이의 에피소드 주제가 훨씬 더 다양하고 환상적이며, 가상놀이의 수준도 더 높으며, 놀이 지속 시간도 더 길다고 밝혔다. 이처럼 영유아들이 TV를 많이 시청하고, TV 프로그램에 영향을 받은 놀이를 많이 할수록 가상놀이에 개입하는 횟수가 감소될 수 있다. 나아가 가상놀이의 주제가 TV 프로그램 내용과 유사한 주제로 한정되어 의사소통의 필요성이 줄어들고 수준 높은 가상놀이 주제의 시도가 감소되어 놀이의 다양성을 제한할 수 있다.

이처럼 TV는 영유아의 발달과 놀이에 부정적인 영향을 미치므로 TV 시청 시간을 가정에서 조절할 필요가 있으며, TV 이외에 다른 실내 · 외 활동을 할 수 있도록 성인의 지도와 감독이 요구된다.

■ 컴퓨터

일반 가정에서 뿐만 아니라 유아교육기관에서 개인용 컴퓨터가 보급되어 있어 생활에 중요한 요소로 등장하게 되었다. 이에 영유아들도 컴퓨터에 매우 친숙해 있으며, 컴퓨터를 이용하여 많은 활동을 하고 있는 실정이다.

사실 컴퓨터 도입 초반에는 컴퓨터의 사용이 영유아들의 놀이에 부정적인 영향을 줄 것이라는 우려가 제기되기도 하였으나 아직은 부정적 영향에 대한 일치된 결과는 나오지 않고 있다.

예를 들면, 컴퓨터를 교실에 설치하여 영유아들의 컴퓨터 사용이 놀이에 영향을 미치는지 살펴본 결과, 유아들의 기능놀이는 증가하고 역할놀이는 줄어들었으나 놀이 형태에 큰 변화는 없었다(Fein, Campbell, & Schwartz, 1987). 오히려 컴퓨터가 교실에 제공되었을 때 영유아들은 교사의 도움 없이 문제해결을 위한 상호작용이 촉진되었다는 결과도 있다. 교실에서의 퍼즐놀이와 컴퓨터놀이를 비교한 결과 퍼즐놀이가 혼자놀이를 더 많이 유발하며, 컴퓨터놀이에서는 또래들과 함께 활동하는 시간이 더 길었다(Muller & Perlmutter, 1985). 또한 컴퓨터 활용 전자 게임 등은 영유아의 눈과 손의 협응과 공간지각능력을 촉진한다는 시각도 있으나 아직 입증되지는 못하고 있는 실정이다.

반면에 이와 상반되는 연구결과도 나타났다. 영유아들의 컴퓨터 활동과 블록 활동을 비교한 결과, 컴퓨터 활동보다는 블록놀이를 한 영유아들의 사회적 능력과 공간인식능력이 더 높은 것으로 나타났다(이규남, 2003).

이처럼 컴퓨터 사용이 영유아의 놀이와 발달에 미치는 영향은 아직 명확하게 밝혀지지 않고 있는 실정이다.

Chapter 5

놀이 환경

1. 놀이 환경의 중요성
2. 실내놀이 환경
3. 실외놀이 환경
4. 영유아를 위한 놀잇감

놀이는 영유아의 성장과 발달에서 중요한 역할을 하므로, 영유아의 발달과 학습을 촉진할 수 있는 놀이 환경은 중요하다. 놀이 환경은 인적, 물리적, 사회적, 시간적 환경 등을 포함하는 폭넓은 개념이다. 본 장에서는 물리적 환경을 중심으로 놀이 환경의 중요성과 실내 · 외 놀이 환경, 영유아를 위한 놀잇감에 대해 살펴보고자 한다.

1 놀이 환경의 중요성

영유아들이 영유아교육기관에 머무르는 시간이 매우 길기 때문에, 영유아들의 건강한 성장과 발달을 위해서는 집처럼 편안하게 지낼 수 있고, 건강한 환경을 제공하는 일은 매우 중요하다. 발달적으로 적합한 놀이 환경을 계획하고 운영하는 것은 영유아들이 놀이에 더 적극적으로 참여하게 만든다. 풍부한 놀이 환경은 놀이에 대한 동기를 이끌어내고, 다양한 인지적 자극과 사회적 관계를 경험하게 한다(조해연 · 이기숙, 2014). 또한 질적으로 우수한 물리적 환경은 영유아의 발달과 성장을 촉진할 수 있고, 영유아의 놀이 행동에도 긍정적인 영향을 미친다. 따라서 영유아의 자유로운 탐색을 위한 안전한 환경, 건강하고 안락한 공간, 발달에 적합한 놀잇감과 탐색 가능한 활동 자료들이 놀이 환경에 풍부하게 구비되어야 한다.

2 실내놀이 환경

1) 공간 구성 시 고려할 사항

영유아를 위한 놀이 공간은 아름답고 매력적으로 구성해야 하며, 교육적 가치가 있는 놀잇감과 활동 자료들을 구비해야 한다. 그리고 영유아가 주제나 계절의 변화에 따라 교재·교구 및 놀이 공간을 창의적이고 효율적으로 활용할 수 있도록 구성해야 한다.

일반적으로 영유아를 위한 실내놀이 공간 구성 시 고려해야 할 사항을 구체적으로 살펴보면 다음과 같다.

(1) 영유아의 연령 및 특성

영유아를 위한 놀이 환경은 영유아의 연령에 따른 발달 수준에 적합해야 한다. 이를 위하여 놀이 환경의 주된 이용 대상인 영유아에 대한 이해를 기초로, 영유아의 발달을 지원하고 촉진하여 건강한 성장을 도와줄 수 있는 환경을 구성해야 한다.

그리고 놀이 공간은 영유아의 요구와 흥미를 고려하여 구성하는 것이 바람직하다. 교사가 일방적으로 놀이 공간을 구성하거나 항상 고정적으로 놀이 공간을 구성하거나 놀잇감을 배치하기보다는 영유아의 요구, 흥미, 주제에 따라 필요할 때마다 재구성하거나 조정하는 것이 놀이 참여도를 높일 수 있다. 또한 영유아의 장애 유무를 파악하여 장애 영유아의 개별적 요구와 발달적 요구를 충족시켜줄 수 있는 놀이 공간을 구성해야 한다.

(2) 영유아 프로그램과 기관의 특성

양질의 프로그램은 영유아의 놀이를 촉진하고 놀이 행동에도 영향을 미칠 수 있다. 따라서 영유아교육기관 프로그램의 목적을 잘 구현할 수 있는 놀이 환경을 구성해야 한다. 질 높은 교육(보육)이 이루어지기 위해서는 프로그램의 교육 내용 및 활동에 적합한 환경, 환경에 맞는 프로그램이 유기적으로 연계되어 계획되어야 한다. 그리고 놀이 공간의 구성은 해당 영유아교육기관의 유형과 지역 특성에 따라서도 달라질 수 있으므로, 이런 부분도 고려해야 한다.

(3) 안전과 위생

영유아기는 안전사고가 일어날 가능성이 높기 때문에, 안전과 위생을 고려해야 한다. 이를 위해 교사는 놀이실 전체를 한눈에 볼 수 있도록 공간을 개방적으로 배치해야 한다. 그리고 놀이시설 및 놀잇감 등이 안전한지 정기적으로 점검하고, 영유아들의 위생과 청결에도 유의해야 한다. 또한 온도, 습도, 채광, 환기 등을 고려해야 한다.

(4) 놀이 공간의 현 상태

교사가 놀이 공간을 어떻게 배치하고 구성하는지에 따라 영유아의 놀이 행동에 영향을 미친다. 따라서 교사는 놀이 공간의 크기, 활용도, 배치의 적정성 등 놀이 공간의 현재 상태와 문제점을 잘 파악하고 분석해야 한다. 이후에 출입문, 창문, 시설 · 설비, 이동로 등의 물리적 특성을 고려하여 공간 구성을 하는 것이 효율적이다. 그리고 다른 영유아들에게 방해받지 않도록 영유아의 수를 고려하여 충분한 놀이 공간을 확보해야 한다. 놀이 공간이 좁거나 제한될 때, 영유아 간의 갈등이나 공격적 행동 등 영유아의 행동에 부정적인 영향을 줄 수 있기 때문이다. 영유아가 자유롭게 놀이할 수 있도록 놀이 공간이 넓어야 하고, 영유아가 혼자서 놀거나 쉴 수 있는 공간도 마련한다. 이때 교사는 놀이 영역별로 들어가는 교재 · 교구의 수량과 상태 등을 고려하여 놀이 환경에 변화를 줄 수 있다.

(5) 공간 구성의 원리

놀이실 공간을 영역별로 구분하여 영유아의 놀이 행동을 촉진할 수 있는 흥미 영역을 구성하면 공간 활용도를 높이고, 효율적인 공간 배치를 할 수 있다. 일반적으로 영유아 교육기관의 실내놀이 환경은 몇 가지 흥미 영역(놀이 영역)으로 구분하여 배치하고 있다. 흥미 영역이란 여러 형태의 교구장이나 분리대 또는 기타의 방법으로 여러 가지 놀이 영역을 구분한 것으로 놀이 영역, 활동 영역, 학습 영역이라고 한다. 이러한 흥미 영역은 놀이 특성에 따라 교실을 놀이 영역별로 구성하는 것으로, 일반적으로 영유아교육기관에서 실내에 배치하는 흥미 영역은 쌓기놀이 영역, 역할놀이 영역, 언어 영역, 수 · 조작 영역, 과학 영역, 음률 영역, 미술 영역 등이 있다. 실내 흥미 영역을 구성할 때의 유의점은 다음과 같다.

첫째, 정적인 놀이 영역(언어 영역, 수 · 과학 영역)과 동적인 놀이 영역(음률 영역, 역할놀이 영역, 쌓기놀이 영역), 물이 필요한 영역(미술 영역)과 물이 필요하지 않는 영역(언어 영역, 쌓기놀이 영역) 등은 구분하여 배치한다.

둘째, 놀이 활동의 성격상 서로 연관되거나 보완되는 영역은 인접하게 배치하는 것이 좋다. 예를 들면, 쌓기놀이 영역과 역할놀이 영역을 인접하게 배치하면 소품도 함께 쓸 수 있어 놀이가 더 촉진된다. 그리고 물을 필요로 하는 물놀이, 모래놀이 영역도 가까이 배치한다.

셋째, 놀이 영역의 특성, 참여 영유아의 수, 놀이실 전체 공간의 크기를 고려하여 놀이 영역의 공간 크기를 정한다. 쌓기놀이 영역과 역할놀이 영역 등은 동적인 활동이 주로 이루어지는 것을 고려하여 좀 넓은 공간을 마련한다.

넷째, 영유아의 동선을 고려하여 이동 통로를 마련해서 놀이 영역 간의 원활한 이동을 돕는다.

다섯째, 모든 놀이 영역에서 활동하고 있는 영유아들이 교사의 시야에 들어올 수 있도록 낮은 교구장이나 분리대로 흥미 영역을 개방적으로 배치한다. 교사는 영유아들의 놀이 상황을 언제든지 관찰하여 안전사고를 예방하고, 도움이 필요한 영유아에게 적절한 도움을 줄 수 있도록 개방적으로 배치하는 것이 좋다.

여섯째, 분리대, 칸막이, 이동식 교구장, 가리개, 책꽂이 등을 이용하여 구분하며, 소음을 줄일 수 있도록 충분한 공간이 주어져야 한다. 물을 필요로 하는 영역에는 바닥이 젖지 않도록 깔개를 깔고, 건조한 영역에는 부분 카펫 등을 깔아 소음을 줄인다.

한편, 놀이 영역을 구성할 때에 프로스트와 키신저(Frost & Kissinger, 1976)의 구성 원리를 참고하는 것도 도움이 된다.

건조한 곳

조용한 곳 | 활동적인 곳

〈제1지역〉	〈제2지역〉
• 언어, 수 · 조작, 게임, 소집단 활동	• 쌓기놀이, 대근육 활동, 목공놀이, 역할놀이, 음률 활동
〈제3지역〉	〈제4지역〉
• 미술, 요리, 간식	• 물 · 모래놀이, 손 씻는 곳, 과학, 화장실과 싱크대

물이 있는 곳

| **그림 5-1** | **놀이 활동 영역의 공간 구성**

| **출처** | Frost & Kissinger(1976: 219). The Young child and the educative process.

2) 실내놀이 공간 구성

(1) 영아반(만 0~2세)

만 3세 미만의 영아들은 환경의 영향을 더 많이 받고 개인차가 크기 때문에, 이를 고려하여 발달에 적합한 놀잇감을 제공하고 물리적 환경을 구성해야 한다. 따라서 영아의 생리적 욕구에 기초한 생활 공간의 기능이 중시되어야 하며, 영아의 기본적인 욕구인 건강과 안전, 탐색적 욕구, 움직임의 욕구, 정서적 안정감 등을 충족시켜 줄 수 있는 놀이와 학습의 공간이 되어야 한다(송연숙 · 남미경 · 최애경, 2013). 따라서 영아를 위한 놀이 공간 구성은 일상생활 영역과 놀이 활동 영역으로 구분하여 배치하는 것이 바람직하다.

기저귀 갈이 영역

① 일상생활 영역

■ 기저귀 갈이 영역

기저귀 갈이는 영아가 매일 경험하는 중요한 일과이므로, 교사는 기저귀를 갈 때에 영아와 개별적으로 상호작용하고, 물티슈 등으로 깨끗이 닦아준다. 기저귀, 물티슈, 비누, 딸랑이, 모빌 등을 구비한다.

■ 낮잠 및 휴식 영역

영아에게는 가정과 같은 편안하고 포근한 느낌이 드는 공간이 필요한데, 활동실에 편안한 의자나 쿠션, 푹신한 카펫과 러그 등의 깔개 등을 마련하고 커튼을 설치하여 수면을 도울 수 있다. 수유기 영아를 위한 요람과 이유기 영아를 위해서는 개인용 매트와 침대가 필요하다. 활동실에서 낮잠을 자지 않으려고 하는 영아가 있을 수 있으므로 공간적 여유가 있다면, 활동실과 분리해서 조용하고 편안한 공간인 낮잠 및 휴식 영역을 배치한다.

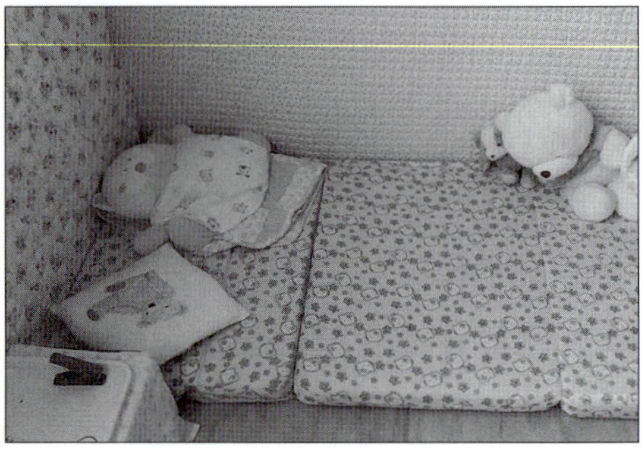

낮잠 및 휴식 영역

■ 수유 및 식사, 간식 영역

수유 및 식사, 간식 영역은 놀이 영역이나 기저귀 갈이 영역 및 낮잠 영역과 분리하여 배치하는 것이 위생적인 측면에서 바람직하다. 개인별 일일 수유 및 이유식 시간표를 가까운 곳에 붙여 두고 활용한다. 개인용 물병, 살균소독기, 냉장고, 전자레인지, 오븐, 조리대와 싱크대를 구비하면 바람직하다.

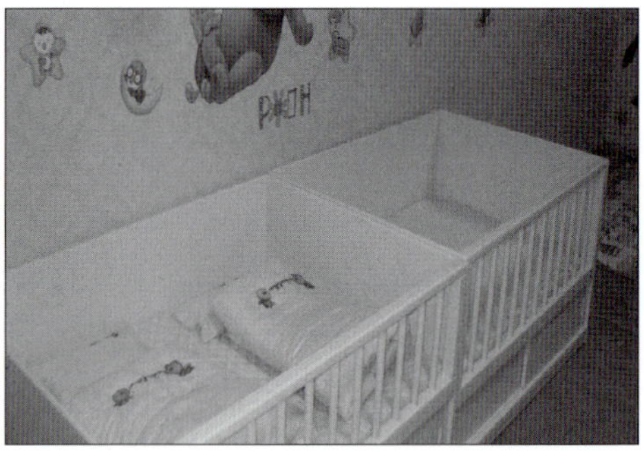

수유 영역

② 놀이 활동 영역

■ 신체 및 움직임 영역(대근육 영역)

영아기는 신체 성장이 급격히 진행되고 움직임이 많고 활발한 시기이다. 따라서 영아가 걷기, 던지기, 발로 차기 등의 대근육 활동과 신체놀이를 할 수 있도록 다른 영역보다 넓은 공간을 조성한다. 또한 안전에 유의해서 영아가 넘어졌을 때에 충격을 흡수해 줄 놀이 매트와 쿠션 등을 깔아주어야 한다.

신체 및 움직임 영역

〈놀잇감 및 자료〉

- 대형 블록, 낮은 오르고 내리는 기구
- 끌거나 밀고 다니는 놀이 기구(예 인형 유모차, 보행기, 작은 수레, 끌차, 흔들 말, 아기 그네 등)
- 팥주머니, 후프
- 크기와 재질이 다른 다양한 공(예 헝겊 공 등 움직임이 완만한 공)
- 커다란 상자(예 영아가 상자 안으로 들어갈 수 있도록 옆으로 문을 만들어줄 것)

■ 감각 및 탐색 영역

조용하고 개인적인 활동이 많이 이루어지므로 조용히 집중할 수 있는 공간을 확보하고 바닥에 카펫을 깔고 낮은 책상을 준비한다. 영아의 호기심을 유발하고 탐색 의욕을 자극시키는 새로운 놀잇감과 다양한 물건을 제공한다.

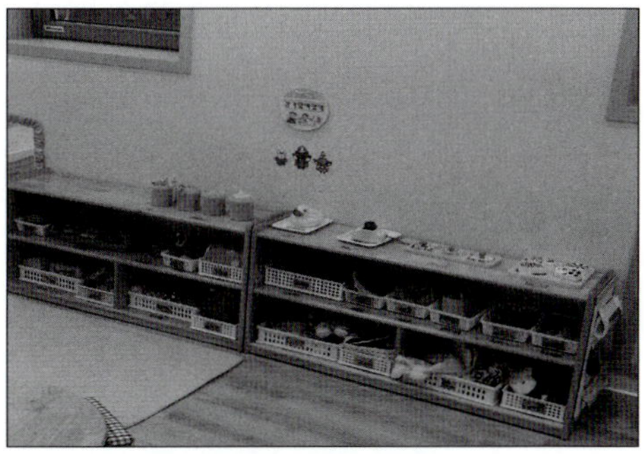

감각 및 탐색 영역

〈놀잇감 및 자료〉

- 물놀이용 놀잇감(예 스펀지, 고무오리 등), 거울, 헝겊인형
- 촉감상자, 모래놀이용 삽과 그릇
- 나무못과 못판, 큰 구슬 꿰기, 자연물

■ 언어 영역

영아기는 어휘가 급속히 발달되는 시기이므로 영아의 흥미를 유발하는 다양한 그림책을 제공해 준다. 영아들이 편안한 분위기에서 혼자서 쉴 수 있는 사적 공간으로서 포근한 공간이 되도록 재구성해 준다.

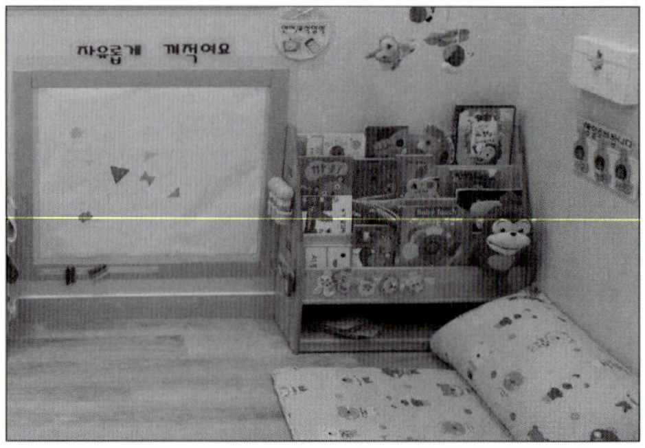

언어 영역

〈놀잇감 및 자료〉

- 헝겊책, 촉감책, 손인형, 그림책
- 전화기, 녹음기

■ 창의적 표현 영역

연령이 어릴수록 표현 활동보다는 감각 탐색 활동이 주가 되는 활동이 많이 이루어진다(송연숙 · 남미경 · 최애경, 2013). 따라서 영아가 새로운 재료를 충분히 탐색하고, 창의적으로 표현하는 과정을 즐기도록 충분한 공간을 제공해 준다.

창의적 표현 영역

〈놀잇감 및 자료〉

- 여러 종류의 종이, 물감과 붓, 손가락 그림물감
- 크레파스, 찰흙, 스카프, 리본 막대

■ 역할놀이 영역

영아기는 사회적 상호작용이 시작되는 시기이므로 일상생활 속에서 다양한 역할을 경험해보고 사회성을 기를 수 있도록 관련 활동 자료들을 충분히 제공해 준다.

역할놀이 영역

〈놀잇감 및 자료〉

- 다양한 가정용품(예 모형 주방용품, 화장대, 빈 화장품병, 거울, 옷장 등)
- 인형놀이 세트(예 인형류, 인형옷)
- 여러 가지 모양과 색깔의 모자, 의상, 가운, 구두 등 여러 직업에 대한 역할을 모방해 볼 수 있는 의상이나 소품들

(2) 유아반(만 3~5세)

만 3~5세 유아들을 위해서는 자유롭게 탐색하고, 주제에 따른 다양한 활동이 이루어질 수 있는 질적으로 우수한 놀이 환경을 제공해야 한다. 또한 만 3~5세 유아들을 위한 놀이실은 영아반 놀이실보다 놀이 영역의 수가 더 많고, 놀잇감도 더 복잡하고 활동적인 것으로 구성한다.

① 쌓기놀이 영역

쌓기놀이 영역은 다양한 종류의 블록과 소품을 이용하여 입체적 구조물을 만드는 놀이를 하는 공간이다. 쌓기놀이 영역은 다른 영역에 비해 비교적 소음이 발생하는 영역이므로 유아들의 왕래가 많지 않은 장소에 배치하는 것이 좋다. 역할놀이 영역과 인접하게 배치하면 효과적이다. 바닥에 부분 카펫을 깔아서 소음을 줄이고, 테이프 등으로 다른 영역과 경계를 지어 유아가 놀이에 몰두하게 하는 것이 좋다.

유아가 쌓기놀이에 몰두할 수 있도록 충분히 여유 있게 공간을 확보해야 한다(유아

1~2명당 약 2/3평, 3~5명당 약 2평). 블록을 넣어 두는 장은 유아의 키 높이에 맞게 블록 크기별로 정리할 수 있도록 한다. 이때 문을 닫지 않고 개방식으로 하여 밑에는 크고 무거운 블록을 쌓고, 작고 가벼운 블록은 윗칸에 보관한다. 블록을 보관하는 교구장에는 블록 형태의 그림을 붙여두어 유아의 정리 · 정돈을 돕는다.

쌓기놀이 영역

쌓기놀이 영역 놀잇감 및 자료

구분	내용
블록	• 유닛 블록, 공간 블록, 스펀지 블록, 종이벽돌 블록, 우레탄 블록, 레고, 속이 빈 나무토막, 상자나 빈 통조림 깡통을 활용한 블록 등
소품	• 교통기관류(예 작은 자동차, 끌차, 끌 수 있는 놀잇감, 레미콘, 잠수함 등) • 각종 사람 모형, 여러 가지 동물 모형, 다양한 식물 모형 • 여러 가지 모자류(예 소방관 · 경찰관 모자, 오토바이 헬멧 등) • 기타(예 교통표지판, 관련책, 화보, 활동 카드 등)

② 역할놀이 영역

역할놀이 영역

역할놀이 영역은 유아가 가족의 역할, 다양한 직업의 기능 및 역할을 극놀이 또는 역할놀이를 통해 모방해 보고, TV와 책 등을 통해 접한 사건과 인물을 유아 자신의 경험이나 생각, 느낌을 더해 상상하여 새롭게 만드는 장소이다. 즉, 여러 가지 역할을 가작화하는 놀이 공간이므로 동적놀이 영역과 인접하게 배치한다. 특히 쌓기놀이 영역과 가까이 배치하면 두 영역의 놀이가 통합될 수 있어 효과적이다. 그리고 다양한 소품을 바꾸어 제공한다.

역할놀이 영역 놀잇감 및 자료

구분	내용
소꿉놀이	• 주방용품(예 싱크대, 모형 냉장고, 가스레인지, 믹서, 토스터, 저울, 도마, 플라스틱 칼, 밀대, 찍기, 뒤집기, 국자, 수저, 포크, 각종 그릇, 컵, 주전자, 쟁반, 냄비, 솥 등)
가족놀이	• 일상용품(예 옷장, 화장대, 작은 침대, 전화기, 시계, 다리미와 다리미판, 드라이어, 가발, 큰 거울, 빗자루와 쓰레받기, 휴지통 등) • 의류(예 웃옷, 치마, 앞치마, 남자 양복과 넥타이, 드레스와 면사포, 비옷, 의사 가운, 남녀 한복, 여러 나라의 전통 의상 등) • 기타 소품(예 모자류, 가방류, 신발류, 우산, 액세서리, 유모차, 인형류, 인형옷, 인형가구, 화장품, 모형 과일, 모형 돈 등)
병원놀이	• 의사(예 가운, 청진기, 반사경, 고무망치, 쓰기 도구 등) • 간호사(예 간호사 모자, 주사바늘을 뺀 주사기, 혈압기, 솜, 붕대, 가위 등) • 기타(예 진찰권, 의료보험 카드, 약봉지, 약 등)
우체국놀이	• 집배원 가방과 모자, 편지, 소포꾸러미, 우체통, 우표나 스티커 등
미장원놀이	• 거울, 빗, 드라이어, 모형 가위, 머리핀, 가발, 날 없는 면도기, 빈 샴푸통 등
가게놀이	• 모형 상품(예 과일, 채소, 과자 등), 놀이용 돈, 가격표, 저울, 가게 간판, 시장바구니, 종이봉지 등

③ 언어 영역

언어 영역

언어 영역은 유아들이 방해를 받지 않고 안정된 분위기에서 활동할 수 있도록 배치한다. 따라서 동적 놀이가 이루어지는 영역과 떨어져 있으며 유아들이 많이 왕래하지 않는 장소에 배치하는 것이 좋다. 밝은 곳에 위치하며 바닥에는 카펫을 깔고 부드러운 의자, 낮은 탁자, 쿠션 등으로 아늑하고 조용한 분위기를 마련하여 주어, 유아로 하여금 안정된 분위기를 느낄 수 있게 한다.

낮은 책상은 유아에게 보다 편안한 기분을 갖게 만든다.

■ 언어 영역 놀잇감 및 자료

구분	내용
말하기 자료	• 융판 및 융판용 동화 자료, 그림 자료, 손인형, 막대인형, 자석인형, 인형극틀 등
듣기 자료	• 녹음기와 여러 가지 소리가 담긴 녹음테이프와 CD, 동화테이프 등
읽기 자료	• 다양한 문화권의 문학 작품 그림책, 지식과 정보를 담은 책, 수수께끼 책, 속담 책, 이름 카드 등
쓰기 자료	• 종이류, 글자 바느질, 칠판, 쓰기 도구 등

④ 수 · 조작놀이 영역

수 · 조작놀이 영역은 퍼즐이나 구슬 꿰기처럼 손과 손가락의 소근육을 사용해서 놀잇감을 맞추고 분류하고 배열하는 놀이를 할 수 있는 놀이 공간이다. 여러 가지 물건들을 조작해 봄으로써 눈과 손의 협응력, 기초적 수 개념, 도형 및 공간 개념, 측정, 패턴, 자료 수집 및 분류 등의 경험을 할 수 있다. 이 영역에서는 유아가 소근육을 이용하여 조작, 구성, 게임, 수세기, 측정하기 등의 정적인 놀이를 주로 하므로 유아들의 왕래가 많지 않은 조용한 장소에 배치한다. 유아들은 바닥에 앉아서 수 · 조작놀이를 하므로 낮은 책상을 준비하거나 바닥에 카펫을 깔아준다.

수 · 조작놀이 영역

수 · 조작놀이 영역 놀잇감 및 자료

구분	내용
그림 맞추기류	• 그림 퍼즐, 도형 퍼즐 등
일상생활 활동을 위한 자료	• 지퍼 올리기, 단추 끼우기, 나사 맞추기, 곡식 옮기기, 구슬 꿰기, 바늘, 바느질용 종이, 실, 헝겊 등
수놀이 자료들	• 짝짓기, 수세기, 분류, 비교, 모양 알기, 부분과 전체, 서열 개념을 위한 자료들
측정을 위한 자료	• 다양한 단위의 자, 저울, 시계 등
게임 자료	• 주사위와 게임판, 각종 게임 카드 등

⑤ 과학 영역

과학 영역은 생물, 무생물, 자연현상과 간단한 도구 및 기계 등에 대해 호기심을 갖고 탐구하는 능력을 기르는 영역이다. 과학 영역은 수도시설 가까이에 배치하는 것이 좋으며, 조용하고 햇빛이 잘 드는 곳이 좋다. 그리고 전기 기구나 각종 실험 기구를 안전하게 사용할 수 있도록 유아들의 왕래가 빈번하지 않은 곳이 바람직하다.

과학 영역

과학 영역 놀잇감 및 자료

구분	내용
동 · 식물 기르기에 필요한 기구들	• 씨앗, 구근, 모종, 화분, 작은 물고기, 어항 등
측정 도구	• 온도계, 저울(예 눈금 저울, 천칭 등), 자, 계량컵과 계량스푼, 모래시계, 해시계 등
여러 가지 표본들	• 조개껍데기, 나뭇잎, 흙, 돌, 곡식, 씨앗, 견과류 등
기계류	• 전화기, 계산기, 라디오, 믹서 등
요리용 도구	• 그릇류, 계량스푼과 계량컵, 요리 순서표 등
과학도서	• 동 · 식물에 관한 책, 물, 바람, 흙, 도구 등에 관한 책
관찰 도구	• 돋보기, 거울, 시계, 손전등, 프리즘 등
기타	• 자석, 관찰하고 조사한 것을 그리거나 쓸 수 있는 기록 용지와 쓰기 도구

⑥ 미술 영역

미술 영역은 유아들의 왕래가 빈번하지 않은 조용하고 밝은 곳에 배치한다. 여러 가지 재료를 다루면서 손이 더러워지기 쉬우므로 수도시설 가까이에 배치하면 좋다. 미술 영역의 바닥은 부분적으로 비닐장판을 깔고, 작품을 말리거나 보관 · 전시할 수 있는 공간과 시설을 확보해야 한다.

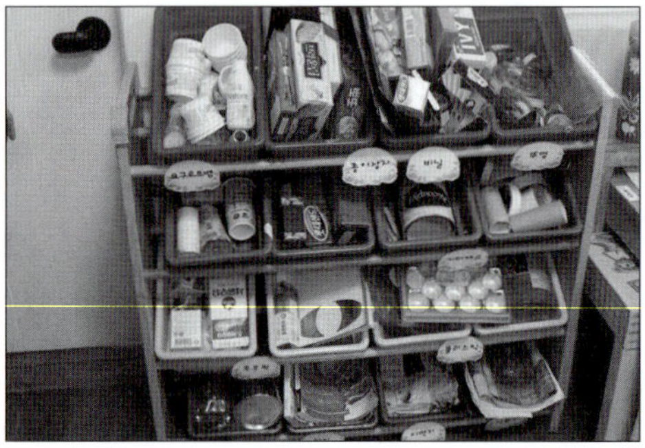

미술 영역

미술 영역 놀잇감 및 자료

구분	내용
각종 종이	• 도화지, 색종이, 시험지, 화방지, 벽지, 모조지, 포장지, 골판지, 신문지, 잡지, 셀로판지, 한지 등
그리는 도구	• 크레파스, 색연필, 파스텔, 연필, 물감, 붓, 사인펜, 먹, 매직펜 등
각종 도구	• 가위, 풀, 셀로판테이프, 종이테이프, 스테이플러, 펀치 등
각종 자료들	• 점토, 밀가루 반죽, 톱밥, 나무젓가락, 빨대, 고무 밴드, 털실, 스티로폼, 모루, 스펀지, 솜, 수수깡, 자연물(예 솔방울, 도토리, 돌멩이, 낙엽 등)
폐품	• 크고 작은 상자, 병뚜껑, 휴지속말이, 플라스틱 빈 병, 요구르트 통, 우유곽, 달걀판, 헌 잡지, 단추, 나무 막대, 종이컵, 필름 통, 라면 그릇, 옷감 등
기타	• 명화집, 민화집, 그림 화보 등

⑦ 음률 영역

음률 영역은 유아가 악기를 다루거나 음악 감상을 해보는 곳이므로, 조용한 영역과 떨어지게 배치해야 한다. 또한 유아가 음악 소리에 맞추어 신체를 움직일 수 있도록 넓은 공간이 확보되어야 한다. 바닥에는 카펫을 깔아 소음을 줄이는 것이 좋다.

음률 영역

음률 영역 놀잇감 및 자료

구분	내용
멜로디 악기	• 피아노, 전자 오르간, 멜로디언, 실로폰, 목금, 철금 등
노래 활동 자료	• 노래 책, 노랫말 적은 종이, 융판과 융판 자료 등
감상 활동 자료	• 녹음기와 녹음테이프, 다양한 음악과 소리가 녹음된 테이프와 그림 카드, 헤드폰
신체표현을 위한 자료	• 리듬 막대, 리본 막대, 스카프, 줄 등
기타	• 거울, 색깔로 표시된 악보, 노랫말 모음, 융판 자료, 색연필, 종이, 리듬 패턴 카드, 유리컵, 연필, 오선지 등

⑧ 요리 영역

요리 영역은 유아들이 음식 재료를 탐색하고, 만들고, 맛보는 활동을 통해 미각과 후각이 발달되고, 재료의 변화를 알고, 여러 가지 과학적인 개념들을 학습한다. 또한 바람직한 식생활 습관까지 형성할 수 있는 곳이다. 요리 영역을 독립된 영역으로 분리하거나 필요할 때마다 융통성 있게 배치할 수도 있다. 그리고 역할놀이 영역, 과학 영역에 연결하거나 함께 배치

요리 영역

할 수 있다. 물 가까이에 배치하고 책상을 조리대로 이용할 때에는 비닐 등을 덮어 위생적으로 관리한다.

요리 영역 놀잇감 및 자료

구분	내용
조리 도구	• 조리대(책상으로 대용), 플라스틱 칼(케이크용), 도마, 주방용 저울, 계량스푼, 계량컵, 레인지(가스용, 전자용), 믹서(전기용), 프라이팬, 냄비, 주걱, 국자, 접시, 쟁반, 수저, 포크, 컵, 앞치마, 장갑, 냅킨, 냄비 장갑, 요리 음식에 따라 필요한 용기(가열용 투명 그릇 등) 등
뒷정리용 도구	• 행주, 휴지, 걸레, 비, 쓰레받기, 휴지통 등
연관된 책	• 요리책, 스크랩북(유아가 쉽게 할 수 있는 요리 모음책) 등
요리 차트	• 주스 만들기(예 과일 주스, 야채 주스, 화채 등), 삶기(예 달걀, 메추리알, 감자, 고구마, 옥수수, 밤 등), 샐러드 만들기(예 야채, 감자, 과일, 소시지, 달걀, 옥수수, 당근, 치즈 등), 전 부치기(예 고구마전, 호박전, 감자전, 밀전병, 빈대떡 등), 떡 만들기(예 경단, 송편, 무지개떡, 다식 등), 푸딩(묵) 만들기(예 달걀 우유묵, 딸기 우유묵, 과일 우유묵, 코코아 우유묵 등)
기타	• 코코아 ,잼, 떡볶이, 떡산적, 영양 찐빵, 팝콘, 만두, 김치 담그기, 프렌치토스트, 과일, 각종 국 끓이기, 라면 끓이기, 달걀 프라이, 과일 화채, 김밥 만들기, 핫케이크 등)

⑨ 목공놀이 영역

목공놀이 영역은 실내 · 외 어디든 구성할 수 있지만, 소음 때문에 유아의 왕래가 별로 없는 별도의 공간을 마련하여 배치하는 것이 좋다. 유아의 키에 적절한 목공놀이대를 설치할 수 있는데, 교실에 둘 경우에는 두꺼운 비닐 장판을 바닥과 테이블 위에 깔아서 소음을 줄이도록 한다. 이때 목공놀이용 도구들을 보관할 수 있는 교구장을 마련하는 것이 좋고, 유아 3~5명 정도가 함께 목공놀이를 할 수 있는 공간을 준비한다.

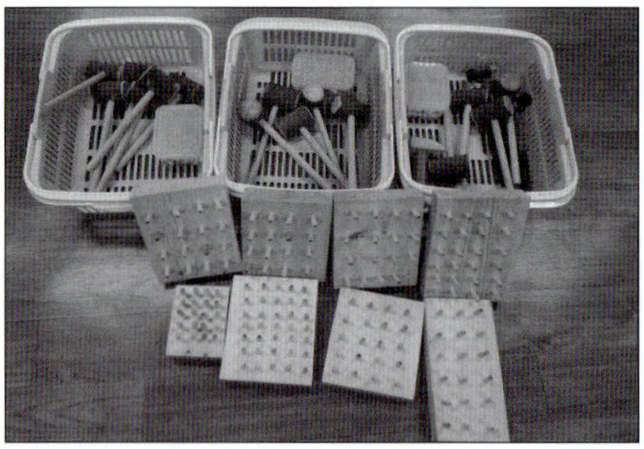

목공놀이 영역

▶ 목공놀이 영역 놀잇감 및 자료

구분	내용
목공 작업탁자	• 유아의 키에 알맞은 높이의 목공 작업대
연장	• 망치, 드라이버, 대패, 펜치, 드릴, 철사 절단기, 송곳, 톱, (C크램프: 톱질이나 망치질을 할 때, 나무토막을 고정시키기 위하여 사용하는 도구) 등
제도 용품	• 미터자, 접자, 보통 연필과 편평한 목공용 연필 등
목공놀이 보조 자료	• 가위, 끈, 못(다양한 크기), 압정, 테이프, 가죽, 철사, 종이 집게, 아교(풀), 작은 바퀴, 스티로폼 판, 골판지, 단추, 필름통, 쓰고 난 주사기, 호스, 물뿌리개, 스펀지, 병뚜껑, 캔 따개, 타일, 리놀륨, 모래 종이, 물감, 페인트, 니스, 붓, 너트, 볼트, 훅, 비, 쓰레받기, 천 조각, 작업 장갑, 작업복, 자석, 고무 조각, 순한 목욕용 비누(예 톱날에 비누를 칠하면, 매끄럽게 작업할 수 있다) 등
나무	• 다양한 크기와 모양의 나뭇조각, 베니어판
기타	• 활동 카드(글자 · 그림), 크레파스 등

⑩ 낮잠 및 휴식 영역

휴식 영역

낮잠이나 휴식을 위한 공간은 놀이 공간과 분리하는 것이 이상적이나, 장소가 협소하거나 교사가 자지 않고 있는 유아들을 돌보아야 할 경우에는 활동실 내에 마련할 수도 있다. 침구는 유아에게 보이지 않는 폐쇄된 정리장에 보관한다. 유아들이 잠자는 곳은 조명을 조절할 수 있도록 커튼이나 블라인드를 설치하는 것이 좋다. 침구는 정기적으로 세탁과 일광욕 처리를 한다.

실내 공간이 협소하여 활동실에 휴식할 자리를 마련해야 하는 경우에는 치우기 편한 간이침대를 활용해 본다. 복도를 이용하여 휴식 공간을 만들 수 있다.

▶ 낮잠 및 휴식 영역 놀잇감 및 자료

구분	내용
기본 교구	• 침구 정리장, 개인용 침구, 부드러운 봉제 인형, 조용한 음악이 녹음된 테이프와 카세트 등

3 실외놀이 환경

1) 공간 구성 시 고려할 사항

실외놀이 환경은 영유아들이 실내에서 할 수 없는 여러 가지 활동들을 경험하게 할 수 있다. 영유아들은 즐겁게 뛰어놀면서 대근육발달이 이루어지고 활발한 신체 활동에 참여한다. 그리고 자연현상을 관찰하고 사물과 자연을 탐색하면서 다양하고 풍부한 감각 경험을 할 수 있다. 놀이기구를 또래들과 함께 사용하면서 질서와 협동심 같은 사회적 기술을 배우고 사회적 관계를 맺는다. 다음은 실외놀이 환경의 공간 구성 시 고려해야 할 사항들이다.

(1) 안전

영유아의 연령과 신체발달에 적합하고, 실외놀이 기구를 견고하게 설치한다. 그리고 놀이 기구와 시설물의 특징에 따라 적절한 위치에 배치하고, 놀이 기구 간에 충분한 공간을 두는 것이 안전하다. 영유아가 넘어졌을 때에는 충격을 흡수할 수 있도록 놀이터 바닥도 안전을 고려하여 충격 흡수용 바닥재나 모래로 마감해야 한다. 그리고 외부인이나 차량으로부터 영유아를 보호할 수 있도록 담장을 설치해야 한다.

(2) 실외놀이 공간의 특성

영유아교육기관의 실외놀이 환경은 공간의 크기와 프로그램의 특성 및 용도에 맞게 공간 구성을 한다. 실외놀이의 공간이 부족한 경우에는 옥상이나 실내 강당에 실외놀이 공간을 마련하거나, 인근의 놀이터를 활용할 수 있다.

(3) 영역 구성

실외놀이 환경도 실내놀이 환경처럼, 영유아가 다양한 놀이를 경험해 볼 수 있도록 놀이 공간을 구성하는 것이 좋다. 정적인 놀이와 동적인 놀이의 균형을 고려하여 운동놀이 영역, 물 · 모래놀이 영역, 동 · 식물 관찰하기 및 조용한 영역 등으로 구분하여 배치하는 것이 바람직하다. 또한 실내에서 실외로 자유롭게 이동하고, 영역 간의 이동이 원활하도록 통로를 만드는 것이 좋다. 그리고 놀이 기구를 보관하는 창고를 마련하는 것이 효율적이다.

2) 실외놀이 공간 구성

(1) 운동놀이 영역

운동놀이 영역은 영유아가 오르기, 매달리기, 구르기 등 다양한 운동놀이를 할 수 있는 곳으로, 조용한 영역과 떨어진 곳에 배치한다. 미끄럼틀, 그네, 시소, 정글짐, 복합놀이 기구 등의 다양한 놀이 시설을 설치하고 훌라후프, 공, 줄넘기, 굴렁쇠 등도 함께 준비해주는 것이 좋다.

운동놀이 영역

(2) 물놀이, 모래놀이 영역

물놀이와 모래놀이 영역은 영유아가 물과 모래를 가지고 다양한 방법으로 탐색하고 놀이하는 공간으로, 실내 · 외 어디든 구성할 수 있다. 물 · 모래놀이 영역은 인접하게 배치하는 것이 좋으며, 실내보다는 실외놀이 공간에 배치하는 것이 좋다. 수도시설이 가까이에 있고, 배수가 잘 이루어지는 곳이 적합하다. 그리고 영유아들의 통행이 빈번하지 않은 곳이 적합하다.

모래놀이 영역

영유아들이 놀이에 몰입할 수 있도록 동적인 영역과는 떨어진 곳에 그늘막을 설치하여 공간을 구성하는 것이 좋다. 모래놀이 영역은 되도록 교실과 멀리 떨어진 곳에 설치하도록 하고, 모래는 이물질이 섞이지 않은 깨끗한 것으로 플라스틱 바구니와 선반 같은 다양한 보조 자료와 함께 제공해 준다.

물놀이 영역

물 · 모래놀이 영역 놀잇감 및 자료

구분	내용
물 놀잇감	• 물놀이대, 물놀이통, 깔때기, 호스, 물뿌리개, 분무기, 물총, 비누, 수건, 비닐앞치마, 걸레, 스펀지 등
모래 놀잇감	• 모래놀이대, 다양한 형태와 크기의 플라스틱 통, 삽, 주걱, 측정 도구(예 계량컵과 계량스푼, 저울, 양팔저울), 교통기관 놀잇감(예 배, 트럭, 자동차 등), 찍기틀, 채, 자석, 빗자루와 쓰레받기

(3) 동 · 식물 기르기 영역

영유아들은 동 · 식물 기르기 영역에서 동 · 식물의 성장 과정을 관찰하고, 자연의 소중함을 직접 경험하고 학습한다. 영유아교육기관과 인접한 주변의 산과 공원을 활용할 수 있고, 주말농장과 텃밭을 이용해서 자연에 대한 관심을 기를 수 있다. 그리고 동물 우리를 만들어 개, 닭, 토끼, 새 같은 작은 동물을 길러볼 수 있다. 동 · 식물에 대한 관심을 더 기울이게 하기 위해서 관찰 도구 등을 준비해주면 좋다.

동물 기르기 영역

식물 기르기 영역

(4) 조용한 영역

조용한 영역은 동화 듣기, 동시 짓기, 책 보기, 그림 그리기, 휴식 취하기 등 정적인 활동을 할 수 있는 공간이다. 따라서 교사는 나무 밑이나 그늘, 등나무 아래로 의자나 돗자리 등을 마련하여 실내놀이 활동을 확장할 수 있게 한다.

조용한 영역

(5) 기타 실외놀이 공간

실외 공간이 여유가 있다면 자전거나 작은 자동차, 킥보드를 탈 수 있는 길을 설치하는 것이 좋다. 따라서 실외놀이 공간의 바닥을 흙, 잔디 등으로 일률적으로 하기보다는 공간의 용도에 따라 나무 바닥, 보도 블록, 탄력 블록, 타르 등을 깔아 다양하게 구성하는 것이 바람직하다.

통로

4 영유아를 위한 놀잇감

놀잇감은 영유아의 호기심을 유발하여 사회적 행동을 촉진시키는 주요 매개체이다. 놀잇감은 놀이 영역에 따라서도 적합한 놀잇감이 달라질 수 있고, 연령에 따라서도 놀잇감의 유형을 분류할 수 있다. 그러나 놀잇감의 유형보다는 놀잇감의 특성에 맞게 효과적으로 활용하는 것이 중요하다.

영유아의 연령 및 발달 수준에 적합해야 하고, 성별에 따른 선호도도 고려해야 한다. 그리고 놀잇감을 사용하는 장소, 놀이 유형도 놀잇감 선택에 영향을 미친다. 그리고 놀잇감에 따라서도 놀이 행동이 달라진다. 이러한 점을 고려하여 놀잇감을 선택할 때 고려해야 할 기준들을 정리하여 제시하면 다음과 같다.

1) 미적이며 매력적인 놀잇감

영유아의 요구와 흥미와 놀잇감의 형태 및 색의 미적 조화가 부합되어야 한다. 안정감 있는 디자인과 색채를 가진 놀잇감은 영유아가 싫증을 내지 않고 즐겁게 놀이에 참여하게 할 수 있다.

2) 안전한 놀잇감

놀잇감의 재질, 형태, 색깔이 매력적인 것은 중요하지만, 무엇보다도 놀잇감은 영유아의 안전을 가장 우선해서 구입해야 하고 제작해야 한다. 끝마무리가 잘 되어 있고, 날카로운 모서리가 없고, 놀잇감의 구조가 견고하고 단단해야 한다.

3) 다양성을 가진 놀잇감

놀잇감의 종류를 다양하게 제공하고, 놀잇감의 재료도 다양한 재료로 제작된 것이 좋다. 그리고 놀이 방법은 다양한 놀잇감을 풍부하게 제공하는 것이 좋다. 발달 수준에서 차이가 있는 영유아들을 고려하여, 놀이 수준을 쉬운 것에서 어려운 수준까지 놀이 방법을 자유롭게 변화시킬 수 있는 놀잇감을 제공해 준다. 영유아는 놀이 방법이 정해진 놀잇감보다는 다양하게 활용할 수 있는 놀잇감을 더 선호하기 때문이다. 영유아는 놀잇감을 만져서 형태를 변화시킬 수 있거나, 다양한 놀이를 즐길 수 있는 놀잇감을 더 선호한다.

4) 연령 및 발달 수준에 적합한 놀잇감

영유아의 연령과 발달 수준에 적합한 놀잇감은 영유아의 놀이 참여도를 더 높일 수 있는 매개체이다. 발달 수준에 부적합하게 디자인되거나 연령에 맞지 않는 놀잇감은 안전사고를 불러일으킬 수도 있다. 영아기부터 유아기까지 영유아의 발달을 돕는 적절한 놀잇감을 참고로 제시하면 다음과 같다.

| 표 5-1 | 영아기~유아기의 적절한 놀잇감 선택

구분	내용	
영아기	• 깨지지 않는 거울 • 나무로 된 차 • 모빌 • 플라스틱 전화기 • 블록 • 세탁할 수 있는 봉제 동물인형	• 헝겊책들 • 딸랑이 • 뮤직박스 • 소리 나는 장난감 • 입으로 불 수 있는 장난감 • 끼워 맞추기 놀잇감 공
걸음마기 영아	• 간단한 퍼즐 • 나무자동차와 트럭 • 블록 • 헝겊 그림책 • 플라스틱 접시, 그릇 • 굵은 크레용과 종이 • 나무못판 끼우기	• 큰 사이즈 블록 • 옷 입히기 인형 • 큰나무 구슬 줄 꿰기 • 끌고 당기는 장난감 • 프라이팬 등 소꿉놀잇감 • 종이 블록, 판지 블록 • 연속 끼워 맞추기 컵
유아기	• 각종 손인형 • 옷 입히기 인형 • 간단한 음악악기 • 세발자전거 • 소꿉놀이용 그릇, 음식 모형, 접시 등 • 간단한 미술재료: 크레용, 마커, 수채화물감, 반죽, 유아용 가위 등	• 인형과 인형의 집 • 책과 퍼즐 • 자동차, 트럭, 소방차 • 간단한 구성놀이용: 레고 블록, 브리스톨 블록

| 출처 | Marotz, Cross, & Rush(2002: 201). Health, Safty, and Nutrition for the young child-5th ed.

Chapter 6

놀이지도

영유아의 놀이에서 교사의 적절한 개입은 영유아의 놀이 경험을 풍부하게 한다. 그리고 영유아의 놀이를 확장하고 정교화하는 데 도움을 준다. 교사의 효과적인 놀이개입은 영유아의 놀이 행동, 놀이 유형, 놀이의 지속 시간, 놀이 수준 등 놀이의 질에 큰 영향을 미친다.

따라서 교사는 영유아의 놀이 행동과 놀이 과정을 잘 파악하여 놀이를 직·간접적으로 지원하고 격려해주어야 한다. 이를 위해 본 장에서는 놀이지도의 의의, 교사의 역할 및 놀이지도 방법과 자유선택놀이의 운영에 대해 살펴보고자 한다.

1 놀이지도의 의의

놀이지도는 학자에 따라 놀이참여, 놀이중재, 놀이개입 등의 용어로 혼용되고 있다. 영유아의 놀이에서 교사의 놀이지도의 효과에 대한 상반된 관점이 오랫동안 논쟁이 되고 있다. 교사의 놀이지도에 대한 찬반론을 살펴보면 다음과 같다.

1) 부정적 관점

1960년대 이전에 정신분석 이론에서는 놀이의 주기능을 영유아들의 내적 갈등을 풀어주는 것으로 설명하였다. 따라서 성인인 교사의 놀이개입은 영유아들의 자연스러운 감정 표현을 방해하고, 놀이를 통한 정서 치료와 가치를 감소시킨다고 보았다. 놀이지도의 부정적 효과를 주장하는 연구자들은 놀이에서 교사의 부적절한 상호작용이 영유아들의 놀이 활동을 방해하거나 제한할 수 있고, 영유아들이 놀이를 통해 스스로 학습할 수 있는 기회를 줄일 수도 있다고 강조했다(Johnson, Christie, & Yawkey, 1999).

2) 긍정적 관점

1960년대에 인지 이론이 주목받으면서 놀이가 영유아의 인지적·사회적 발달을 이끌어 내는 데 효과적이라는 것이 밝혀지면서, 교사의 놀이개입은 긍정적으로 인식되었다. 교사의 놀이개입은 영유아의 놀이 경험을 풍부하게 하고, 또래 간의 상호작용을 촉진시키고, 성공적인 놀이기술을 이끌어 낸다(Johnson et al., 1999). 교사의 놀이개입을 찬성하는 이러한 입장은 교사의 놀이참여가 영유아들의 놀이를 더 풍부하게 하고, 놀이를 통한 발달과 학습이 최대화될 수 있다고 보는 관점이다.

이상에서 살펴보는 것처럼, 교사의 놀이지도의 효과에 대해 찬반의 관점이 있지만, 교사는 영유아의 놀이 행동을 교육적으로 이끄는 중요한 매개체가 될 수 있다. 이러한 관점에서 볼 때 놀이지도의 의의는 다음과 같다(Johnson et al., 1999).

(1) 놀이에 대한 인정

영유아의 놀이태도는 교사의 태도와 인정과도 연관된다. 교사가 놀이에 관심을 갖고 참여하거나 개입하면, 영유아는 자신의 놀이를 중요한 활동으로 인식하고, 인정받는다고 느낀다.

(2) 친밀감 형성

놀이에서 이루어지는 교사와 영유아의 상호작용은 교사와 영유아 사이의 친밀감을 보다 쉽게 만든다. 또한 놀이과정에서 또래와의 상호작용을 격려하는 교사의 놀이지도는 영유아의 효과적인 사회적 기술을 학습하게 한다.

(3) 인지적 수준의 향상

교사가 영유아들의 놀이에 참여하면 놀이를 보다 인지적으로 복잡하고 정교하고 성숙한 놀이로 이끌 수 있다. 영유아들은 교사와의 상호작용을 통해 보다 높은 수준의 인지적 놀이 형태에 참여하는 경향이 있다.

(4) 놀이의 지속 시간 증가

교사의 놀이지도는 영유아의 놀이 지속 시간을 더 길게 지속시킬 수 있다. 놀이가 지속되면서 놀이의 질적인 향상과 영유아의 주의집중력까지 향상될 수 있다.

(5) 놀이의 풍부화

교사는 놀이지도를 통해 놀이 자료와 아이디어, 기술을 제시함으로써 놀이 내용을 더욱 풍부하게 하고, 놀이 범위를 확장시키고 학습효과를 강화시킨다.

(6) 발달의 촉진

교사의 놀이지도는 영유아의 인지, 언어, 정서, 사회성 발달을 촉진시키는 도움을 준다.

2 놀이지도 방법

교사는 놀이에서 영유아의 흥미와 관심을 환기시키고, 영유아의 성장과 발달을 끌어내는 다양한 역할을 수행한다. 놀이지도는 통합적으로 이루어지지만, 여기서는 교사의 역할에 따라 놀이계획과 조직, 놀이관찰, 놀이개입, 놀이평가로 구분하여 살펴보겠다.

1) 놀이계획과 조직

교사는 영유아들의 발달 수준과 흥미, 관심을 고려한 놀이 환경을 사전에 계획하고 조직하는 계획자, 조직자의 역할을 수행해야 한다. 교사의 놀이 준비에 따라 놀이의 질이 달라질 수 있다. 따라서 교사는 영유아의 놀이를 촉진시키고 활성화하기 위해 생활주제, 교육목표, 난이도 등을 고려하여 놀이 활동을 계획하고 조직해야 한다. 놀이계획에는 시간, 공간, 놀이 자료, 사전 경험 등이 고려되어야 한다(Johnson et al., 1999; Sluss, 2005).

(1) 시간

영유아의 놀이가 확장되고 활발하게 이루어지기 위해서는 충분한 놀이 시간을 확보해야 한다. 사회극놀이, 구성놀이 같은 복합적인 놀이는 시간이 많이 걸리기 때문에, 놀이 시간을 충분히 제공해야 한다. 영유아가 놀이에 참여하려면, 최소한 30분~1시간 이상 지속되어야 한다(Johnson et al., 1999).

(2) 공간

교사는 영유아의 발달 수준과 흥미, 관심을 고려한 놀이 환경을 사전에 계획하고 조직해야 한다. 적절한 공간을 마련하고, 놀이 공간을 적절하게 배치하는 것은 다양한 놀이 유형을 끌어낼 수 있다. 이때 활동 내용에 따라 놀이 영역별로 구분하여 배치하는 것이 좋다. 이렇게 흥미 영역에 따라 구분하는 것은 영유아들의 놀이시 발생되는 갈등 상황을 줄이고, 다른 영유아의 방해 없이 집중해서 활동에 몰두하게 하는 데 도움이 된다.

(3) 놀이 자료

교사는 영유아들의 흥미를 유발할 수 있는 놀잇감을 제공해야 한다. 연령과 놀이 유형에 따른 적절한 형태의 놀잇감을 제공하면 놀이의 긍정적 효과를 높일 수 있다.

(4) 사전 경험

놀이주제나 역할에 따른 사전지식과 경험을 가지면 놀이가 더 확장되고 발전될 수 있다. 따라서 교사는 사전에 이야기 나누기, 동화 들려주기, 견학, 자원인사 초청, 동영상 보여주기 등의 활동을 통해 사전 경험을 풍부하게 하는 것이 바람직하다.

2) 놀이관찰

교사는 효과적인 놀이지도를 위해 영유아의 놀이를 주의 깊게 관찰하여 놀이를 확장하고 지원하는 관찰자의 역할을 수행해야 한다. 놀이를 관찰할 때에는 관찰할 대상, 관찰 시간과 관찰 장면을 대해 분명히 정하고, 체계적인 방법으로 관찰해야 한다. 이러한 놀이관찰 과정에서 수집되는 정보를 통하여 영유아의 신체, 언어, 인지, 사회성, 정서 발달 수준을 파악하여 영유아의 수준에 적절한 놀이 자료를 제공할 수 있다.

놀이관찰의 의의를 정리하면 다음과 같다(이숙재, 2011).

첫째, 교사는 영유아의 놀이를 관찰하면서 놀잇감이 안전하고, 교육목적과 용도에 맞는지, 놀이 공간이 충분한지 등을 살펴볼 수 있다.

둘째, 교사는 다양한 관찰 방법을 통해 영유아의 놀이 유형과 놀이 영역의 선택을 알 수 있다. 교사는 놀이 영역별 참여빈도를 조사하는 놀이관찰 양식을 사용하여 영유아의 놀이 영역별 선호도를 알 수 있다.

셋째, 놀이과정에서 공격적인 행동이 나타나지 않는지, 정리 · 정돈이 잘 되고 있는지 등에 대해서도 알 수 있다.

넷째, 교사는 놀이 관찰을 통하여, 놀이에서 나타나는 문제점을 객관적으로 파악할 수 있고, 이를 토대로 놀이지도를 체계적으로 계획하고 지도할 수 있다.

3) 놀이개입

교사는 영유아의 놀이를 풍부하게 하기 위해 놀이에 참여하고, 반응적이고 지지적으로 개입한다. 또한 교사는 영유아와 놀이하는 과정에서 다양한 형태의 상호작용을 한다. 상호작용은 놀이 상황에 따라 놀이하는 영유아를 말없이 응시하는 비구조적인 방법에서부터 격려, 질문, 개입, 지도 등 적극적인 개입에 이르기까지 다양하다. 교사가 놀이에 적절하게 개입할 때에는 영유아의 놀이 경험을 풍부하게 될 수 있지만, 부적절한 개입은 놀이 상황을 어렵게 할 수 있다.

교사의 놀이개입 유형은 학자들에 따라서 다양하게 제시하고 있지만, 공통적으로 최소한의 개입에서 최대한의 개입까지 연속선상으로 설명하고 있다. 놀이개입의 유형 중에서 우드 등과 볼프강과 샌더슨 및 존슨 등의 분류를 중심으로 살펴보면 다음과 같다.

(1) 우드 등(Wood, McMahon, & Cranstoun, 1980)의 놀이개입

① 병행놀이(parallel playing)

병행놀이는 교사가 영유아 가까이에서 같은 놀잇감으로 놀이를 하지만, 상호작용은 하지 않는 방법이다. 병행놀이는 교사가 옆에 있기 때문에, 영유아가 편안하게 느끼고 놀이가 가치 있는 활동이라는 것을 알게 하여 놀이에 몰두할 수 있게 하는 효과가 있으며, 기능놀이와 구성놀이에서 많이 활용된다.

② 공동놀이(co-playing)

공동놀이는 교사가 영유아의 놀이 활동에 직접 참여하지만, 영유아들이 놀이방향을 주도하고 교사가 따르는 방법이다. 교사가 언어적 자극이나 질문을 통해 놀이를 확장시킬 수 있으나, 놀이를 주도하지는 못한다. 교사와 영유아 간에 친밀감을 형성할 수 있고, 놀이를 활성화시키고 발전시킬 수 있다.

③ 놀이교수(playing tutoring)

놀이교수는 교사가 영유아에게 놀이를 직접 가르치는 방법이다. 교사가 놀이에서 주도적이고 적극적인 역할을 한다. 교사가 새로운 놀이주제를 제안해서 새로운 놀이를 시도하고 지도한다.

④ 현실 대변인(spokesman for reality)

현실 대변인 방법은 교사가 교수-학습의 매개로서 놀이를 지도하는 것이다. 교사는 놀이에 참여하지 않고, 지식과 정보를 질문과 제안의 형태로 제공하여 놀이를 지도한다. 그리고 놀이와 현실을 연결시키도록 돕는다. 따라서 영아보다는 연령이 높은 유아에게 적절한 놀이지도 방법이다.

(2) 볼프강과 샌더스의 교사지도 연속 모형(Wolfgang & Sanders, 1981) (TBC)

교사지도 연속 모형(TBC: Teacher Behavior Continuum)은 교사가 영유아 중심의 개방적인 놀이지도에서 교사 중심의 구조화된 지도까지 일련의 연속적인 개입을 통해 놀이지도를 할 수 있음을 강조한다. 교사개입을 단계적으로 구분하여 응시, 비지시적 진술, 질문, 지시적 진술, 모델링, 물리적 개입 등의 6단계로 순서화하였다.

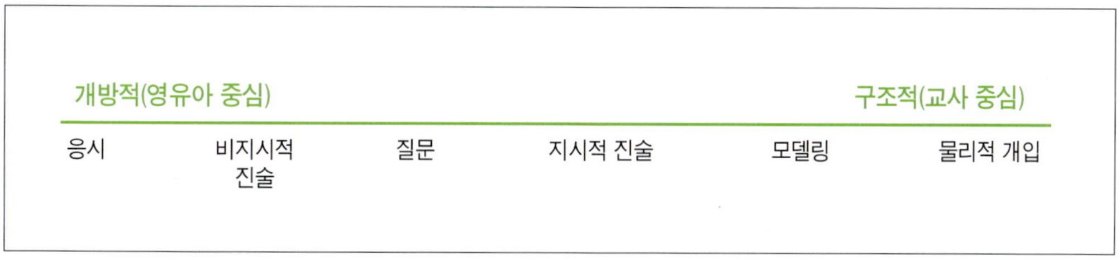

| 그림 6-1 | TBC 모형

| 출처 | Wolfgang, Mackender, & Wolfgang(1981: 15). Growing and learning through play.

① 응시(active looking-on)

교사가 영유아의 놀이를 가까이에서 지켜보고, 적극적으로 놀이 상황을 관찰하는 것이다. 이 방법은 가장 개방적인 놀이지도 방법이다.

② 비지시적 진술(non-directive statement)

교사가 영유아의 놀이를 지켜보면서 놀이 상황과 놀이 행동을 말로 그대로 설명해 주는 방법이다(예 영유아들의 과일가게 놀이에서 교사가 '희윤이는 과일을 사려고 하는군요. 그래서 사과를 들고 있네요.').

③ 질문(questioning)

교사가 영유아의 놀이가 확장되도록 적절한 상황에서 질문을 해서 사고를 촉진하는 것이다(예 과일가게 놀이에 필요한 물건과 역할을 무엇일까요? 이것은 무엇인가요?).

④ 지시적 진술(directive statement)

교사가 영유아의 놀이 상황에서 역할을 정해 주거나, 놀이 내용의 전개를 지시해 주는 것이다(예 과일가게 주인과 손님의 역할을 정해보아요, 거스름돈을 내어주어요.).

⑤ 모델링(modeling)

교사가 놀이 상황에서 놀이 자료의 사용에 대해서 적절한 행동으로 실제로 시범을 보여주는 것이다(예 내가 하는 것처럼, 천원을 주고 오백 원을 거스름돈으로 내어주어요.).

⑥ 물리적 개입(physical intervention)

가장 구조화된 지도 방법으로 교사가 영유아의 놀이 상황이나 역할에 적합한 소품을 제시하고, 놀이 행동을 직접 교정해 준다(예 새로운 과일 모형을 제공하고 다양한 과일이 있음을 알려준다.).

(3) 존슨 등(Johnson, Christie, & Yawkey, 1999)의 놀이지도 방법

존슨 등(Johnson et al., 1999)은 선행 연구들을 토대로 놀이에서의 교사개입 방법을 포괄적으로 제시하였다. 즉, 교사가 놀이에 전혀 관여하지 않는 비참여자의 방법에서부터 방관자, 무대 관리자, 공동 놀이자, 놀이 지도자, 감독자/교수자의 역할까지 점차 개입의 정도를 높여가는 일련의 연속선 형태로 제시하였다. 이러한 놀이지도의 유형을 그림으로 나타내면 다음과 같다.

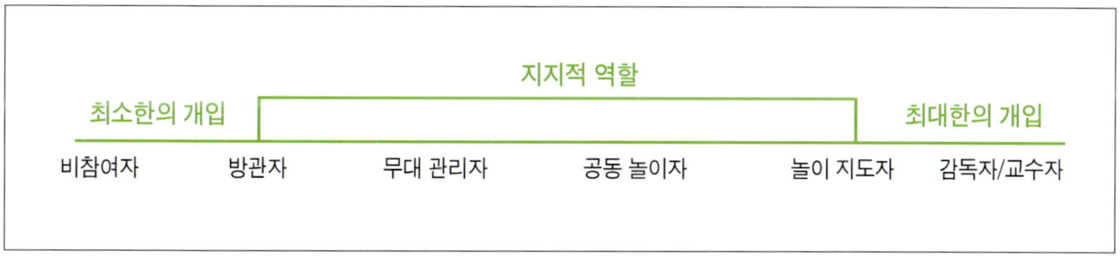

| **그림 6-2** | 놀이에서 성인의 역할

| **출처** | 이진희 외 역(2006: 271). 놀이, 발달, 유아교육.

① 비참여자(uninvolved)

교사가 영유아의 놀이에 개입을 하지 않는다. 교사가 놀이에 개입하지 않으면, 대부분 기능적 운동놀이나 거친 활동에 참여하는 경향이 있다.

② 방관자(onlooker)

교사가 영유아의 놀이를 지켜보면서 수준 높은 관객의 역할을 한다. 교사는 가까운 거리에서 영유아의 놀이를 지켜보면서 웃거나 고개를 끄덕이는 행동을 보이면서 비언어적 승인의 표시를 한다. 영유아의 놀이에 직접 참여하거나 놀이를 방해하는 행동은 하지 않는다. 교사가 방관자로 놀이에 참여하면, 영유아들은 교사가 자신들의 놀이를 인정하고, 중요하다고 인식한다. 교사 입장에서는 영유아의 놀이를 관찰함으로써 놀이에 대한 구체적인 정보를 얻는다.

③ 무대 관리자(stage manager)

교사가 영유아의 놀이에 참여하지는 않지만, 놀이가 진행되면 여러 가지 도움을 주고 적극적인 역할을 한다. 교사는 영유아가 요구하는 자료를 제공하기도 하고, 극놀이에서 역할 의상이나 소품 만드는 것을 도와줄 수 있으며, 대본을 짜거나 무대를 구성하는 것을 도울 수 있다. 그러나 교사의 도움에 대한 수용 여부는 영유아에게 달려 있다.

④ 공동 놀이자(coplayer)

교사는 영유아의 놀이에 적극적으로 참여한다. 교사는 영유아와 동등한 파트너로서 놀이에서 최소한의 역할을 맡고 중요한 역할은 영유아가 한다. 예를 들면, 가게놀이에서 교사가 손님 역할을 하거나 병원놀이에서 환자 역할을 하는 등 적극적으로 참여를 하지만 영유아가 놀이를 주도하고 교사는 이에 따른다.

⑤ 놀이 지도자(play leader)

교사가 영유아의 놀이에 적극적으로 참여하지만 공동 놀이자에 비해 더 많은 영향력을 행사한다. 교사는 놀이 주제를 확장시키기 위한 새로운 소품이나 사건 요소들을 제공하고, 새로운 놀이 주제를 제안하기도 한다. 영유아 스스로 놀이를 시작하지 못하거나 놀이 진행에 어려움을 보이는 경우에 교사는 이러한 놀이 지도자로서 보다 적극적으로 놀이에 참여할 수 있다.

⑥ 감독자/교수자(director/instructor)

감독자/교수자는 교사가 놀이 장면 외부에 있으면서 놀이를 완전히 통제하는 과잉 개입을 한다. 교사는 감독자로서 놀이에서 영유아의 역할을 지시한다. 영유아 혼자 극놀이에 참여하지 못하는 경우이거나, 놀이 초기에 짧게 사용하는 것이 바람직하다. 교수자로서 교사는 놀이를 통한 인지 학습에 초점을 두며, 질문을 통해 학습을 위한 매개로 놀이를 활용한다. 교사는 놀이를 잠시 중단하고 영유아에게 학습과 현실지향적인 질문을 한다. 이 방법은 교사의 개입으로 가상놀이의 흐름에 방해 받지 않는 유아들에게 사용해야 하며, 가급적 놀이 중에 의미 있는 학습이 일어날 때만 사용하는 것이 바람직 하다.

4) 놀이평가

교사는 영유아의 놀이를 관찰하고, 관찰한 결과에 대해 체계적으로 평가하는 평가자의 역할을 해야 한다. 놀이를 통한 체계적인 평가는 영유아의 발달과 학습에 대한 정보와 영유아의 놀이 참여 및 흥미에 대한 정보를 제공한다. 이러한 정보를 토대로 교사는 놀이지도를 계획하고 실천해야 한다.

3 자유선택놀이의 운영

자유선택놀이라는 용어는 기관에 따라 자유놀이, 자유선택 활동, 자유 활동, 작업 활동 등 다양하게 불린다. 하루일과의 많은 시간을 차지하는 자유선택놀이는 영유아가 자신의 흥미와 요구 및 발달 수준에 따라 자기 스스로 선택한 놀이에 개별 혹은 소집단으로 자유롭게 활동하는 시간이다. 따라서 교사는 영유아가 무계획적으로 놀이 시간을 보내지 않도록 사전계획과 준비를 철저히 하고, 주의 깊게 관찰하면서 자유선택놀이를 효율적으로 지도해야 한다. 자유선택놀이는 놀이계획, 놀이참여, 놀이평가의 단계로 운영된다. 이러한 과정에 따라 자유선택놀이의 지도 방법과 교육적 의의를 살펴보면 다음과 같다.

1) 지도 방법

(1) 놀이계획

자유선택놀이가 효율적으로 운영되기 위해서는 놀이 시간 계획, 놀이 활동 소개 등을 검토해야 한다.

① 놀이 시간 계획

교사는 하루일과 중에 자유선택놀이 시간을 언제, 얼마동안 실시할 것인가를 사전에 계획해야 한다. 일반적으로 자유선택놀이 시간은 실내 · 외에서 모두 이루어지는데, 실내 자유선택놀이는 오전과 오후 모두 계획에 포함하는 것이 바람직하다.

일반적으로 실내 자유선택놀이는 영유아가 등원해서 하루 일과를 시작하면서 약 40분~1시간 동안 지속하고, 실외 자유선택놀이는 하루일과 중에 간식이나 대집단 활동 후 30분~40분 정도로 진행되는 경우가 많다. 실외 자유선택놀이는 하루 1회 이상, 30분~1시간 이상을 계획하는 것이 바람직하다. 이러한 시간 배정은 영유아의 연령, 기관의 환경, 흥미와 날씨 등 여러 가지 상황을 고려하여 융통성 있게 계획해야 한다.

② 놀이 활동 소개

자유선택놀이는 등원하고 바로 시작할 수도 있고, 교사가 그날 준비된 활동을 소개한 후에 시작할 수도 있다. 교사는 대집단이나 소집단 활동으로 각 놀이 영역(흥미 영역)에 준비된 놀이 활동이나 놀잇감이 어떻게 활용되는지를 영유아들에게 소개하여, 영유아의 놀이 선택과 계획에 도움을 준다. 그리고 놀이를 언제 소개하고, 집단 형태는 대집단으로 소집단으로 할지, 놀이 자료를 가지고 와서 소개할 것인지 아니면 각 영역으로 다니면서 소개할 것인지를 미리 결정하고 놀이 활동을 소개하도록 한다.

■ 개별적으로 소개하기

놀이계획은 영유아의 연령, 발달 수준, 놀이계획의 경험, 학기 시기(학기 초, 학기 말), 학급당 원아 수 등에 따라 단계적으로 지도해야 한다. 영유아의 연령이 어리거나 학기 초에는 대부분의 영유아들이 놀이계획을 해본 경험이 없다. 따라서 얼마동안은 놀이계획 시간을 갖지 않거나, 영유아들이 등원하면 놀이 영역으로 데리고 가서 개별적으로 놀이 활동을 소개하는 것도 바람직하다. 만 3~4세 유아들은 놀이를 스스로 선택하고 계획, 실행하는 것이 힘들다. 따라서 특별히 놀이계획을 지도하지 않고, 놀이 전에 어떤 놀이를 할 것인지 생각하게 한 후에 놀이하도록 지도한다. 만 5세 유아들은 점차 개별적인 놀이계획을 하도록 지도한다.

■ 집단으로 소개하기

전체집단이나 소집단으로 소개할 때에는 하루일과표를 보여주면서 준비된 놀이 활동 설명해주고, 놀이 자료를 직접 보여주면서 소개한다.

한편, 놀이계획은 말로 표현하거나 놀이계획표를 활용할 수 있다. 자유선택놀이를 계획할 때에는 현재 진행되고 있는 생활주제와 관련된 놀이 내용으로 계획하게 지도한다.

(2) 놀이참여

놀이참여는 영유아들이 스스로 자신의 흥미와 요구에 따라 적절한 놀이를 선택하여 놀이하는 단계이다. 이 단계에서 교사는 다음 사항을 유의해서 지도해야 한다.

첫째, 교사는 영유아들의 놀이를 관찰하여 영유아들이 계획한 대로 놀이하도록 지도한다.

둘째, 놀이가 진행되는 동안 교사는 놀이 상황에 적절히 개입한다. 영유아의 놀이를 인정해주고, 격려해주며, 질문이나 제안 등을 통해 놀이를 확장하도록 도와주고, 놀이 자료를 제공해서 영유아들의 놀이를 더 활발하게 진행되도록 도움을 준다.

셋째, 영유아가 놀이에서 갈등 상황에 직면하게 되면 영유아 스스로 문제를 해결하도록 중재하거나, 놀잇감을 풍부하게 제공하고 놀이 시간을 조정하는 등 적절한 도움을 준다.

넷째, 놀이 시간이 종료되기 직전에 교사는 영유아들에게 종료 시간을 알려주어 영유아들이 놀이를 마무리할 수 있는 충분한 시간을 주어야 한다.

한편, 교사가 영유아들의 놀이에 개입해야 할 때는 다음과 같다(신화식 외, 2006).

- 영유아의 신체적 위험이 예견될 때
- 물건을 던지고, 교구를 함부로 다룰 때
- 나누어 쓰기가 잘 안될 때
- 영유아가 시작한 활동을 끝마치지 않고, 이 활동 저 활동으로 돌아다닐 때
- 한 가지 활동만 집착해서 한 가지 활동만 계속하려고 할 때
- 다른 영유아들을 괴롭히거나 방해할 때
- 놀이 상황에 어려움이 생겼을 때

(3) 놀이평가

놀이평가는 실내 · 외 자유선택놀이를 마친 후에 한다. 놀이평가는 영유아들이 자신들의 놀이 내용과 놀이계획의 수행여부, 놀이 과정 중의 문제점 등을 스스로 정리해보고 평가하는 시간이다. 즉, 놀이가 계획대로 잘 진행되었는지, 만약 계획대로 되지 않았다면 그 이유가 무엇인지, 놀이를 하면서 좋았던 점과 나빴던 점은 무엇인지 등에 대해 평가하는 시간이다.

놀이평가를 지도할 때에는 영유아의 연령과 기관의 친숙도, 학기에 따라서 다르게 진행되어야 한다. 만 3세아의 경우는 놀이계획과 비교하는 평가가 아니라 어떤 놀이가 재

미있었는지 등의 전반적인 평가를 한다. 만 4~5세아의 경우는 그날 한 활동이 무엇인지, 계획대로 잘된 활동이 무엇인지를 평가한다(신화식 외, 2006).

이러한 놀이평가의 의의, 놀이평가의 방법, 놀이평가시 유의점은 다음과 같다.

① 놀이평가의 의의

■ 교사

영유아의 평가 내용을 토대로 놀이 내용에 대한 영유아의 반응, 놀잇감과 놀이 공간의 활용, 영유아 간의 상호작용 등을 평가하여 다음 자유선택놀이를 계획하는 데 수정과 보완을 위한 기초 자료로 활용할 수 있다.

■ 영유아

계획한 대로 실천할 수 있도록 도움을 받고, 선택한 놀이 활동에 집중해서 마무리하는 능력을 기를 수 있다. 또한 생각과 행동을 계획에 따라 조절하고 통제하는 경험을 통해 자기조절능력을 기르며, 의사소통능력과 발표력이 증진된다.

② 놀이평가의 방법

■ 집단평가

- 학급의 전체 영유아들이 대집단이나 소집단으로 모여서 자유선택놀이가 어떻게 이루어졌는지를 평가한다. 또한 교사가 영유아에게 어떤 영역에서 무슨 놀이를 할 수 있는지 소개하거나, 준비된 여러 활동들을 살펴본 후 이루어지기도 한다.
- 집단으로 평가할 때에는 모든 영유아가 다 발표할 수 없으므로 발표 순서를 정하거나 각 놀이 영역에 참여한 영유아들이 발표하도록 지도한다. 말로 표현하기, 놀이 시간에 가지고 놀았던 놀잇감이나 작품을 친구들에게 보여주면서 발표하기 등이 있다. 이와 같은 방법은 다른 친구들의 놀이 경험이나 평가 내용을 들어보면서 영유아 자신의 놀이 활동을 계획하거나 평가할 때에 도움이 된다.

■ 개별평가

- 영유아들이 놀이평가표를 사용하여 개별적으로 평가하는 방법이다. 교사는 놀이평가표를 수집하고 분석하여 영유아들의 놀이참여 경향을 파악해서, 이후의 자유

선택놀이 지도에 활용할 수 있다.

- 영유아가 기록한 자유선택놀이 평가표는 월별, 주별, 일일로 분석해서 통계를 낸 후, 개별 영유아가 어떤 놀이 영역에서 놀았는지를 도표화하여 부모상담시 활용할 수 있다.

③ 놀이평가 시 유의점

- 교사는 영유아들이 평온한 분위기에서 부담 없이 놀이평가를 하도록 지원해주어야 한다. 이를 위해 교사는 서두르거나 지시, 강요를 해서는 안 되고, 영유아들의 놀이평가를 신뢰하고 인정하면서 지도한다.
- 교사는 영유아가 놀이평가에 지속적인 관심을 갖고 참여하도록, 영유아의 발달 수준과 흥미에 적합한 여러 가지 평가 방법과 자료를 활용한다.
- 영유아가 놀이계획과 관련지어 평가하도록 적절한 질문을 하거나 대화를 하며 개별적으로 돕는다.
- 영유아들의 놀이 선택 및 내용, 평가에 발전적인 변화가 있는지를 관찰하면서 지도한다.

2) 교육적 의의

자유선택놀이의 교육적 의의는 다음과 같다(신화식 외, 2006; 이숙재, 2004).

① 자발적이고 능동적인 학습이 이루어지는 시간이다.

자유선택놀이 시간은 영유아 스스로 놀이할 영역과 놀잇감, 놀이친구를 선택하여 자유롭게 노는 시간이다. 영유아 스스로 놀잇감을 선택하고 구체적인 사물을 가지고 직접적인 경험을 함으로써 효율적인 학습이 이루어지기 쉽다. 이러한 놀이 경험은 영유아의 흥미와 요구에 따라 자발적으로 놀이에 참여하기 때문에 그들의 성장을 촉진시킨다.

② 개별학습이 이루어지는 시간이다.

자유선택놀이 시간은 영유아의 개별적인 관찰 및 지도가 가능하기 때문에, 교사와 영유아의 상호작용을 통해 개인차에 따른 지도를 할 수 있다.

③ 통합교육이 이루어지는 시간이다.

다양한 영역 간의 통합이란 크게 활동 영역 간의 통합과 발달 영역 간의 통합으로 나누어진다. 활동 영역 간의 통합 학습은 자유선택놀이 시간에 하나의 주제나 개념을 각 활동 영역에서 놀이 경험을 통해 반복, 통합하여 학습하는 것이다. 예를 들면, 수 개념을 학습하는 경우에 수학 영역에서는 수막대로 놀이를 할 수 있고, 쌓기놀이 영역에서는 블록을 쌓으면서 수 개념을 학습할 수 있으며, 역할놀이 영역에서는 친구들에게 음료수를 나누어주면서 친구의 수와 유리컵의 수를 맞추어가면서 수에 대해 자연스럽게 학습할 수 있다. 또한 자유선택놀이 시간에 이루어지는 영역별 놀이 활동을 통해 인지, 정서, 신체, 사회성, 언어, 창의성 등의 발달이 통합적으로 이루어진다.

④ 인간관계 기술을 학습하는 시간이다.

영유아들은 허용적이고 자유로운 분위기에서 놀이하면서 또래친구들과 교사 간에 이루어지는 상호작용을 통해 바람직한 사회적 기술을 체험하고 배울 수 있다.

⑤ 영유아에게 기쁨을 주는 시간이다.

자유선택놀이 시간은 영유아 개개인의 자유와 흥미가 존중되는 가운데 풍부하고 다양한 놀이를 할 수 있는 시간이다. 따라서 영유아들은 자유로운 활동 속에서 즐거운 시간으로 인식하고 즐거움을 느낀다.

Part II

놀이지도의 실제

Chapter 7

역할놀이

역할놀이란 유아들이 흥미롭게 느꼈던 사건이나 상황, 역할, 대상 등을 모방하여 보거나, 자신이 상상한 것이나 생각을 놀이로 재현해 보는 것을 말한다. 역할놀이는 학자들에 따라 소꿉놀이(housekeeping play), 상상놀이(imaginative play), 사회극놀이(sociodramatic play) 등으로 다양하게 불리고 있는데 이와 같은 모든 놀이에는 가작화 요소(as-if elements)가 작용한다는 공통점이 있다.

유아들이 즐기는 역할놀이는 일반적으로 가족놀이, 선생님놀이, 병원놀이, 가게놀이, 경찰관놀이, 전쟁놀이 등으로 다양하다. 이러한 놀이들은 유아의 인지발달, 사회성 발달, 언어발달 등 여러 측면의 발달을 촉진시키므로 교육적 가치가 매우 높다.

1 교육적 가치

역할놀이의 교육적 가치를 살펴보면 다음과 같다.

① 자기 중심적인 사고나 행동에서 벗어나 사회성 발달을 이룬다.

역할놀이를 하면서 유아는 다른 또래들과 상호작용을 하며 협동하는 기술을 배우고, 자신이 맡은 역할에 동일시함과 동시에 타인의 존재에 대해 생각하고 남을 배려하는 마음을 갖게 된다. 이는 사회적 역할 학습은 물론 자기 중심성에서 벗어나 탈중심화가 이루어져, 한 사회의 구성원으로 살아갈 수 있는 사회적 기술을 배우게 된다.

② 상상력과 문제 해결력이 발달한다.

역할놀이를 하면서 유아는 실제 사건이나 인물의 모방뿐만 아니라 가상적인 상황과 역할을 경험하며, 새로 배운 다양한 지식과 기술을 놀이에 적용해 봄으로써 상상력이나 문제 해결력을 기르게 된다.

③ 부정적 정서를 해소하고 정서적 안정을 충족한다.

역할놀이를 하면서 유아는 자신이 가지고 있던 부정적인 감정, 질투, 분노 등을 놀이 속에 발산시키고 긴장을 이완하여 정서적 안정을 찾을 수 있다.

④ 창의력이 발달한다.

유아는 역할놀이를 통해 현실 세계에서 이행할 수 없었던 많은 것을 자유롭게 구성하고 표현한다. 이러한 과정에서 여러 가지 경험이나 생각, 느낌을 새롭게 시도해 봄으로써 창의력이 발달된다.

⑤ 언어발달 및 의사소통 능력이 증진된다.

다양한 역할놀이를 하면서 유아는 역할과 상황에 맞는 어휘와 대화방식을 사용하게 되고 다른 유아들이 사용하는 어휘나 대화 내용을 듣고 상황에 맞는 의사소통을 할 뿐만 아니라 가게 간판 쓰기, 처방전 읽기를 하면서 의사소통 기술이나 어휘력, 쓰기와 읽기의 기초능력 등 언어발달이 향상된다.

2 지도시 유의점

역할놀이를 지도할 때에 유의해야 할 사항은 다음과 같다(지성애, 2001).

① 역할놀이를 효율적으로 조성할 수 있는 시간, 공간, 그리고 다양한 놀이 보조물을 제공한다.

② 적극적으로 놀이를 관찰하고 유아들의 놀이를 교사가 인정하고 있음을 전달한다.

③ 견학, 전문인의 교실 초청, 동화 등의 활동을 통한 사전 경험을 유아들에게 제공하여 역할놀이를 활성화시킨다.

④ 역할놀이 활동의 주제나 행동이 같은 방법으로 계속 반복된다든가 혹은 역할놀이 활동이 무의미하게 끝날 가능성이 있을 때에는 교사가 체계적으로 유아의 놀이에 개입 또는 중재하여 의미 있는 활동이 될 수 있도록 유도해야 한다.

⑤ 역할놀이 활동을 확장시켜 주기 위해 필요하다면 물리적인 놀이 자료 및 놀이 보조물을 첨가하여 준다.

3 교사의 역할

역할놀이를 지도하기 위해 교사는 다음과 같은 역할을 담당해야 한다.

① 관찰자로서의 역할

교사는 유아들이 역할놀이에 참여하는 과정에서 많이 활용하는 놀잇감은 무엇이며, 유아들의 상호작용은 어떻게 일어나는지, 가장 좋아하는 놀이 주제는 무엇인가에 관심을 기울인다. 또한 어떤 유아들이 참여하며, 어떤 역할을 하는가를 관찰하고, 놀이를 확장하기 위해 필요한 도움이나 자료는 어떤 것인가를 관찰하여 필요한 소품을 준비해 주도록 한다.

② 계획자로서의 역할

교사는 놀이의 주제가 될 수 있는 새로운 사건이나 인물에 대하여 이야기 나누기나 그림책 제시하기, 견학이나 지역 인사 활용 등 역할놀이의 효과를 높이기 위해 주제 선정과 활동 방법, 평가 및 환경 구성에 대한 전반적인 계획을 세워야 한다.

③ 안내자로서의 역할

안내자로서의 역할은 유아를 심리적으로 편안하게 해주는 정서적 후원자가 되는 것이다. 교사는 유아가 아늑하고 편안한 분위기에서 자신의 생각과 느낌을 솔직하게 놀이에 표현할 수 있도록 허용적인 분위기를 조성해 주고, 미소와 수긍반응(예 고개 끄덕임 등) 등으로 정서적 위안과 안정감을 느끼도록 해야 한다.

④ 참여자로서의 역할

교사는 역할놀이가 잘 진행될 수 있도록 적절한 질문을 하거나 의견을 제시할 수 있으며, 때로는 놀이의 한 구성원으로 참여하여 놀이에 참여하지 못하거나 소극적인 유아를 적절히 도와주어야 한다.

4 활동의 실제

1 뽀글뽀글 인형 목욕놀이

활동목표

- 목욕이 몸을 깨끗이 해준다는 것을 안다.
- 아기 목욕을 극놀이로 표현한다.

누리과정 관련요소

- 신체운동 · 건강: 건강하게 생활하기–몸과 주변을 깨끗이하기
- 예술경험: 예술적 표현하기–극놀이로 표현하기

활동연령 만 3세

활동자료 아기 인형, 목욕놀이용 소품(예 목욕통, 수건, 목욕 스펀지, 모형 비누, 모형 샴푸통, 빈 분첩통, 빈 로션통 등)

활동방법

1. 우리 몸을 깨끗하게 하는 방법에 대해 이야기를 나눈다.
   - 아기 몸이 더러워졌네요. 어떻게 해야 할까요?
   - 아기 몸을 깨끗하게 해주려면 어떻게 하면 좋을까요?
   - 목욕하면 좋은 점이 무엇인가요?
   - 목욕하기 전과 후는 어떻게 달라졌나요?
2. 목욕하는 데에 필요한 용품과 사용법에 대해 이야기를 나눈다.
   - 아기를 목욕시키려면 무엇이 필요할까요?
   - 아기 몸을 비누로 닦아 주고, 머리를 감겨 줄 때에 무엇을 사용하나요?
   - 아기가 춥지 않게 하려면 어떻게 해야 할까요?

③ 아기 인형을 목욕시키는 놀이를 한다.

- 아기 목욕시키는 것을 본 적이 있나요?
- 아기 몸을 비누로 깨끗하게 닦아주고 있네요.
- 머리를 어떻게 감겨야 할까요?
- 목욕을 다 하고 나서는 어떻게 해야 할까요?
- 목욕을 하고 나면 기분이 어떨까요?

④ 목욕놀이 후에 재미있었던 점이나 느낀 점에 대해 이야기를 나눈다.

유의점 교사는 놀이를 이끌어가지 않도록 하며, 놀이가 활성화되면 점차 유아 스스로 놀이하도록 한다.

확장활동

- 인형 옷을 빨래하는 놀이로도 전개할 수 있다.
- 엄마, 아빠 역할극으로 확장하여 아기 돌보는 놀이를 할 수 있다.

2 친구야 생일 축하해

활동목표

- 친구의 생일에 관심을 가진다.
- 생일 축하의 경험을 극놀이로 표현한다.

누리과정 관련요소

- 사회관계: 다른 사람과 더불어 생활하기-친구와 사이좋게 지내기
- 예술경험: 예술적 표현하기-극놀이로 표현하기

활동연령 만 3세

활동자료 모형 케이크, 모형 초, 선물상자, 고깔 모자

활동방법

1. 유아들과 생일 축하 잔치에 대해 이야기를 나눈다.
   - 생일 잔치는 어떤 날을 축하하는 잔치인가요?
   - 친구들의 생일은 언제인가요? ○○와 □□는 같은 달에 태어났군요.
   - 집에서는 생일 축하를 어떻게 하나요?
   - 생일 축하를 하려면 무엇을 준비해야 할까요?
2. 유아들이 생일 축하놀이를 할 수 있는 방법에 대해 이야기를 나눈다.
   - 어떤 친구의 생일 축하놀이를 할까요?
   - 어떻게 축하해 줄까요?
3. 유아들이 차례대로 생일 주인공이 되어 생일 축하놀이를 한다.
   - 오늘이 ○○의 생일이라고 생각하고 친구의 생일 축하놀이를 해볼까요?
   - ○○는 몇 살이에요? 친구의 나이만큼 케이크에 초를 꽂아 볼까요?
   - 친구에게 어떤 말을 해주고 싶나요?
   - 친구의 생일에 어떤 일을 해줄 수 있을까요?

④ 생일 축하놀이를 한 후에는 느낌을 이야기를 나눈다.

- 축하를 받았을 때에는 어떤 느낌이 들었나요?
- 친구에게 어떻게 축하해 주었나요?
- 축하놀이를 할 때에는 어떤 기분이 들었나요?

유의점

- 다양한 방법으로 생일 축하를 표현할 수 있도록 유도한다.
- 생일이 되는 유아 역할을 바꾸어서 놀이할 수 있도록 지도한다.

확장활동

- 생일 축하 카드와 초대장 만들기, 기념사진 찍기 등의 활동과 연계하여 확장할 수 있다.

3 자동차를 타고 가족여행을 떠나요

활동목표

- 자동차를 타고 가족여행을 가본 경험을 놀이로 표현한다.
- 친구와 즐겁게 놀이한다.

누리과정 관련요소

- **사회관계:** 다른 사람과 더불어 생활하기-친구와 사이좋게 지내기
- **예술경험:** 예술적 표현하기-극놀이로 표현하기, 통합적으로 표현하기

활동연령 만 3세

활동자료 자동차를 만드는 데 필요한 블록(예 종이 벽돌 블록, 우레탄 블록 등), 가족여행에 필요한 다양한 소품들(예 가방, 도시락, 돗자리, 카메라, 모자, 선글라스 등)

활동방법

1. 자동차를 타고 가족여행을 가본 경험에 대해 이야기를 나눈다.
   - 가족여행을 가본 적이 있나요? 어디를 가보았나요?
   - 가족 누구와 가보았나요?
   - 여행을 가서 무엇을 했었나요?
   - 무엇을 타고 갔었나요?
2. 자동차를 타고 가족여행을 할 것을 제안한 후, 여행에 필요한 물건들을 정해보고 놀이를 준비한다.
   - 여행갈 때에는 어떤 것들이 필요할까요?
   - 어디로 가고 싶고, 무엇을 하고 싶나요?
   - 도시락과 간식도 준비하면 좋을까요?
   - 가족들 중에서 누구와 함께 가면 좋을까요? 할머니와 할아버지, 많은 가족들과 같이 가면 더 재미있겠어요.

③ 역할놀이와 쌓기놀이 영역을 연계하여 구성한 자동차를 타고 가족여행을 떠난다.

- 가족 역할과 운전할 사람을 정할까요?
- 어디로 가족여행을 갈까요? (바닷가로 가요, 숲 속으로 가요)
- ○○는 모자와 선글라스로 멋지게 치장을 했네요.

④ 여행지에 도착하여 가족여행을 즐기는 놀이를 한다.

- (숲 속으로 여행을 간 경우) 예쁜 꽃들과 나무들이 많이 있네요. 가족과 함께 사진을 찍어 볼까요?
- 텐트도 치고 음식도 만들어 볼까요?
- 노래도 부르고 게임도 해볼까요?
- 가족여행을 오니 기분이 어떤가요?

⑤ 가족역할을 바꾸어가며 놀이를 한 후에는 경험한 느낌을 이야기를 나눈다.

유의점

- 교사는 유아의 경험을 충분히 반영할 수 있도록 격려한다.
- 가족여행에 필요한 다양한 소품들(예 가방, 도시락, 돗자리, 카메라, 모자, 선글라스 등)을 준비해준다.

확장활동

- 미술 영역에서 유아 가족끼리 여행간 사진을 활용하여 액자 만들기를 할 수 있다.
- 간단한 음식(예 잼 샌드위치, 주먹밥 등) 만들기 활동으로 도시락을 준비하여 가까운 곳으로 소풍을 가본다.

4 동물병원놀이

활동목표

- 동물병원에서 하는 일에 대해 안다.
- 친구들과 동물병원 역할놀이에 즐겁게 참여한다.
- 동물을 아끼고 사랑하는 마음을 갖는다.

누리과정 관련요소

- 사회관계: 다른 사람과 더불어 생활하기-친구와 사이좋게 지내기
- 예술경험: 예술적 표현하기-극놀이로 표현하기
- 자연탐구: 과학적 탐구하기-생명체와 자연환경 알아보기

활동연령 만 3세

활동자료 다양한 동물 모자 또는 인형, 병원놀이 도구(예 의사 가운, 간호사 옷, 병원놀이 세트 등), 대기실 및 접수대(예 탁자, 의자, 메모지, 필기도구, 약과 약봉투 등), 의료침대, 전화기, 동물병원 표지판 등

활동방법

1. 동물병원에 가본 경험에 대해 이야기를 나눈 후, 동물병원놀이에 필요한 것들을 소개한다(사전에 동물병원을 견학하여 그곳이 어떤 곳인지를 알아보는 것이 좋다.).
   - 동물병원에 가본 적이 있나요? 왜 갔었나요?
   - 수의사는 동물들을 어떻게 치료할까요?
   - 아픈 동물을 치료하는 놀이를 하려면 무엇을 준비해야 할까요?
2. 소품을 이용하여 동물병원을 꾸민다.
   - 동물병원의 이름을 무엇이라고 할까요?
   - 대기실은 어디로 할까요?
   - 아픈 동물을 치료하는 곳은 어디로 할까요?

3 놀이를 위해 필요한 역할을 정한 후에 동물병원놀이를 한다.

- 동물병원놀이를 하려면 어떤 역할들이 필요할까요?
- 동물을 치료하는 수의사 선생님과 간호사 역할은 누가 할까요?
- 아픈 동물은 누가 할까요?
- 강아지가 병원에 왔네요. 어디가 아픈 것일까요?

4 역할을 바꾸어가며 놀이를 한 후에는 경험한 느낌을 이야기해 본다.

유의점

- 동물을 사랑하는 마음을 가질 수 있도록 적극적으로 유아들과 상호작용한다.
- 놀이에 사용하는 과자류, 주스 가루 등의 약과 실제 약의 사용법이 다르다는 것을 주의시킨다.

확장활동

- 동물병원놀이의 전개에 따라 119구조대놀이 등과 연결하여 확장할 수 있다.
- 쌓기놀이 영역에 동물병원 꾸미기를 해본다.

5 장난감 수선점놀이

활동목표

- 친구와 함께 협동하여 물건을 고쳐보는 놀이를 즐겁고 안전하게 한다.
- 물건을 소중히 다루고 아끼는 마음을 가진다.

누리과정 관련요소

- 사회관계: 다른 사람과 더불어 생활하기–친구와 사이좋게 지내기
- 사회관계: 다른 사람과 더불어 생활하기–사회적 가치를 알고 지키기
- 자연탐구: 과학적 탐구하기–간단한 도구와 기계 활용하기

활동연령 만 4세

활동자료 파손된 장난감, 망가진 인형, 찢어지거나 뜯어진 책, 놀이용 수선 도구, 투명 테이프, 풀, 가위 등

활동방법

1. 교실을 돌아보며 고장 난 장난감, 책 등을 찾아보고 어떻게 했으면 좋을지에 대해 이야기를 나눈다.
   - 우리 교실에서 고장 난 장난감과 찢어진 책들을 찾아볼까요?
   - 사용할 수 있는 물건을 버리고 새 것만 쓰게 되면 어떻게 될까요?
   - 물건을 고쳐서 쓰면 어떤 점이 좋을까요?
   - 고장 난 장난감을 다시 사용할 수 있는 방법은 없을까요?
2. 장난감 수선점놀이를 제안한다. 이때 수선할 물건의 종류에 따라 적절한 수선 방법과 수선 도구에 대해 이야기를 나눈다.
   - 집에서는 장난감이 고장 났을 때에 어떻게 고쳤나요?
   - 찢어진 책은 무엇을 이용하여 고치면 좋을까요?
   - 장난감 수선점놀이를 하려면 어떤 것들이 필요할까요?
   - 사용한 도구는 어떻게 정리해야 할까요?

③ 장난감 수선점놀이에 필요한 역할과 공간에 대해 이야기를 나눈다.

- 어떤 역할이 필요할까요? (예 장난감 수리를 부탁하는 사람, 고치는 사람, 물건을 접수하는 사람 등)
- 장난감 수선점놀이를 하려면 공간을 어떻게 꾸며야 할까요?

④ 역할놀이 영역에서 장난감 수선점놀이를 한다. 유아들의 수선 활동을 교사는 적극적으로 도와준다.

⑤ 수선한 장난감을 모아놓고 다시 사용할 수 있게 된 느낌을 이야기를 나눈다.

- 어떤 역할을 해보았나요?
- 고친 장난감을 친구에게 소개해 볼까요?
- 장난감을 고쳐서 다시 사용할 수 있게 된 느낌이 어떤가요?

유의점 물건을 재활용하면 좋은 점과 수리하는 방법 등에 대해 충분히 이야기를 나누거나 서비스 센터를 현장 체험한 후에 활동을 계획하도록 한다.

확장활동

- 고친 장난감을 전시하는 놀이를 해본다.
- 집에서 고장 난 재활용품을 가져와서 서비스 센터놀이로 확장해 볼 수 있다.

6 옷가게놀이

활동목표

- 옷가게에서의 경험을 극놀이 해본다.
- 대상이나 상황에 맞는 적절한 언어 표현을 한다.

누리과정 관련요소

- 의사소통: 말하기-상황에 맞게 바른 태도로 말하기
- 사회관계: 사회에 관심 갖기-지역사회에 관심 갖고 이해하기

활동연령 만 4세

활동자료 유아용 옷, 스카프, 모자, 양말, 옷장, 옷걸이, 계산대, 거울, 옷 담을 봉투 등

활동방법

1. 옷가게에 가보았던 경험에 대해 이야기를 나눈다.
   - 옷가게에서 무엇을 보았나요?
   - 옷을 사고 싶으면 어떻게 하면 될까요?
2. 옷가게놀이를 제안하고 놀이에 필요한 준비물에 대해 이야기를 나눈다.
   - 역할놀이 영역에서 옷가게놀이를 해볼까요?
   - 옷가게놀이를 하기 위해 필요한 준비물은 무엇이 있을까요?
   - 옷은 어떻게 준비할까요?
   - 옷가게에는 옷만 팔까요? 옷 이외에 어떤 것들을 팔 수 있을까요?
   - 가게 이름은 무엇이라고 할까요?
3. 옷가게를 꾸미고 싶은 유아들과 함께 역할놀이 영역에서 놀이에 필요한 환경을 구성한다(예 옷 전시대, 거울, 계산대 등).
   - 옷이 잘 팔리도록 전시해 볼까요?

• 스카프, 모자, 양말을 어디에 놓아두는 것이 좋을까요?
• 계산대는 어디로 할까요?

4 역할을 정하고 옷가게놀이를 시작한다.

• 옷가게 주인, 손님, 계산하는 사람은 누가 해볼까요?
• 옷을 사는 손님과 옷을 파는 주인은 어떤 말을 해야 할까요?
• 옷을 입어보고 거울을 볼까요? 모자도 같이 써볼까요? 얼마예요?
• 놀이를 다 하고나면 옷을 어떻게 해야 할까요?

5 놀이할 때에 재미있었던 점과 힘들었던 점 등에 대해 평가하는 시간을 갖는다.

• 어떤 역할을 해보았나요?
• 어떤 옷을 샀는지 친구에게 소개해 볼까요?
• 옷가게놀이를 하면서 어떤 점이 재미있었나요? 힘들었던 점은 없었나요?

유의점

• 사전 활동으로 옷가게 현장 견학을 다녀온 후에 놀이하도록 한다.
• 유아들이 입고 오는 겉옷을 활용하여 옷가게놀이를 할 경우에는 옷을 소중하게 다루도록 주의시킨다.

확장활동

• 계절에 적절한 옷차림에 대해 알 수 있도록 옷가게의 옷을 교체하여 활동할 수 있다.
• 옷에 어울리는 소품들을 미술 영역에서 만들어 본다.

7 119구조대원놀이

활동목표

- 119구조대가 하는 일에 대해 알고 감사하는 마음을 가진다.
- 119구조대원놀이에 즐겁게 참여한다.

누리과정 관련요소

- 사회관계: 사회에 관심 갖기-지역사회에 관심 갖고 이해하기
- 예술경험: 예술적 표현하기-극놀이로 표현하기

활동연령 만 4세

활동자료 119구조대원 관련 동영상, 역할놀이용 소품(예 구조대원 옷과 모자, 무전기, 밧줄, 구급상자, 들것 모형, 인형 등), 다양한 종류의 블록

활동방법

1. 119구조대원을 본 경험에 대해 이야기를 나눈다.
   - 119구조대원을 본 적이 있나요? 어디에서 보았나요?
   - 무엇을 하는 사람인가요?
2. 119구조대원이 활동하는 동영상 자료를 본 후, 구조대원이 하는 일에 대해 이야기를 나눈다.
   - 구조대원들은 우리를 위해 어떤 도움을 주나요?
   - 구조대원들이 출동할 때에는 어떻게 하였나요?
   - 구조대원들이 다친 사람을 어떻게 옮기고, 어디로 데려갈까요?
   - 구조대원들이 도움을 필요로 하는 사람이 있다는 것을 어떻게 알까요?
3. 119구조대원놀이를 위해 필요한 준비물을 이야기하고 필요한 소품과 소방서를 구성한다.
   - 구조대원놀이를 하려면 무엇이 필요할까요?

- 어디에 만들면 좋을까요? 어떻게 만들까요?
- 쌓기놀이 영역에서 블록을 활용하여 소방서, 구급차, 병원을 구성한다.
- 어떤 블록으로 소방서를 만들어 볼까요? 구급차는 어떻게 만들까요?

4. 역할을 정한 후에 119구조대원놀이를 시작한다.
   - 구조대원놀이를 하려면 어떤 사람이 있어야 할까요?
   - 어떤 역할을 하고 싶나요?
   - 따르릉~, 누가 크게 다쳤다고 신고가 들어왔네요. 출동해야겠어요.
   - 교사는 유아들이 구조대원의 역할을 표현할 수 있도록 다양한 상황을 제시해 준다(예 교통사고가 난 상황, 건물에 불이 난 상황, 산이나 강에서 다친 상황 등).

5. 119구조대원놀이를 한 느낌에 대해 이야기하면서 구조대원에게 감사하는 마음을 가지도록 한다.
   - 구조대원은 어떤 일을 하는 사람들이었나요?
   - 만약에 구조대원이 없다면 어떻게 될까요?
   - 가장 재미있었던 점은 무엇이었나요? 무엇이 가장 힘들었나요?
   - 구조대원에게 감사하는 마음으로 우리가 할 수 있는 일은 어떤 것들이 있을까요?

유의점

- 충분한 놀이 공간의 확보를 위해 쌓기놀이 영역과 통합하여 놀이하도록 한다.
- 유아의 관심과 흥미를 높이도록 소방서와 병원, 구급차 사진을 벽에 붙여둔다.

확장활동

- 119구조대원을 초대하여 구조대원이 하는 일에 대해 알아보는 기회를 가질 수 있다.
- 소방서놀이로 확장하여 실시하고 실내 · 외 소방대피 요령을 익히도록 한다.

8 대청소놀이

활동목표

- 청소할 때에 사용하는 다양한 도구에 관심을 갖는다.
- 대청소를 하며 주변을 청결히 해본다.
- 친구와 함께 청소놀이에 즐겁게 참여한다.

누리과정 관련요소

- 신체운동 · 건강: 건강하게 생활하기–몸과 주변을 깨끗이하기
- 예술경험: 예술적 표현하기–극놀이로 표현하기
- 자연탐구: 과학적 탐구하기–간단한 도구와 기계 활용하기

활동연령 만 4세

활동자료 빗자루, 쓰레받기, 걸레, 앞치마, 마스크, 실내 장식용 소품(예 조화, 그림액자 등)

활동방법

1. 청소를 해본 경험에 대해 이야기를 나눈다.
   - 청소를 해본 적이 있나요?
   - 언제, 어떻게 청소해 보았나요?
   - 청소는 왜 하는 것일까요?
   - 청소를 하고난 후에 기분이 어땠나요?
2. 청소 도구의 실물 자료를 보며 사용법에 대해 이야기를 나눈다.
   - 청소할 때에 필요한 도구에는 어떤 것이 있을까요?
   - 빗자루와 쓰레받기는 어떻게 사용할까요?
   - 걸레는 어떻게 사용할까요?
   - 앞치마와 마스크는 왜 사용해야 할까요?

❸ 역할놀이 영역을 둘러보고 대청소의 계획을 세운다.

- 역할놀이 영역에서 깨끗하게 정리 · 정돈해야 할 물건은 무엇일까요?
- 깨끗하고 밝은 느낌이 나게 하려면 어떻게 해야 할까요? 무엇을 새롭게 준비할까요?
- 대청소 후에는 놀이 도구를 어떻게 할까요?

❹ 역할을 정하고 역할놀이 영역에서 대청소놀이를 한다.

- 누가 빗자루와 쓰레받기를 사용해서 청소해 볼까요?
- 어디에 먼지가 많은지를 찾아볼까요?
- 정리 · 정돈해야 할 물건을 찾아 정리해 볼까요?
- 조화와 그림액자를 어디에 둘까요?

❺ 대청소놀이를 한 후에는 느낌을 자유롭게 이야기한다.

- 어떤 청소 도구를 가지고 어디를 청소했나요?
- 청소를 하고 나서 역할놀이 영역이 어떻게 변했나요?
- 깨끗해진 모습을 보니 기분이 어떤가요?

유의점

- 청소 도구를 사용할 때에는 안전에 유의하도록 한다.
- 계절적으로 정리 · 정돈이 필요한 물건을 교사가 미리 준비한다.

확장활동

- 다양한 청소 도구를 활용하여 실내 · 외 청소놀이로 확장해 본다.
- 미술 영역에서 종이접기를 활용하여 역할놀이 영역을 장식할 액자를 만들어 본다.

9 생각 쑥쑥! 도서관놀이

활동목표

- 도서관에서 하는 일을 이해한다.
- 책에 대한 흥미를 가진다.
- 도서관놀이에 즐겁게 참여한다.

누리과정 관련요소

- 의사소통: 읽기–책 읽기에 관심 가지기
- 사회관계: 사회에 관심 갖기–지역사회에 관심 갖고 이해하기
- 예술경험: 예술적 표현하기–극놀이로 표현하기

활동연령

만 5세

활동자료

다양한 종류의 책, 책꽂이, 책상, 의자, 도서대출증, 방석, 쿠션, 도서관 사진(예 도서관 내 · 외부, 책 전시 모습, 문화 행사 등), 도서관 내부 장식용 소품

활동방법

1. 어린이 도서관에 가보았던 경험에 대해 이야기를 나눈다.
   - 도서관에 가본 적이 있나요?
   - 도서관에서 무엇을 했나요?
   - 도서관에는 어떤 사람들이 있었나요?
   - 사서선생님은 어떤 일을 하시는 분인가요?
   - 도서관에서 책 보는 것 이외에 또 무엇을 할 수 있을까요?
2. 도서관에서 지켜야 할 예절에 대해 이야기를 나눈다.
   - 도서관을 이용할 때에 지켜야 할 예절은 어떤 것이 있을까요?
   - 다른 사람을 방해하지 않고 책을 보려면 어떤 약속을 지켜야 할까요?
   - 책을 빌리거나 반납할 때는 어떻게 할까요?

- 도서관의 책은 어떻게 다루어야 할까요?

❸ 도서관놀이를 위해 필요한 역할과 준비물에 대해 이야기를 나누고 도서관을 꾸민다.

- 도서관놀이를 하기 위해 어떤 역할이 필요할까요?
- 도서관을 만들려면 무엇이 필요할까요?
- 우리 교실에서 어디를 도서관으로 할까요?
- 도서관에 어떤 책들이 있으면 좋을까요? 책은 어디에 둘까요?
- 책을 읽을 수 있는 자리는 어떻게 만들까요?
- 도서대출증은 어떻게 만들까요?

❹ 도서관놀이에 필요한 역할을 정하고 자료를 활용하여 도서관놀이를 한다.

- 사서선생님은 누가 해볼까요?
- 내가 맡은 역할을 잘하기 위해 어떻게 해야 할까요?
- 교사는 할아버지, 할머니로 가장하여 옛날이야기를 들려주며 놀이를 지원한다.

❺ 역할을 바꾸어서 놀이해 보고, 활동을 하고 난 느낌에 대해 이야기를 나눈다.

- 도서관놀이를 해보니 어땠나요?
- 어떤 점이 재미있었나요? 어려웠던 점이 있었다면 무엇인가요?
- 어떤 책이 흥미로웠나요? 무엇에 관한 책을 더 읽고 싶나요?
- 책을 읽고 새롭게 알게 된 것이 있나요?

유의점

- 사전 활동으로 도서관 견학을 실시하거나 도서관 관련 사진 자료를 붙여두어 유아들에게 도서관에 대한 충분한 사전 경험을 제공하도록 한다.
- 교사는 유아들이 도서관에서 바른 자세로 책을 읽고, 책을 소중히 다루어야 한다는 점을 지도한다.

확장활동

- 책 만들기, 동화작가에게 편지쓰기놀이로 확장할 수 있다.
- 유아들이 만든 책은 전시를 하거나 빔 프로젝트를 활용하여 다른 친구들에게 소개해 본다.

10 여기는 ABC 방송국입니다(방송국놀이)

활동목표

- 방송국에서 하는 일에 대해 관심을 가진다.
- 대상이나 상황에 맞는 적절한 언어와 동작 표현을 한다.
- 방송국놀이에 즐겁게 참여한다.

누리과정 관련요소

- 의사소통: 말하기–상황에 맞게 바른 태도로 말하기
- 사회관계: 사회에 관심 갖기–지역사회에 관심 갖고 이해하기
- 예술경험: 예술적 표현하기–극놀이로 표현하기

활동연령 만 5세

활동자료 모형카메라, TV틀, 마이크, 조명기구, 책상, 의자, 블록 종류, 방송국을 꾸미는 데 필요한 소품

활동자료

1. 방송국이나 텔레비전 방송과 관련된 유아의 경험에 대해 이야기를 나눈다.
   - 방송국은 무엇을 하는 곳일까요?
   - 방송국에 가면 무엇을 볼 수 있을까요?
   - 방송국에는 어떤 사람들이 있을까요?
   - 친구들이 좋아하는 텔레비전 방송은 무엇인가요?
2. 방송국놀이를 위해 필요한 물건과 소품을 알아보고 방송국을 꾸민다.
   - 방송국놀이를 하려면 어떤 것들이 있어야 할까요?
   - 우리가 준비할 수 있는 것은 무엇이 있을까요?
   - 우리 교실에서 어디를 방송국으로 꾸밀까요? 방송국의 이름은 무엇으로 할까요?
   - 방청객석은 어떻게 꾸밀까요?

③ 방송 프로그램과 역할에 대해 이야기를 나누고 역할을 정한다.

- 방송국놀이를 하려면 어떤 사람들이 있어야 할까요?
- 어떤 프로그램을 방송하면 좋을까요? (방송 프로그램별로 여러 역할이 필요하다고 함. 예 뉴스, 일기예보, 음악방송, 드라마, 광고 등)
- 뉴스를 방송할 아나운서는 어떻게 정할까요? 우리 반의 기쁜 소식을 전하면 어떨까요?
- 가수는 누가 하면 좋을까요? 어떤 노래를 듣고 싶나요?

④ 방송 프로그램의 순서를 정하고 역할에 따라 연습한다.

- 뉴스를 전할 때에는 어떤 태도와 목소리로 말하면 좋을까요?
- 오늘의 날씨는 어떻다고 전할까요?
- 어떤 광고를 준비했나요?
- 가수는 어떤 노래를 준비했나요?

⑤ 방송에 참여하는 사람과 방청객으로 나누어 방송국놀이를 한다. 놀이를 한 후 느낀 점에 대하여 이야기를 나눈다.

- 어떤 점이 가장 기억에 남나요?
- 아나운서가 되어보니 어떤 느낌이 들었나요?
- 앞으로 방송국놀이를 더 재미있게 하기 위해 무엇이 더 필요할까요?

유의점

- 방송 프로그램을 시청하거나 방송국 현장 체험을 한 후에 놀이를 진행한다.
- 방송국놀이를 하루에 다 하는 것은 무리이므로 일정을 정하여 여유 있게 준비하고 연습하는 것이 좋다.

확장활동

- 장난감 홈쇼핑방송, 요리방송, 유아 프로그램방송 등 전문 방송놀이로도 확장할 수 있다.

11 세계 여러 나라 음식점놀이

활동목표

- 세계 여러 나라의 다양한 음식에 관심을 가진다.
- 음식점에서의 상황을 이해하고, 여러 사람들의 역할을 표현해 본다.

누리과정 관련요소

- 사회관계: 사회에 관심 갖기-세계와 여러 문화에 관심 가지기
- 예술경험: 예술적 표현하기-극놀이로 표현하기

활동연령 만 5세

활동자료 세계 여러 나라의 음식 사진, 잡지의 요리 사진, 메뉴판, 음식을 만들 수 있는 재료(예 밀가루 점토, 색점토 및 점토 칼, 음식을 꾸밀 수 있는 재료 등), 유아용 요리사 복장, 요리 도구 모형, 계산대 또는 카드 단말기 모형, 계산기, 배달가방, 놀이용 돈, 영수증 등

비빔밥

초밥

스파게티

카레라이스

딤섬

스테이크

활동방법

1. 교사는 역할놀이 영역에 세계 여러 나라의 음식점놀이를 할 수 있도록 준비해 둔다.
   - 벽면에 세계 여러 나라의 다양한 음식 사진, 잡지의 요리 사진을 붙여둔다.
   - 메뉴판, 음식을 만들 수 있는 재료와 테이블, 식기 등의 소품을 준비하여 음식점놀이에 대한 흥미를 유발시킨다(음식 모형은 밀가루 점토, 색점토, 점토 칼 등의 재료로 유아들이 직접 만들도록 한다.).
2. 세계 여러 나라의 음식점놀이를 하기 위해 필요한 것들에 대해 이야기를 나누고 역할을 알아본다.
   - 다른 나라의 음식들 중에서 어떤 음식을 먹어 보았나요?
   - 세계 여러 나라의 음식을 파는 음식점놀이를 하기 위해 필요한 것은 무엇이 있을까요?
   - 음식점을 어떻게 꾸미면 좋을까요?
   - 어떤 역할이 필요할까요?
   - 음식점의 이름은 뭐라고 하면 좋을까요?
3. 역할놀이 영역에서 역할을 맡아 음식점놀이를 한다.
   - 요리사, 종업원, 계산원, 배달원, 손님 역할을 정한다.
   - 요리사는 요리복을 입고 음식을 만든다.
   - 종업원은 손님에게 메뉴판을 보여주며 주문을 받고, 요리가 다 되면 손님에게 음식을 갖다 준다. 전화로 주문 받은 음식은 배달을 한다.
   - 손님은 메뉴판을 보며 먹고 싶은 음식을 주문한다.
   - 계산원은 계산대에서 손님에게 음식 값을 받는다.
4. 교사는 놀이를 관찰하며 유아와 상호작용할 수 있다.
   - 벽면에 붙여진 세계 여러 나라의 음식 사진을 보며 이야기를 나눈다(예 어느 나라 음식들인가요?, 어떤 음식을 먹어보았나요?, 어떤 재료로 만드는 것일까요?, 맛은 어땠나요? 등).
   - 손님 역할로 개입할 수 있다(예 음식들에 대해 소개해 주세요, 주문 받아 주세요, 어

떻게 만드는지 설명해 줄 수 있나요? 등).

- 자연스럽게 음식을 먹는 방법에 대해 이야기할 수 있다(예 이 음식은 어떤 도구를 사용하여 먹을 수 있을까요?, 포크나 나이프가 있어야겠어요. 등).

⑤ 역할을 바꾸어서도 놀이해 보고, 놀이한 후 느낀 점에 대하여 이야기를 나눈다.

- 어떤 점이 가장 재미있었나요?
- 요리사가 되어 보니 어떤 느낌이 들었나요?
- 다음에는 어느 나라 음식을 만들어 보고 싶나요?

유의점 유아들에게 생소한 음식보다는 알고 있는 요리를 준비하여 놀이에 활발하게 참여할 수 있도록 한다.

확장활동

- 유아들이 좋아하는 다른 나라의 음식에 대한 선호도 조사를 실시한 후에 요리 활동을 해볼 수 있다.
- 잡지의 요리 사진 등을 모아 세계 여러 나라의 음식을 소개하는 요리책을 만들어 본다.

Chapter 8

쌓기놀이

쌓기놀이란 다양한 종류의 모양, 색, 크기, 형태의 블록을 이용하여 일상생활에서 볼 수 있거나 상상하는 것을 입체적 구조물로 구성하는 놀이를 말한다. 유아들은 마치 건축가나 예술가가 된 것처럼 블록을 이용하여 도로를 구성하고, 집을 꾸미며, 우주 기지를 만들어 낸다. 이러한 과정을 통해 쌓기놀이는 유아들에게 교육과정에서 제시하고 있는 다양한 개념을 학습하고 성장할 기회를 제공한다.

1 교육적 가치

쌓기놀이의 교육적 가치를 살펴보면 다음과 같다.

① 안정된 정서발달을 돕는다.

쌓기놀이에서 유아는 자신이 만든 구조물을 자유롭게 만들었다가 무너뜨리면서 공격 욕구나 억압된 감정, 정서적 긴장 등을 자연스럽게 해소하여 안정된 정서 상태를 유지할 수 있게 된다.

② 긍정적인 자아개념 형성을 돕는다.

유아는 스스로 완성한 구조물을 자랑스럽게 느끼고 성취감과 자신감을 가지게 됨으로써 긍정적인 자아개념을 형성하게 된다.

③ 협동심과 사회적 기술발달을 돕는다.

쌓기놀이를 하면서 유아는 다른 친구와 협동하여 함께 블록을 구성하고 서로 돕고 양보하며 정해진 규칙을 지키고, 다른 사람의 입장을 존중하여 주는 등의 협동심과 사회적 기술이 발달하게 된다.

④ 수 · 과학적 개념 형성을 돕는다.

쌓기놀이를 하면서 유아는 구조물에 따라 블록의 크기와 색깔, 모양 등을 분류하기도

하고 형태와 크기, 높이, 길이, 위치에 알맞게 필요한 블록을 맞추어 본다. 또한 좌 · 우, 상 · 하의 무게와 균형감을 고려하여 구조물을 구성함으로써 안정감 있고 조화로운 구조물을 만들어 낸다. 이러한 과정을 통해 유아는 분류하기와 모양과 형태 관찰하기, 비교하기, 예측하기 등의 수 · 과학적 개념과 원리를 습득한다.

⑤ 어휘와 언어 기술의 발달을 돕는다.

쌓기놀이를 하면서 유아는 블록의 모양과 크기, 위치 등에 관한 어휘를 자연스럽게 학습한다. 또한 친구와의 언어적 상호작용과 자신이 계획하는 형태나 작품을 설명하고 완성된 구조물을 발표하는 과정을 통해 언어 능력이 증진된다.

⑥ 눈과 손의 협응력과 대 · 소근육 발달을 돕는다.

쌓기놀이를 하면서 블록을 나르고 쌓는 과정을 통해 유아의 눈과 손의 협응력, 손과 손가락의 조작력, 시지각력, 대 · 소근육 발달이 이루어진다.

2 지도시 유의점

쌓기놀이의 성공과 실패는 교사의 역할과 상호 관련된다. 유아의 놀이 활동을 성공적이고 의미 있게 유도하기 위해서 교사는 촉진자의 역할을 이행해야 하는데, 이는 적극적이고 세심한 관찰을 기초로 한다.

쌓기놀이를 지도할 때에 유의해야 할 사항은 다음과 같다(지성애, 2001).

① 교사는 쌓기놀이에 흥미를 보여줌으로써 쌓기놀이는 가치 있는 활동이라는 것을 인식시킨다.

② 유아의 놀이 활동에 참여함으로써 친밀감을 형성시킨다.

③ 적절한 시기에 놀이개입을 이행하면서 놀이를 지속시키고 보다 성숙되고 정교한 쌓기놀이 활동이 될 수 있도록 한다.

쌓기놀이 활동을 의미 있고 성공적으로 유도하도록 고무할 수 있는 교사발문의 '예'는 다음과 같다.

■ 수개념, 언어발달을 고무할 수 있는 발문

- 너는 많은 블록들을 사용했구나.
- 준영이는 블록을 적게 사용했구나.
- 너는 5개의 블록이 필요하구나.

■ 형태와 크기에 따라 짝 맞추기와 분류를 고무할 수 있는 발문

- 이것과 똑같은 블록을 찾을 수 있겠니?

■ 언어발달, 측정, 공간관계, 문제해결을 고무할 수 있는 발문

- 이쪽의 도로를 저쪽의 도로만큼 길게 만들 수 있겠니?
- 이쪽을 저쪽만큼 높게 만들 수 있겠니?
- 이 두 개의 블록 탑을 연결할 수 있을까?

■ 실험과 검증을 고무할 수 있는 발문

- 여기에 이 블록을 놓으면 어떤 일이 일어날까?

■ 분수, 측정, 공간관계, 언어발달, 이름 붙이기를 고무할 수 있는 발문

- 자, 봐라! 두 개의 정사각형 블록이 합쳐 한 개의 직사각형 블록에 꽉 차서 똑같이 되었구나.
- 이 직사각형 블록의 반은 정사각형 블록 하나와 크기가 같구나.

3 교사의 역할

유아의 쌓기놀이를 활성화시켜 주기 위한 교사의 역할을 살펴보면 다음과 같다.

① 관찰자로서의 역할

교사는 쌓기놀이 과정에서 유아의 블록 구성 단계, 자료의 선택, 놀이 지속 시간, 또래 관계, 문제 상황의 해결, 의사소통의 정도 등을 관찰함으로써 놀이 중재 여부와 시기, 방법뿐만 아니라 유아의 발달에 맞는 자료의 제공과 영역 구성 등에 대한 중요한 정보를 제공받을 수 있다.

② 지도자로서의 역할

■ 놀이 계획

교사는 유아의 흥미를 고려하여 주제와 관련된 구조물의 그림이나 사진 자료를 제공, 주제와 관련된 이야기 나누기 등 쌓기놀이를 활성화시키기 위해 주제 선정과 운영 방법, 평가, 환경 구성에 대한 전반적인 계획을 세워야 한다.

■ 놀이 참여

쌓기놀이 영역에 교사가 함께 있는 것만으로도 유아들에게 격려와 위안이 된다. 더욱이 교사가 놀이에 직접 참여하여 만든 구조물에 대해 스스로 설명해 보게 하거나, "지붕은 어떤 블록으로 만들어 볼까요?", "이 모양의 블록은 어떨까요?" 등의 놀이를 확장시킬 수 있는 질문과 조언은 유아의 사고능력과 구성능력을 더욱 향상시킨다.

■ 안전 관리지도

쌓기놀이 영역에서는 안전 관리를 철저히 해야 한다. 가능하면 안전을 위해 규칙판을 만들어 제시할 수 있다. 예를 들면 친구에게 블록을 던지지 않는다거나, 다른 유아들이 만들어 놓은 구조물을 함부로 부수지 않기 등의 규칙을 정할 수 있다.

또한 나무 블록의 경우에는 유아의 키 이상으로 쌓지 않도록 하고 블록을 옮길 때에도 두 손으로 잡고 1, 2개씩만 옮기게 한다. 크고 무거운 블록은 교구장의 아래 칸에 보관함으로써 사용도 편리하고 안전하게 관리되도록 한다.

■ 정리 · 정돈지도

블록을 쌓은 후 정리를 할 때에는 시간을 충분히 주어 정리 · 정돈의 책임을 소홀히 하지 않도록 한다. 정리 · 정돈 시간에도 놀이의 연장으로 릴레이식으로 옮기거나, 장난감 트럭으로 운반하게 하여 유아가 자발적으로 참여하도록 유도하는 것도 좋은 방법이다. 그리고 블록을 정리하여 보관할 때는 교구장에 붙여 놓은 그림과 명칭을 보면서 정해진 자리에 정리할 수 있도록 한다.

4 활동의 실제

1 키만큼 쌓아요

활동목표

- 자신의 키에 관심을 가진다.
- 키만큼 블록을 쌓아보며 높이에 대한 개념을 인식한다.

누리과정 관련요소

- **사회관계**: 나를 알고 존중하기-나를 알고, 소중히 여기기
- **자연탐구**: 수학적 탐구하기-수와 연산의 기초개념 알아보기

활동연령 만 3세

활동자료 종이 벽돌 블록 등 잘 쓰러지지 않는 블록, 색 테이프

활동방법

① 키를 재어 본 경험에 대해 이야기를 나눈다.
- 내 키를 재어 본 경험이 있나요?
- 내 키는 얼마나 될까요?
- 내 키가 어느 정도인지 어떻게 알 수 있을까요?
- 키는 무엇으로 잴 수 있을까요?

② 종이 벽돌 블록을 이용하여 키를 재어본다.
- 블록을 이용하여 키를 재어볼까요?
- 자신의 키만큼 쌓아보도록 한 후, 자신의 키와 비교해 본다(반듯한 자세로 누워서도 키만큼 블록을 놓아본다.).
- 키만큼 색 테이프를 잘라서 쌓기놀이 영역 벽면에 붙이고, 잘 쓰러지지 않는

다른 블록으로도 키 높이만큼 쌓아본다.

3 나와 친구의 키를 알아본다.

- 내 키를 재는데 블록이 몇 개 필요한가요?
- 친구의 키를 재는데는 몇 개의 블록이 필요한가요?
- 내 키를 재는데 필요한 블록의 수와 친구의 키를 재는데 필요한 블록의 수는 몇 개인가요?

유의점

- 친구들 간의 마찰을 줄이기 위해 블록 수를 충분히 제공한다.
- 친구 간의 키를 비교할 때는 같은 블록을 사용한다.

확장활동

- 키 재기 등 역할놀이 영역에서 신체검사놀이로 확장할 수 있다.
- '키가 자라려면 어떤 음식을 먹어야 할까요?' 로 영양교육을 실시할 수 있다.

2 칙칙폭폭 기차 만들기

활동목표

- 기차의 형태, 바퀴, 운전 장치 등에 관심을 가진다.
- 친구와 협력하여 블록으로 구성한다.

누리과정 관련요소

- 사회관계: 다른 사람과 더불어 생활하기–친구와 사이좋게 지내기
- 예술경험: 예술적 표현하기–극놀이로 표현하기, 통합적으로 표현하기
- 자연탐구: 수학적 탐구하기–공간과 도형의 기초개념 알아보기

활동연령 만 3세

활동자료 기차 외부와 내부 사진, 종이 벽돌 블록, 운전대, 기차 바퀴 그림 등

활동방법

1. 기차를 타본 경험에 대해 이야기를 나누고 기차 만들기를 제안한다.
   - 기차를 타보았나요?
   - 어디 갈 때에 기차를 타 보았나요?
   - 블록을 여러 개 붙이니까 길어졌어요. 와! 우리가 기차를 만들 수 있겠어요.
2. 기차를 만들기로 하고 어떻게 만들지 이야기를 나눈다.
   - 기차를 만들어 보자. 어떻게 만들면 좋을까요?
   - 친구들과 함께 타려면 얼마나 길고 튼튼하게 만들어야 할까요?
   - 운전대와 바퀴는 어디에 둘까요?

❸ 유아들이 제안한 방법으로 협동하여 기차를 만든 후, 가보고 싶은 곳으로 여행을 하자고 제안한다.

- 누가 운전을 하면 좋을까요?
- 와! 블록 기차를 타고 어디로 갈까요? 칙칙폭폭~ 출발합니다.

유의점

- 사전에 기차를 탐색할 수 있는 활동을 실시한다.
- 기관사가 되고 싶은 유아가 많은 경우에는 순서를 정해 운전할 수 있도록 한다.

확장활동

- 역할놀이 영역과 연계하여 '기차를 타고 여행을 가요' 놀이로 확장하여 전개할 수 있다.
- 바깥놀이 시에는 큰 종이상자를 이용하여 기차놀이를 해 본다.

3 블록으로 사람 만들기

활동목표

- 형태 및 공간개념을 기른다.
- 우리 몸의 각 신체부분에 관심을 가진다.

누리과정 관련요소

- 신체운동 · 건강: 신체인식하기–신체를 인식하고 움직이기
- 자연탐구: 수학적 탐구하기–공간과 도형의 기초개념 알아보기

활동연령 만 3세

활동자료 나무 단위 블록, 잡지에서 오린 남 · 여 사람 얼굴 여러 장

활동방법

1. 쌓기놀이 영역 바닥에 잡지에서 오린 여러 얼굴 사진을 붙여 놓고 탐색해 본다.
   - 이 사진은 남자인가요? 여자인가요?
   - 어느 사진이 아이인가요? 어느 사진이 어른인가요?
2. 블록을 이용하여 사람 몸을 구성할 수 있는지를 이야기를 나눈다.
   - 블록을 이용하여 사람 몸을 어떻게 만들 수 있을까요?
   - 우리 몸 중에서 짧은 곳과 긴 곳, 구부려지는 부분에는 블록을 어떻게 놓을까요?
3. 얼굴 사진에 알맞게 블록을 이용하여 다양한 몸을 만들어 본다.
   - 사람 뼈대를 만들어 볼까요?
   - 어떤 사람은 다리가 길고, 어떤 사람은 왜 다리가 짧은가요?
   - 양팔을 위로 뻗어 만세하는 모습으로 만들 수 있을까요?
   - 다리를 구부리는 사람의 모습으로 블록을 놓아볼까요?

유의점

- 다른 유아들과 부딪히지 않도록 충분한 공간을 제공한다.
- 블록으로 장난하거나 던지지 않도록 활동 전에 안전지도를 한다.

확장활동

- 내 몸 사진을 이용하여 나의 몸 뼈대와 테두리 만들기를 할 수 있다.
- 우리 몸의 특징과 기능에 대한 신체 인식 교육을 실시할 수 있다.

4 튼튼하게 쌓아요

활동목표

- 안전에 대한 중요성을 인식한다.
- 블록을 무너지지 않게 쌓으려고 시도한다.

누리과정 관련요소

- 신체운동 · 건강: 안전하게 생활하기–안전하게 놀이하기
- 자연탐구: 탐구하는 태도 기르기–탐구과정 즐기기

활동연령 만 3세

활동자료 아파트, 건물, 다리 등을 건축하는 모습 사진, 종이 벽돌 블록, 큰 스펀지 블록, 안전 모자, 안전 조끼, 공사 표지판

활동방법

1. 건축물놀이를 하는 데 필요한 소품을 쌓기놀이 영역에 배치하고 공사하는 모습의 사진을 제시하여 유아들의 관심을 끈다.
2. 사진을 보며 공사장을 본 경험과 안전의 중요성에 대해 이야기를 나눈다.
   - 사람들이 무엇을 하고 있나요?
   - 공사하는 모습을 본 적이 있나요?
   - 안전 모자와 안전 조끼, 공사 표지판은 왜 필요할까요?
   - 공사장 가까이 지나갈 때에 우리는 어떻게 해야 할까요?
3. 블록을 이용하여 공사장놀이를 하자고 제안하며 튼튼하고 안전하게 쌓는 방법에 대해 이야기를 나눈다.
   - 어떤 건물을 지을까요?
   - 공사를 할 때에 안전을 위해 어떤 옷을 입어야 할까요?
   - 튼튼하고 안전하게 건물을 지으려면 어떻게 해야 할까요?

• 블록으로 쌓다가 혹시 건물이 무너지는 사고가 난다면 어떻게 해야 할까요?

4 건축물 공사장놀이를 한다.

유의점

• 블록 구성물 높이의 균형 상태를 유지하도록 지도한다.
• 정리 · 정돈 시 안전에 유의해야 할 상황을 연출하여 한꺼번에 무너뜨리지 않도록 안내한다.

확장활동

• 공사장 외의 다양한 위험상황과 안전한 대처 방법에 대해 알아본다.
• 바깥놀이 시에는 다양한 크기의 재활용 종이상자를 이용하여 공사장놀이를 확장해 본다.

5 블록 놀잇감을 전시해요

활동목표

- 여러 종류의 블록 놀잇감의 특성에 대해 관심을 갖는다.
- 자신의 작품을 다양한 방법으로 소개한다.

누리과정 관련요소

- 의사소통: 말하기-상황에 맞게 바른 태도로 말하기
- 자연탐구: 수학적 탐구하기-공간과 도형의 기초개념 알아보기

활동연령 만 4세

활동자료 여러 가지 모양과 크기의 블록들(예 레고 블록, 유닛 블록, 나무 블록, 종이 벽돌 블록 등), 쓰기 도구

활동방법

1. 여러 종류의 블록을 탐색한 후에 무엇을 만들 수 있을지에 대해 이야기를 나눈다.
   - 어떤 종류의 블록들이 있나요?
   - 이 블록으로 무엇을 만들 수 있을까요?
   - 블록의 모양과 크기, 색깔들이 다양한데 어떤 블록을 사용하고 싶나요?
2. 유아가 만들고 싶은 것을 제안하고 자신의 작품을 친구들에게 소개한다.
   - ㅇㅇ는 멋진 비행기를 만들었군요. ㅇㅇ는 동물 로봇을 만들었네요.
   - 어떤 블록으로 무엇을 만들었는지 친구들에게 소개해 볼까요?
   - ㅇㅇ이가 소개한 자동차는 선생님도 한 번 타보고 싶네요.
3. 유아가 만든 작품을 다른 친구들이 볼 수 있도록 전시할 수 있는 방법에 대해 이야기를 나눈다.
   - 작품을 전시하면 좋은 점은 무엇일까요?
   - 어떻게 하면 멋지게 전시할 수 있을까요?

- 교실 어느 곳에 전시하면 좋을까요?

4 전시 공간을 정한 후에 유아가 만든 블록 놀잇감을 전시한다.

유의점

- 다양한 블록들이 섞이지 않게 정리 · 정돈을 잘 할 수 있도록 지도한다.
- 교사가 사전에 전시 공간을 확보한 후에 자유롭게 전시하도록 한다.

확장활동

- 역할놀이 영역에 전시 공간을 마련하여 놀잇감 전시장놀이로 확장할 수 있다.
- 블록 놀잇감을 사진으로 찍어서 전시한다.

6 동물 농장을 만들어요

활동목표

- 동물들에게 필요한 환경에 대해 관심을 가진다.
- 다양한 블록을 이용하여 동물 농장을 구성한다.
- 친구와 협력하여 동물 농장을 창의적으로 구성한다.

누리과정 관련요소

- 사회관계: 다른 사람과 더불어 생활하기-친구와 사이좋게 지내기
- 자연탐구: 탐구하는 태도 기르기-호기심을 유지하고 확장하기
- 자연탐구: 과학적 탐구하기-생명체와 자연환경 알아보기

활동연령 만 4세

활동자료 다양한 종류의 블록(예 유닛 블록, 종이벽돌 블록, 우레탄 블록 등), 코팅된 농장 동물 그림이나 사진

활동방법

1. 쌓기놀이 영역에 농장에서 키우는 다양한 동물사진을 제시하고 동물 농장에 가본 경험에 대해 이야기를 나눈다.
   - 동물 농장에 가본 적이 있나요?
   - 농장에서 키우는 동물은 어떤 것들이 있나요?
2. 동물에게 알맞은 집을 어떻게 지으면 좋을지에 대해 이야기를 나눈다.
   - 동물들을 같은 우리에서 키울 수 있을까요? 아니면 서로 다른 집이 필요할까요?
   - 양에게는 어떤 집이 알맞을까요?
   - 오리의 집에 꼭 필요한 것은 무엇일까요?
   - 동물들에게 특별히 지어주고 싶은 집이 있나요?

3. 동물 농장을 친구들과 함께 만들어 본다.

- 동물들은 어떤 모양의 집을 좋아할까요?
- 어떤 동물의 집인지 알 수 있도록 동물 그림을 집 앞에 붙여볼까요?

유의점

- 사전 활동으로 농장에서 키우는 동물들의 생활에 대한 VTR 감상이나 책보기 활동 후에 놀이를 진행하도록 한다.

확장활동

- 동물 농장을 완성한 후에는 동물 농장 노래 부르기, 동물 유치원놀이 등 역할놀이와 연계하여 놀이할 수 있다.

7 기와집을 지어요

활동목표

- 명화를 감상하며 전통 문화에 관심을 가진다.
- 블록을 이용하여 기와집을 안정감 있게 구성한다.

누리과정 관련요소

- 예술경험: 예술 감상하기–전통예술 감상하기
- 자연탐구: 탐구하는 태도 기르기–탐구기술 활용하기

활동연령 만 4세

활동자료 김홍도의 '기와 잇기' 명화 그림, 나무 블록, 종이 벽돌 블록, 기왓장으로 사용할 스티로폼 판, 다양한 기와집 사진, 검정색 도화지, 양면 테이프

김홍도의 '기와 잇기'

활동방법

1. 명화 김홍도의 '기와 잇기'를 감상하며 무엇을 하는 모습을 나타낸 그림인지 이야기를 나눈다.
   - 그림 속의 사람들이 어떤 일을 하고 있나요?
2. 기와집의 사진을 보여주며 기와집에 대해 이야기를 나눈다.
   - 기와나 기와집을 본 적이 있나요?
   - 어떻게 기와가 이어져 있나요?
   - 기와지붕의 모양은 어떤가요?
   - 담장은 무엇으로 쌓았을까요?

• 담장은 왜 쌓았을까요?

❸ 블록을 이용하여 기와집 만드는 놀이를 한다.

• 기와집을 튼튼하게 짓기 위해 대들보는 어떤 블록을 사용할까요?
• 기와지붕으로는 어떤 재료를 사용할까요?
• 종이 벽돌 블록을 이용하여 담장을 쌓아볼까요?
• 어떤 담장을 쌓고 싶나요?

❹ 완성된 기와집의 지붕 부분에 검정색 도화지를 기와 잇기하듯이 한 장씩 테이프로 붙인다.

유의점

• 기와 잇기와 기와집에 대한 정보를 제공하는 다양한 도서를 준비해 둔다.
• 여러 방향에서 촬영한 기와집의 사진을 준비해 두고 앞, 뒤, 옆모습을 구성해 볼 수 있도록 한다.

확장활동

• 주변의 한옥 마을을 방문하여 기와집을 감상해 본다.
• 다양한 형태의 집짓기(예 주택, 아파트, 미래의 집 등) 활동으로 확장할 수 있다.

8 자동차 경주장을 만들어요

활동목표

- 다양한 블록을 사용하여 자동차 경주장을 구성한다.
- 친구와 협력하여 자동차 경주장을 구성한다.

누리과정 관련요소

- 사회관계: 다른 사람과 더불어 생활하기–친구와 사이좋게 지내기
- 자연탐구: 수학적 탐구하기–공간과 도형의 기초개념 알아보기

활동연령 만 4세

활동자료 자동차 경주장 사진, 자동차 경주 동영상 자료, 다양한 종류와 모양(예 U자, Y자, 반원 블록 등)의 블록, 미니 경주용 자동차, 큰 도화지, 크레파스, 색연필 등

활동방법

① 자동차 경주장 사진이나 자동차 경주 동영상 자료를 보며 이야기를 나눈 후에 자동차 경주장을 만들어 보자고 제안한다.
- 자동차 경주장의 모습이 어떤가요?
- 자동차 경주장 도로와 동네의 자동차 길과는 어떤 점이 다른가요?
- 자동차 경주장을 만들려면 무엇이 필요할까요?

② 만들고 싶은 자동차 경주장의 설계도를 큰 도화지에 그린다.

③ 설계도에 따라 다양한 블록과 소품으로 자동차 경주장을 구성한다.
- 경주장 도로가 긴 타원형(지그재그) 모양이군요. 도로를 얼마나 넓게, 길게 만들까요?
- 자동차 출발선과 도착선을 어디에 표시할까요?
- 사람들이 구경하는 곳은 어떻게 만들까요?

④ 완성된 자동차 경주장을 이용하여 자동차 경주놀이를 한다.

유의점

- 유아의 상상력을 자극하여 자유롭게 구성해 볼 수 있도록 한다.
- 자동차 경주놀이 시 지나친 경쟁으로 갈등이 발생하지 않도록 지도한다.

확장활동

- 내가 타고 싶은 경주용 자동차를 상상하여 그리기를 한다.

9 세계 건축 문화유산

활동목표

- 세계 건축 문화유산에 대해 관심을 가진다.
- 친구들과 함께 여러 가지 크기와 모양의 블록을 이용하여 구성물을 만든다.

누리과정 관련요소

- 사회관계: 사회에 관심 갖기-세계와 여러 문화에 관심 가지기
- 자연탐구: 수학적 탐구하기-공간과 도형의 기초개념 알아보기

활동연령 만 5세

활동자료 세계 건축 문화유산인 수원 화성, 석굴암, 만리장성, 에펠탑, 피라미드, 타지마할 등의 사진과 책 자료, 다양한 종류의 블록과 재활용품, 여러 나라 사람 인형, 자동차 모형, 동물 모형, 색지, 크레파스, 색연필, 가위, 테이프 등

수원 화성

경주 석굴암

중국 만리장성

프랑스 에펠탑

이집트 피라미드

인도 타지마할

활동방법

1. 사전 활동으로 세계 건축 문화유산에 관한 책보기와 인터넷 방문을 하여 건축 문화유산에 대한 관심을 유발한다.

2. 세계 건축 문화유산의 사진이나 책을 보며 이야기를 나눈다.
   - 어떤 사진인가요? 이런 건축물을 본 적이 있나요?
   - 건축물의 이름이 무엇인지 알아볼까요?
   - 건축물의 모양이 어떻게 생겼나요? 재료는 무엇일까요?
   - 어떤 건축물(건축물의 목적이나 용도 등)일까요? 어느 곳에 있는 것일까요?

3. 다양한 종류의 블록과 재활용품을 활용하여 만들어 보고 싶은 건축물을 구성한다.
   - 어떤 건축물을 만들고 싶나요?
   - 왜 이 건축물을 골랐나요? 어떤 부분이 마음에 들었나요?
   - 교사는 수학적 어휘를 사용하여 상호작용해 준다(예 어떤 모양의 블록이 필요할까요?, 몇 개 필요할까요?, 어디에 쌓아야 할까요?, 쓰러지지 않게 쌓으려면 어떻게 해야 할까요? 등).
   - 유아들이 건축물의 모양과 재료에 대해 이야기를 나누며 협력하여 쌓을 수 있도록 격려한다.

4. 세계 여러 나라의 건축물을 구성한 후에는 소품(예 세계 여러 나라 사람 인형, 자동차 모형, 동물 모형 등)을 이용하여 놀이해 본다.

유의점

- 건축물의 아름다움이나 특징에도 관심을 가지며 구성하도록 한다.
- 쌓기놀이 벽면에 세계 건축 문화유산의 사진이나 화보를 붙여두어 유아들의 지속적인 참여를 유도하도록 한다.

확장활동

- 유아 자신이 생각한 건축물을 설계한 후에는 블록으로 만드는 활동으로 확장할 수 있다.
- 유아들이 구성한 건축물을 사진 찍어서 화보집을 만든다.

10 쥐라기 공원 꾸미기

활동목표

- 공룡의 생활과 공룡이 살았던 시대에 대해 관심을 가진다.
- 친구와 협력하여 쥐라기 공원을 구성한다.

누리과정 관련요소

- 사회관계: 다른 사람과 더불어 생활하기-친구와 사이좋게 지내기
- 자연탐구: 과학적 탐구하기-생명체와 자연환경 알아보기

활동연령 만 5세

활동자료 공룡 인형, 다양한 종류의 블록, 고무 찰흙, 부직포로 만든 나무와 산 · 풀 · 바위 등, 공룡 사진이나 책, 동영상 자료, 큰 도화지, 크레파스, 색연필 등

활동방법

1. 공룡 사진이나 책, 동영상 자료 등을 감상한 후에 공룡의 생활과 공룡이 살았던 시대에 대해 이야기를 나눈다.
   - 공룡이 살았던 시대에 모습은 어땠을까요?
   - 알고 있는 공룡의 종류에 대해 말해볼까요?
   - 몸집이 가장 크고 날카로운 이빨을 가진 공룡의 이름은 무엇인가요?
   - 풀을 먹는 공룡을 무엇이라고 부를까요?
   - 초식(육식) 공룡은 어떤 것들이 있나요?
   - 공룡은 어디에서 살았을까요?
   - 공룡은 왜 지구에서 사라졌을까요?
2. 공룡시대를 상상하며 쥐라기 공원의 설계도를 그려본다.
   - 설계도는 어떻게 그리면 좋을까요?
   - 어떤 공원을 만들어 보고 싶나요?

③ 다양한 블록과 소품을 이용하여 쥐라기 공원을 구성한다.

- 어떤 블록으로 쥐라기 공원을 꾸며볼까요?
- 공룡알과 호수는 무엇으로 만들어 볼까요?
- 나무와 풀, 바위들은 어디에 놓을까요?
- 여러 공룡들이 같은 곳에 살아도 될까요?

④ 공룡시대를 상상하며 공룡 인형으로 놀이를 한다.

유의점

- 소품으로 사용할 나무와 풀, 바위 등은 미술 영역에서 사전에 만들어 둔다.
- 공룡의 종류를 충분히 준비한다.

확장활동

- 미술 활동 등 다른 영역의 결과물들을 모아 공룡 전시회놀이로 확장할 수 있다.
- 우리 반 친구들이 좋아하는 공룡 그래프 만들기를 한다.

11 비행기, 국제공항 구성하기

활동목표

- 해외로 여행하기 위해서는 국제공항을 이용해야 함을 안다.
- 친구들과 함께 다양한 블록과 소품을 활용하여 비행기, 공항을 구성해 본다.

누리과정 관련요소

- 사회관계: 사회에 관심 갖기–지역사회에 관심 갖고 이해하기
- 자연탐구: 수학적 탐구하기–공간과 도형의 기초개념 알아보기

활동연령 만 5세

활동자료 국제공항의 여러 가지 모습 사진이나 화보(예 공항 건물, 활주로, 관제탑, 여러 나라 국적의 비행기, 공항 내부 등), 다양한 종류의 블록, 여러 가지 소품(예 비행기, 자동차, 사람 모형 등)

활동방법

1. 세계 여러 나라 국적의 비행기 사진, 공항 내 · 외부 전경 사진(예 공항 건물, 공항 내부, 활주로, 면세점 등)을 보며 이야기를 나눈다.
   - 어떤 사진인가요? 이곳은 어디일까요?
   - 국제공항에 가본 적이 있나요? 왜 갔나요? 공항에서 무엇을 보았나요?
   - 여러 나라를 대표하는 비행기가 있네요. 어느 나라를 대표하는 비행기일까요?
   - 공항에 비행기가 지나가는 길은 어떻게 생겼나요? 이곳을 활주로라고 한답니다.
   - 공항 안에는 외국 사람들, 음식점, 가게들이 보이네요. 가게는 '면세점' 이라고 한답니다.
2. 국제선 비행기와 국제공항을 만들어 보자고 제안하고 블록과 소품을 활용하여 구성해 본다.
   - 비행기를 어떻게 만들까요? 비행기를 조종하는 곳과 날개는 어디에 만들까요?
   - 어느 나라를 대표하는 비행기인가요? 표시하는 마크는 어디에 붙일까요?

- 공항 건물은 어떤 블록으로 만들어 볼까요?
- 활주로는 어떤 블록을 이용하면 좋을까요?
- 관제탑은 어디에 둘까요?
- 공항 건물 안에는 어떤 시설들이 있나요? 그 시설들을 어떻게 꾸미면 좋을까요?
- 공항과 관련된 그림책을 준비하여 국제공항을 구성하는 데 필요한 정보를 제공하도록 한다.

③ 비행기와 국제공항을 구성한 후에 사람 · 자동차 · 화물 모형 등의 소품을 이용하여 공항놀이를 한다.

- 여행객을 실어 나르거나 화물을 나르는 놀이를 할 수 있다.
- 비행기와 공항에서 일하는 사람들에 대해 역할극으로 전개할 수 있다.
- 비행기를 타고 여행가는 놀이로도 가능하다.

유의점

- 비행기를 타본 경험이 없는 유아들을 위해 비행기와 공항에 대한 사진이나 동영상 자료를 활용하여 간접 경험을 충분히 제공한다.
- 비행기와 공항을 구성하는 데 필요한 물건들을 직접 만들어 볼 수 있도록 자료를 제공한다.
- 유아의 경험과 흥미에 따라 여유를 가지고 충분한 시간을 제공하여 비행기의 세부적인 부분과 관제탑, 활주로 등 공항시설을 구성해 본다.

확장활동 역할놀이 영역과 연계하여 국제공항놀이, 여행놀이를 할 수 있다.

12 친환경 에너지 마을 꾸미기

활동목표

- 자연에서 얻는 친환경 에너지에 관심을 가진다.
- 에너지 마을 꾸미기에 즐겁게 참여한다.

누리과정 관련요소

- 사회관계: 사회에 관심 갖기-지역사회에 관심 갖고 이해하기
- 자연탐구: 과학적 탐구하기-간단한 도구와 기계 활용하기

활동연령 만 5세

활동자료 사진 자료(예 댐, 풍력발전, 태양열 주택, 태양열 자동차, 물레방아, 풍차, 지열을 이용한 음식 만드는 모습 등), 에너지 마을을 꾸밀 수 있는 다양한 재료

활동방법

1. 수력발전소, 풍력발전소, 태양열 주택, 태양열 자동차의 사진을 보며 이야기를 나눈다.
   - 무엇을 이용하여 에너지를 만드는 것일까요?
   - 물, 바람, 태양의 힘으로 에너지를 만들면 어떤 점이 좋을까요?
   - 친환경 에너지라는 말을 들어본 적이 있나요?
   - 자연 에너지를 이용하여 환경이 오염되지 않고, 에너지가 없어지는 것을 걱정하지 않아도 되는 에너지를 친환경 에너지라고 해요.
2. 우리 생활 주변에서 친환경 에너지를 이용하는 것들에 대해 이야기를 나눈다.
   - (물레방아, 풍차, 태양열 주택, 태양열 자동차, 지열을 이용한 음식 만드는 사진 등을 보여주며) 이것은 무엇일까요?
   - 어떤 에너지를 이용한 것일까요?
   - 친환경 에너지를 이용한 것들은 어떤 것이 있을까요?

③ 친환경 에너지 마을 꾸미기를 제안하고 다양한 블록과 자료를 이용하여 마을을 구성해 본다.

- 에너지 마을을 어떻게 꾸밀까요?
- 어떤 재료를 사용하면 좋을까요?
- 풍력 발전기는 어디에 세울까요?
- 태양열 주택은 어디에 둘까요? 태양열 판은 어느 위치에 놓을까요?
- 풍차집은 어디에 둘까요? 무엇으로 풍차를 만들까요?

유의점

- 교사는 친환경 에너지의 정의 및 다양한 정보를 준비한 후에 이야기를 나눈다.
- 사전 활동으로 친환경 에너지 전시관을 참관한 후에 활동하면 더욱 효율적 이다.

확장활동

- 친환경 에너지를 이용한 미래의 생활 도구를 미술 영역에 그림으로 그려보거나 만들어 본다.

Chapter 9

물놀이

1 교육적 가치

2 지도시 유의점

3 교사의 역할

4 활동의 실제

물은 각 발달 단계에 있는 유아들에게 색다른 호기심을 제공하는 흥미 있는 매체이다. 특히 형태가 정해져 있지 않고 투명하고, 매끄러운 감촉을 느낄 수 있어서 유아들이 대단히 좋아한다.

1 교육적 가치

유아들은 물놀이를 하면서 정서적 안정감을 얻게 되고 대 · 소근육을 발달시키며 다양한 감각 경험을 할 수 있다. 여러 가지 탐색과 실험 활동을 통해 과학적 발견을 하게 되고 탐구력이 향상될 뿐 아니라 측정능력, 분류능력, 문제해결력이 촉진된다. 그 밖에 친구들과의 사회적 관계도 빈번하게 맺게 되어 다양한 어휘를 학습하게 되고 의사소통 능력이 발달되며 사회 적응력도 증진된다.

① 물의 특성과 물체의 개념을 이해할 수 있고 다양한 탐색과 실험을 통해 지적 호기심을 기르는 등 인지발달을 돕는다.

② 다양한 감각 경험과 대 · 소근육 발달 등 신체발달을 돕는다.

③ 물과 관련된 어휘 학습 및 놀이 과정에서 자신의 생각과 느낌을 표현하는 능력 등 언어발달을 돕는다.

④ 마음을 진정시키고 긴장을 풀어주며 성취감을 맛보고 욕구불만을 해소시키는 기회를 갖는 등 정서발달을 돕는다.

⑤ 친구와 사귈 수 있는 기회를 제공하는 등 사회성 발달을 돕는다.

⑥ 물은 손쉽게 얻을 수 있으며 특별한 기술을 요하지 않고도 다양한 변화를 일으킬 수 있는 매체로서 가치 있는 교육 자료이다.

2 지도시 유의점

① 교사는 유아의 놀이를 잘 관찰하여 필요한 경우에 적절히 개입하여 지도하고 항상 우발적인 사고에 대비한다.

② 물놀이를 시작하기 전에 유아에게 앞치마를 입히고 옷을 걷게 한다.

③ 놀이가 끝나면 놀이 용품을 반드시 정리하도록 지도한다.

3 교사의 역할

① 유아들의 물놀이에 필요하고 적절한 자료를 준비해 주고, 자주 장비를 점검하여 유아의 놀이를 촉진시키도록 도와주어야 한다.

② 물을 이용하여 새로운 사실을 발견해내는 기쁨과 창의적 표현에 따른 성취감을 느낄 수 있도록 수용적 태도를 갖는다.

③ 물놀이에 관련된 규칙을 정하고 특히 안전과 물의 오염에 주의하도록 지도한다.

④ 물놀이 도구의 크기에 따라 유아의 수를 제한하고 추운 날에는 더운물을 사용할 수 있으며, 계절에 따라 놀이 형태를 확대 · 축소할 수 있다.

4 활동의 실제

1 즐거운 물놀이

활동목표

- 물놀이를 즐긴다.
- 물놀이를 안전하게 하는 방법을 안다.
- 친구들을 배려하면서 놀이를 한다.

누리과정 관련요소

- 신체운동 · 건강: 신체 활동에 참여하기-자발적으로 신체 활동에 참여하기
- 신체운동 · 건강: 안전하게 생활하기-안전하게 놀이하기
- 사회관계: 다른 사람과 더불어 생활하기-친구와 사이좋게 지내기

활동연령 만 3세

활동자료 물놀이를 할 수 있는 공간(간이풀), 물, 수영복, 물놀이 놀잇감(예 소꿉놀잇감, 인형, 동물 모형 등), 자외선 차단제, 수건

활동방법

1. 물놀이를 해본 경험에 대해 이야기를 나눈다.
   - 물놀이를 해보았나요?
   - 어디에서 해보았나요?
2. 물놀이를 하는 공간과 도구에 대해 이야기를 나눈다.
   - 물놀이는 어디서 하면 될까요?
   - 물놀이를 하려면 무엇이 필요할까요?

3 물놀이를 하기 전에 물놀이 안전과 위생 등 주의할 점에 대해 이야기를 나눈다.
- 안전하게 놀이를 하려면 어떻게 해야 할까요?
- 준비운동은 어떻게 할까요?
- 물놀이를 할 때에 풀에 있는 물을 먹으면 어떻게 될까요?
- 물놀이를 할 때에 소변이 마려우면 어떻게 할까요?

4 물놀이를 하면서 친구가 물 뿌리는 놀이를 싫어할 때는 친구에게 물을 뿌리지 않도록 이야기 한다.

5 교실에 있는 놀잇감 중에 물놀이를 할 때 가지고 놀 수 있는 놀잇감을 찾아 본다.
- 물놀이할 때 어떤 놀잇감을 가지고 놀면 재미있을까요?

6 물에 들어가기 전에 준비운동을 한다.
- 준비운동을 어떻게 해야 되는지 생각나요?

7 물을 손과 발, 팔과 다리, 얼굴, 가슴의 순서로 묻히고 물놀이를 시작한다.

8 준비한 놀잇감으로 놀이를 한다.

9 물놀이를 한 후에는 물놀이 놀잇감을 정리한다.

10 깨끗한 물로 간단하게 샤워를 하고 옷을 갈아입는다.

〈안전하게 물놀이하는 방법〉

1 반드시 준비운동을 한다.
2 심장으로부터 먼 부분인 손과 발, 팔과 다리부터 물에 적신다.
3 천천히 물에 들어간다.
4 식사 후 1시간 이내에 물에 들어가지 않는다.
5 햇빛이 뜨거운 날은 반드시 몸에 자외선 차단제를 바른다.

유의점

- 물놀이를 하기 전에 반드시 준비운동을 하고 몸에 물 묻히는 순서 등을 준수함으로써 유아들이 안전한 물놀이 방법을 익히도록 한다.

- 안전을 고려하여 간이풀에 받는 물의 양을 조절한다.
- 자외선 차단제를 바르고 물놀이를 한다.
- 유아들이 수영복으로 갈아입고 자기 옷을 정리할 때에는 다른 친구들의 옷과 섞이지 않도록 주의한다.

확장활동

- 수건이나 인형 옷 빨기, 인형 목욕시키기, 소꿉용품 설거지하기, 장난감 자동차 세차하기, 비눗방울 놀이, 물총놀이, 의자 닦기 등 물을 이용하여 할 수 있는 다양한 놀이를 한다.
- 유아들이 놀이터에 있는 미끄럼틀을 탈 때에는 호스로 미끄럼틀에 물을 뿌리며 놀이를 해보도록 한다. 이때 유아의 안전을 위해 미끄럼틀 밑에 매트 등 쿠션이 있는 깔개를 깔아준다.

2 물 그림 그리기

활동목표

- 다양한 도구를 이용하여 물로 그림 그리는 것을 즐긴다.
- 물이 마르면서 물 그림이 사라지는 현상에 관심을 갖는다.

누리과정 관련요소

- 예술경험: 예술적 표현하기-미술 활동으로 표현하기
- 자연탐구: 과학적 탐구하기-물체와 물질 알아보기

활동연령 만 3세

활동자료 물, 물통, 물로 그림을 그릴 수 있는 다양한 도구(예 큰 붓, 분무기, 수건, 빗자루, 구멍 뚫린 페트병, 물총 등)

활동방법

1. 그림을 그리는 도구에 대해 이야기를 나눈다.
   - 무엇으로 그림을 그릴 수 있나요?
2. 물로 그림을 그리는 것에 대해 이야기를 나눈다.
   - 물로 그림을 그릴 수 있을까요?
3. 물로 그림을 그리기 위해 필요한 것에 대해 이야기를 나눈다.
   - 물로 그림을 그리려면 무엇이 필요할까요?
4. 물 그림을 그리기 위한 다양한 도구에 대해 이야기를 나눈다.
   - 물로 그림을 그릴 때 붓으로 그리는 거 말고 또 어떤 것으로 그릴 수 있나요?
5. 바깥놀이터에 나가 다양한 도구로 물 그림을 그린다.
   - 바깥놀이터에 나가 물 그림을 그려볼까요?
6. 바깥놀이터의 바닥, 모래놀이터, 나무로 된 바닥, 시멘트로 된 길, 벽면, 놀이기구, 나무 의자 등 다양한 면에 물 그림을 그린다.

7 물 그림을 그릴 수 있는 다양한 장소와 재질의 특성에 대해 느껴볼 수 있도록 한다.

- 어디에 물 그림을 그렸어요?
- 모래에 그림을 그리니까 어떤 것 같아요? 그림이 잘 그려져요?
- 나무에 그릴 때는 어떤 느낌이 드나요?

8 물 그림을 보면서 무엇을 그렸는지 이야기를 한다.

- 이것은 무엇을 그린 걸까요?

9 물 그림을 그린 후 물이 마르면서 그림이 사라지는 것을 살펴본다.

유의점

- 활동을 하기에 충분한 실외 공간이 없는 경우에는 안전한 옥상이나 인근에 있는 놀이터 등을 활용한다.
- 유아들이 활동 중에 여러 가지 도구를 사용하여 물 그림을 그릴 수 있는 다양한 방법을 제안하도록 격려한다.
- 유아들이 여러 가지 도구나 방법을 생각하기 어려운 경우에는 교사가 분무기나 수건과 같은 몇 가지 물건을 준비하여 그림 그리는 방법을 보여준다.
- 물 그림을 그리면서 도구의 다양성뿐 아니라 그림을 그리는 바닥의 재질이나 특성에 대해 느낄 수 있도록 격려한다(예 흙바닥이나 모래바닥에 그릴 때와 벽면에 그릴 때의 차이 등).

확장활동

벽면에 전지를 붙여놓고 물감, 커다란 붓, 분무기를 사용하여 그림을 그린다.

3 뚝딱뚝딱 길을 내자

활동목표

- 물 · 모래놀이 도구에 관심을 갖는다.
- 여러 가지 도구를 이용하여 물길을 만들어 본다.
- 친구와 협동하며 즐겁게 놀이한다.

누리과정 관련요소

- 신체운동 · 건강: 신체 활동에 참여하기–바깥에서 신체 활동하기
- 사회관계: 다른 사람과 더불어 생활하기–친구와 사이좋게 지내기
- 자연탐구: 과학적 탐구하기–간단한 도구와 기계 활용하기

활동연령
만 4세

활동자료
물, 세로로 반 자른 페트병, 여러 모양과 길이의 PVC 파이프, 유아용 삽, 바가지, 물통, 조리개, 비닐, 물에 뜰 수 있는 여러 가지 물건(예 나뭇잎, 스티로폼 공, 종이배 등)

활동방법

1. 물 · 모래 영역에 있는 도구들을 탐색한다.
   - 어떤 도구들이 있나요?
   - 이것들을 이용해서 무엇을 할 수 있을까요?
2. 물길을 만드는 방법을 생각해 본다.
   - 물길을 어떻게 만들면 좋을까요?
   - 땅을 파려면 무엇이 필요할까요?
   - 물을 담아 나르려면 무엇이 필요할까요?
3. 도구를 이용하여 물길을 만든다.
   - 페트병으로 무엇을 할 수 있을까요?

- 페트병과 PVC 파이프를 어떻게 연결하면 좋을까요?
- 어떻게 해야 물이 잘 흘러갈 수 있을까요?
- 물이 왜 끝까지 흘러가지 않을까요?
- 물이 왜 자꾸 새는 걸까요?
- 물이 옆으로 새지 않게 하려면 어떻게 해야 할까요?

4 물길에 여러 가지 물건들을 띄워본다.

- 어떤 물건을 띄워보고 싶나요?
- 어떤 물건이 물길을 따라 잘 흘러갈까요?

5 활동에 대한 평가를 한다.

- 물길을 만들어 보니 어땠나요?
- 어떤 도구를 사용하니 물길이 잘 만들어졌나요?
- 물길을 만들면서 어려웠던 점이 있었어요?
- 또 어떤 도구를 이용하여 물길을 만들면 좋을까요?

6 여러 가지 도구들을 씻어 제자리에 정리한다.

유의점

- 반으로 자른 도구들의 날카로운 부분에 다치지 않도록 안전하게 처리한다.
- 물을 사용하기 편한 곳에서 활동한다.
- 계절 및 날씨를 고려하여 활동을 전개한다.
- 사전 활동으로 종이배 접기를 하여 본 활동에 활용할 수 있다.

확장활동

- 물길에 나뭇잎 배 경주를 한다.
- 물에 뜨는 것과 가라앉는 것에 관한 실험을 해본다.

4 물놀이 공원 만들기

활동목표

- 여름에 할 수 있는 놀이를 즐긴다.
- 자신의 생각과 경험을 말로 표현한다.
- 다른 사람의 생각과 의견을 수용하는 태도를 기른다.

누리과정 관련요소

- 신체운동 · 건강: 신체 활동에 참여하기-바깥에서 신체 활동하기
- 의사소통: 말하기-느낌, 생각, 경험 말하기
- 사회관계: 다른 사람과 더불어 생활하기-사회적 가치를 알고 지키기

활동연령 만 4세

활동자료 미끄럼틀, 유아가 탈 수 있는 놀이용 자동차, 호스, 분사기, 구멍 뚫린 호스, 물뿌리개, 간이풀, 튜브, 거품놀이 재료(거품입욕제), 물총, 유아들이 재활용품으로 만든 물놀잇감, 물감, 큰 붓, 스프레이, 수영복, 수건

활동방법

1. 바깥놀이터나 실외 공간에서 물놀이를 재미있게 할 수 있는 방법에 대해 이야기를 나눈다.
   - 어떤 물놀이를 하면 재미있을까요?
   - 놀이터에 물놀이 공원을 만들면 어때요?
2. 물놀이 공원에 필요한 것이 무엇인지 이야기를 나눈다.
   - 물놀이 공원을 만들려면 어떤 것이 필요할까요?
3. 물놀이 공원을 만들 바깥놀이터나 실외 공간을 둘러보며 어떤 물놀이를 어디에서 할 것인지, 무엇이 필요한지 등에 대해 구체적으로 이야기를 나눈다.

- 물 터널을 어디에 만들까요?
- 거품 놀이장은 어디에 만드는 것이 좋을까요?

④ 물놀이 공원에서 여러 가지 물놀이를 한다. 물 미끄럼틀이나 물 터널에서 놀이할 때 처음에는 교사가 물을 뿌려주고 점차 유아도 물을 뿌릴 수 있도록 하여 유아들이 진행 요원이 되어보는 경험을 한다.

⑤ 놀이를 하면서 물놀이 공원에 있었으면 좋겠다고 생각하는 것에 대해 이야기를 나눈다.

- 물놀이 공원에 또 어떤 것이 있으면 재미있게 놀 수 있을까요?
- 그것은 어디에 만들면 좋을까요?

⑥ 물놀이를 진행한 후에는 유아들과 평가를 하여 부족한 사항을 보완한다.

- 물놀이를 해보니까 어땠어요?
- 불편한 점은 무엇이었나요?
- 불편하지 않게 하려면 어떻게 하면 될까요?
- 물놀이를 더 재미있게 하려면 어떻게 하면 될까요?

〈물놀이 공원에서 할 수 있는 놀이〉

- 물 미끄럼틀: 미끄럼틀에 호스로 물을 뿌린다. 미끄럼틀 아래에는 매트 등을 깔아 바닥에 부딪히지 않도록 한다.
- 물 뿌리기: 호스에 분사기를 달아 물을 뿌린다.
- 물 터널: 자동차나 사람이 지나가는 물로 만든 터널이다. 호스로 물을 뿌리면 아래로 자동차와 자전거, 사람이 지나간다.
- 거품놀이: 작은 간이풀에 물과 거품입욕제를 넣어 만든다.
- 분수: 고무호스에 구멍을 내어 분수를 만든다. 분수를 바닥에 만들거나 다목적 놀이기구에 걸쳐 놓아 공중 분수를 만드는 등 유아들의 제안에 따라 다양하게 만든다.
- 커다란 비눗방울: 도구를 이용하여 커다란 비눗방울을 만들어 놀이한다.
- 물 풍선/물 비닐봉지 놀이: 유아들과 물 풍선과 물 비닐봉지를 만들어 다양한 놀이를 한다.
- 물 그림/물감 그림: 큰 붓, 스프레이 등을 가지고 물 그림이나 물감 그림을 그린다.
- 물총놀이: 유아들이 만든 다양한 물총을 가지고 물총놀이를 한다.
- 이외에 유아들이 재활용품으로 만든 다양한 놀잇감, 물뿌리개 등을 가지고 놀이한다.

유의점

- 물놀이의 종류와 수는 실외 공간의 크기, 도구, 인력 등의 여건을 고려하여 진행한다.
- 유아들이 물놀이를 재미있게 할 수 있는 다양한 아이디어를 제안하고 준비를 함께하도록 한다.
- 유아들과 평가를 함께 하고 평가를 바탕으로 물놀이 공원을 바꾸어 볼 수 있도록 한다.

확장활동

- 물놀이 공원을 만들고 놀이하는 데 필요한 물놀잇감, 안전하게 놀이하는 방법에 대한 안내문, 물놀이 장소 안내판 등을 유아들이 미술 영역과 언어 영역에서 만든다. 이때 물에 젖지 않게 만드는 방법에 대해 의논하여 만들도록 한다.
- 다른 반과 함께 물놀이 공원을 만들어 놀이를 한다.

5 물에 뜨는 놀잇감들

활동목표

- 물체가 물에 뜨고 가라앉는 현상에 호기심을 갖는다.
- 물놀이에 즐겁게 참여한다.

누리과정 관련요소

- 자연탐구: 탐구하는 태도 기르기-호기심을 유지하고 확장하기
- 자연탐구: 과학적 탐구하기-물체와 물질 알아보기

활동연령 만 3세

활동자료 커다란 수조, 여러 재료의 놀잇감들(예 인형, 플라스틱 블록, 나무토막, 작은 공 등)

활동방법

1. 여러 놀잇감을 물에 담그고 상상 놀이를 즐긴다.
   - 인형이 물에 떴네! 인형이 무엇을 하고 있죠?/수영하는 것 같네요.
2. 물에 뜨고 가라앉는 현상에 관심을 갖는 유아를 발견하면 적절한 질문을 한다.
   - 그 물건이 물에 가라앉을 거라고 생각하나요?/뜰 거라고 생각하나요?
   - (여러 놀잇감을 물에 넣고 놀 때) 그릇은 가라앉아 있네요!
3. 유아들의 반응을 관찰하면서 적절한 질문을 한다.
   - (물에 뜨는 물건을 가라앉게 하려고 누르는 반응을 보일 때) 너는 그 물건이 가라앉을 거라고 생각하나요?
4. 유아들의 생각(예 '큰 것은 가라앉는다' 을 반증하는 물건(예 큰 나무토막, 큰 플라스틱 블록 등))을 더 첨가해 주면서 유아가 자신의 생각과는 달리 나타나는 반응을 계속 경험해 보도록 한다.

유의점

- 놀잇감을 물에 넣고 씻거나 놀이하면서 물에 뜨고 가라앉는 현상을 자연스럽게 경험하도록 한다.
- 유아의 반응에 따라 교사는 다양한 물건을 며칠에 걸쳐 더 첨가해 주면서 점차 새로운 개념을 구성해 가도록 돕는다. 직접적으로 유아의 오개념을 지적하고 수정해 주는 것은 유아의 개념 구성에 도움이 안 된다.
- 유아들의 다양한 예측, 문제 해결을 위한 제언 등을 긍정적으로 수용하고 격려한다.

확장활동

- 5세 유아들의 경우에는 물에 뜰 수 있는 재료의 특성을 이해할 수 있도록 여러 재료를 이용하여 배를 만들어 보고, 직접 수조에 띄워보며 실험한다.

6 물총 그림

활동목표

- 물의 다양한 특성에 관심을 가진다.
- 친구들과 즐겁게 활동에 참여하는 경험을 가진다.

누리과정 관련요소

- 신체운동 · 건강: 신체 활동에 참여하기–바깥에서 신체 활동하기
- 사회관계: 다른 사람과 더불어 생활하기–친구와 사이좋게 지내기
- 자연탐구: 과학적 탐구하기–간단한 도구와 기계 활용하기

활동연령 만 3세

활동자료 물총으로 사용할 수 있는 다양한 용기(예 샴푸병, 마요네즈병, 약병 등)

활동방법

1. 그림을 그려 꾸민 다양한 용기(물총)에 물을 담아 물총놀이를 한다.
   - 어떻게 하면 물이 나갈까요?
   - 물을 쏘아서 무엇을 맞추어 볼까요?(예 친구들, 목표물 맞추어 쓰러뜨리기 등)
   - 누가 더 멀리까지 갈까요?
2. 땅과 벽, 흙, 커다란 전지에 물총을 쏘아 여러 가지 물총 그림을 그려보고, 물로 그려진 그림을 여럿이 함께 감상한다.
   - 무엇을 그렸지요?
   - 친구가 그린 그림이 무엇처럼 보이나요?
3. 시간이 지난 후에는 물로 그렸던 그림이 없어진 것을 발견하고 물의 증발을 경험한다.
   - 우리가 그린 그림이 어디 갔을까요?
   - 어떻게 말랐을까요?

유의점

- 자유선택 활동 시간(미술 영역)에 물총으로 사용할 수 있는 다양한 용기에 유성 매직으로 그림을 그려 물총을 만들어 놓는다.
- 자유롭게 물총놀이를 하며 물의 압력, 물의 증발 등 물의 특성을 이해할 수 있는 놀이를 제안한다.
- 물총 그림 그리기는 햇볕이 좋고 맑은 날에 활동하는 것이 좋다.

확장활동

- 흰 도화지(전지)에 물감을 섞어 만든 여러 색의 물로 그림을 그려본다.
- 4, 5세 유아들은 주사기나 분무기 등을 활용하여 활동할 수 있다.

7 빨래 말리기

활동목표

- 물과 바람과의 관계를 경험한다.
- 물체의 변화 과정에 관심을 갖는다.
- 빨래하는 과정에서 자신의 신체를 적절히 사용할 수 있다.

누리과정 관련요소

- 신체운동 · 건강: 신체 인식하기–신체를 인식하고 움직이기
- 자연탐구: 탐구하는 태도 기르기–탐구과정 즐기기

활동연령 만 3세

활동자료 높거나 깊지 않은 빨래통, 빨랫비누, 간단한 빨랫감(예 손수건, 인형 옷 등), 건조대나 빨랫줄

활동방법

1. 바람이 부는 날을 선택하여 빨래를 해본다.
2. 비누질을 하고 헹군 후에 탈수를 한다.
3. 젖은 빨래를 건조대에 널어 말린다.
   - 젖은 빨래가 어떻게 될까요?
4. 빨래가 다 마르고 난 후, 유아들과 마르기 전과 마른 후의 빨래가 어떻게 변화했는지 비교해 본다.
   - 물은 어디로 갔을까요?
5. 햇살이 좋은 화창한 날을 선택하여 빨래를 하고, 바람 부는 날과 화창한 날에 빨래가 마르는 것에 대하여 비교하고 관찰할 수 있게 된다.

유의점

- 유아들은 빨래하기 자체를 즐거워한다. 빨래가 마른 후에 유아가 바람의 기능

에 관심을 가질 경우에는 바람의 효과에 대하여 다룰 수 있다.

- 활동의 원활한 진행을 위한 사전 준비가 필요하다.
- 실외 활동으로 제시할 것인지 실내 활동으로 제시할 것인지를 결정하고, 교사는 건조에 필요한 다른 요소들을 가능한 동일하게 하여 유아들이 바람의 영향에 의하여 물체가 마르는 과정을 경험할 수 있도록 한다.
- 예를 들면, 실내에서는 바람을 만들어 말리는 것(예 부채, 선풍기에 의한 바람 등)과 자연 상태에서 말리는 것 등을 경험할 수 있도록 한다.
- 실외에서는 해가 잘 드는 곳, 바람이 잘 부는 곳, 바람도 해도 없는 곳 등을 고려하여 활동 제시를 해야 한다.
- 사전에 빨래를 해보았거나 젖은 물건이 마르는 것을 경험한 유아들이 있으면 활동 전 · 후에 이야기 나누기를 할 수 있다.

확장활동

- 『도깨비를 빨아버린 우리 엄마』 (글 · 사토 와키코/출판사 · 한림) 동화를 들려줄 수 있다.
- 동화를 듣고 도깨비의 모습을 꾸며주는 미술 활동을 할 수 있다.

8 물 페인트 놀이

활동목표

- 햇빛의 열에 의해 물이 마르는 특성에 관심을 가진다.
- 친구들과 협력하여 활동에 참여하는 경험을 가진다.

누리과정 관련요소

- 사회관계: 다른 사람과 더불어 생활하기-친구와 사이좋게 지내기
- 자연탐구: 탐구하는 태도 기르기-탐구과정 즐기기
- 자연탐구: 과학적 탐구하기-자연현상 알아보기

활동연령 만 3세

활동자료 물통, 페인트 붓, 사진기, 프로젝션 TV, 동요 '신기한 물 페인트 놀이'

활동방법

1. 페인트 칠하는 동영상을 본다.
   - 페인트 칠하는 모습을 본 적이 있나요?
   - 페인트를 칠하면 칠한 곳이 어떻게 변하나요?
   - 페인트를 칠하려면 무엇이 필요하나요? (페인트 통, 페인트 붓)
2. 운동장 놀이터에 물 페인트를 칠하러 나가는 것에 대해 이야기한다.
3. 운동장 놀이터에 물 페인트를 칠한다.
4. 페인트 붓으로 물통에 있는 곳을 칠한다.
   - 물 페인트가 잘 보이는 곳은 어디일까요? (나무 재질로 된 부분 등)
5. 친구들과 함께 놀이터를 물 페인트로 칠한다.
6. 교사는 유아들이 협력하여 물 페인트를 칠할 수 있도록 격려한다.
7. 운동장을 한 바퀴 돌고 오면 물 페인트가 어떻게 될지 예측한다.

- 우리가 운동장을 한 바퀴 돌고 오면 물 페인트가 어떻게 되어 있을까요?

8 운동장 주위를 한 바퀴 산책하고 돌아온다.

9 물기가 마른 놀이터에 대해 이야기한다.

- 물 페인트가 어떻게 되었나요?
- 물은 어디로 갔을까요?
- 왜 물이 없어졌을까요?

유의점

- 햇빛의 열에 의해 마르는 현상을 보기 위해 바람은 불지 않고, 화창한 날에 활동을 한다.

확장활동

- 햇빛이 비치는 창가에서 종이에 물을 묻히고 햇빛에 의해 마르는 과정을 탐색한다.
- 음악 활동으로 '신기한 물 페인트 놀이' 노래를 부른다.

9 비 오는 날의 놀이터

활동목표

- 비 오는 날의 산책을 즐기며 주변의 변화에 관심을 가진다.
- 자연 속에는 여러 가지 물이 있음을 안다.

누리과정 관련요소

- **예술경험**: 아름다움 찾아보기–움직임과 춤 요소 탐색하기
- **자연탐구**: 탐구하는 태도 기르기–탐구과정 즐기기

활동연령 만 4세

활동자료 산책 준비(우비, 장화, 우산, 수건), 사진기

활동방법

1. 비 오는 날에 우비와 장화를 착용한 후, 우산을 쓰고 놀이터에 나가본다.
2. 비 오는 날의 여러 모습을 감상하며 산책을 한다.
   - 비 오는 모습을 관찰하며 빗소리 듣기
   - 빗물 웅덩이를 지나가며 빗물 튕기기
   - 흐르는 물을 따라 걷기
   - 빗물이 떨어지는 나뭇잎 관찰하기
   - 비에 관한 노래를 함께 불러보기 등
3. 유아들의 산책 모습을 사진으로 찍어 산책 후에는 돌아와서 사진을 보면서 이야기를 나눈다.

유의점 비 오는 날은 길이 미끄러울 수 있으므로 유아들의 안전에 유의한다.

확장활동

- 산책 후 비에 관한 활동을 확장, 통합하여 진행한다.
  - 흰색 비닐우산에 유성펜을 활용하여 다양하게 우산을 꾸며본다.

- 빨대로 파란색 물감을 도화지 위쪽에 떨어뜨리고 입으로 불어 물감이 흘러내리도록 한다. 물감이 마르면 흘러내린 모양을 이용하여 비 오는 날의 이야기를 그림으로 그려본다.
- 우리 주변에 물이 있는 곳을 찾아보고, 물이 필요한 곳과 사람들이 물을 이용하여 하는 일에 대하여 이야기를 나눈다.
- 산책 시 들었던 빗소리를 경험한 일을 이야기하며 비에 관한 동시를 함께 지어 본다.

10 물동이 이어보기

활동목표

- 물동이를 사용한 조상의 지혜에 자긍심을 느낀다.
- 물동이를 머리에 이어보는 경험을 한다.
- 신체 활동에 즐겁게 참여한다.

누리과정 관련요소

- 신체운동 · 건강: 신체 활동에 참여하기–기구를 이용하여 신체 활동하기
- 신체운동 · 건강: 건강하게 생활하기–건강한 일상생활하기
- 사회관계: 사회에 관심 갖기–우리나라에 관심 갖고 이해하기

활동연령 만 5세

활동자료 작은 물동이, 똬리

활동방법

1. 물동이를 보며 이야기를 나눈다.
   - 이것을 본 적이 있나요?
   - 이것의 이름은 무엇일까?
   - 언제 사용했던 물건일까요?
   - 옛날 사람들은 물동이를 어떻게 가지고 다녔을까요?
   - 머리에 물동이를 일 때에 필요한 것은 무엇일까요?
2. 활동 방법을 알아본다.
   - 똬리를 머리에 얹고 물을 담은 물동이를 인다.
   - 반환점을 돌아온다.
3. 활동 시 지켜야 할 약속을 알아본다.
   - 물이 쏟아지지 않도록 한다.
   - 안전에 유의한다.

❹ 물동이를 이고 반환점에 돌아온다.

❺ 평가를 한다.

- 무엇이 가장 즐거웠었나요?
- 물동이를 사용한 우리 조상들에게 어떤 마음이 들었나요?

유의점

- 물동이를 머리에 이고 내리는 연습을 사전에 충분히 한다.
- 물동이에 물의 양은 조금만 넣어준다.
- 안전하게 놀이할 수 있도록 활동 전에 충분히 이야기한다.
- 사전에 수건을 이용하여 똬리를 만드는 활동을 해본다.

확장활동

- 두 편으로 나누어 물동이 이고 돌아오기 게임을 할 수 있다.
- 물동이 대신 대바구니 이고 돌아오기나 떡 바구니 이고 돌아오기를 해볼 수 있다.

11 물길 만들기

활동목표

- 물놀이를 통하여 물의 흐름과 압력을 발견하고 이해한다.
- 물이 떨어질 때에 힘이 생기는 것을 안다.

누리과정 관련요소

- 신체운동 · 건강: 안전하게 생활하기–안전하게 놀이하기
- 자연탐구: 탐구하는 태도 기르기–탐구과정 즐기기
- 자연탐구: 수학적 탐구하기–기초적인 측정하기

활동연령 만 5세

활동자료 다양한 길이의 호스, 깔때기, PVC 관(길이를 다양하게 자른 것), 페트병, 유아용 삽, 물통, 바가지

활동방법

1. 실외 놀이터 한쪽에 물놀이 영역이 만들고 다양한 재료를 준비해 둔다.
2. 다양한 재료를 탐색한다.
   - 재료를 어디에 활용하면 좋을까요?
3. 물이 흘러갈 수 있도록 여러 가지 방법으로 물길을 만들어 본다.
   - 어떻게 하면 물이 흘러갈 수 있을까요?
4. PVC 관을 연결하여 물길을 만들어 본다.
   - 어떤 모양으로 만들고 싶나요?
   - PVC 관을 어떻게 연결하면 좋을까요?
   - 물이 어떻게 흐르고 있나요?
   - 왜 물이 끝까지 흘러가지 않을까요?/왜 물이 자꾸 옆으로 새는 걸까요?
   - 어떻게 바꾸어 볼까요?/무엇을 더 써보면 좋을까요?

5 만든 물길에 작은 배 띄우기, 여러 가지 물건을 물길에 넣어 보기 등을 하며 물놀이를 즐긴다.

6 물놀이를 정리하고 여러 가지 도구와 자료를 햇빛에 말린다.

유의점

- 사전 활동으로 물놀이 도구를 만든다. 페트병, 약병, 우유갑, 지퍼백 등 다양한 재활용품 자료들을 탐색한 후, 다른 위치에 구멍을 뚫고 물줄기가 뻗어 나가는 형태를 관찰한다.
- 물을 사용하기 용이한 곳에서 활동을 한다.
- 교사는 유아들이 놀이를 통하여 물의 원리를 발견할 수 있도록 상호작용해 준다.

확장활동

- 여러 가지 재료를 활용하여 물길 놀이를 확장할 수 있다.
  - PVC 관을 반으로 잘라서 사용할 경우에는 물의 흐름을 볼 수 있다.
  - 페트병 여러 개를 연결하여 물의 흐름이 보이게 한다.
  - 긴 길이의 비닐 입구를 페트병으로 고정하고 물을 흘려보내면 물의 흐름에 따라 이리저리 비닐이 움직이는 것을 볼 수 있다.

Chapter 10

모래놀이

1 교육적 가치

2 지도시 유의점

3 교사의 역할

4 활동의 실제

모래는 주변에서 쉽게 접할 수 있는 것으로 모든 유아들에게 즐거움을 주며 흥미가 있는 대상물이다. 즐겁게 모래를 쏟아내고, 담고, 체로 거르면서 자유로운 탐색이 이루어진다. 유아들은 모래의 성질에 매료되어 모래를 가지고 놀면서 풍부한 상상력과 창의적인 자질을 발달시킬 수 있다.

1 교육적 가치

모래놀이는 유아들이 부담 없이 놀이하면서 마음껏 감정을 표현할 수 있고 실패나 좌절감을 주지 않아 정서적 안정감을 얻을 수 있으며, 자유로운 탐색을 통하여 창의력과 문제해결력을 발달시킨다. 모래놀이는 물놀이와 마찬가지로 실내 · 외 어느 곳에나 설치할 수 있으며, 물놀이 영역과 통합하거나 탐색적인 활동이 이루어지는 과학놀이 영역의 한 코너에 모래놀이 영역을 구성할 수도 있다.

여러 가지 수학적 개념과 양과 무게 등 과학에 대한 이해를 도울 수 있을 뿐 아니라 다른 친구와 협동하기, 규칙 지키기 등의 사회적 학습도 하게 된다.

또한 모래놀이를 통하며 언어발달이 이루어지며 대 · 소근육의 발달이 증진되고 눈과 손의 협응력 및 감각기능이 발달된다.

2 지도시 유의점

① 가능한 한 현관과 떨어진 곳에 물놀이 영역과 가까이 배치하며, 직사광선을 피할 수 있게 차광시설이 설치되면 좋다.

② 모래놀이용 도구와 장난감을 보관할 수 있는 장소도 마련되어야 한다.

③ 교실 내에 모래놀이 영역을 설치할 때는 유아들의 통행이 빈번하지 않은 곳에 배치한다(모래 대신 콩, 마카로니 등으로 설치할 수 있음).

④ 모래놀이대 밑에는 비닐을 깔고 빗자루와 쓰레받기를 준비하여 흩어진 모래를 쉽게 치울 수 있도록 한다.

⑤ 모래의 대용품으로 낙엽, 진흙, 곡식, 톱밥, 찰흙 등을 활용할 수 있다.

⑥ 모래놀이 도구들도 정리 · 정돈을 잘 하여 보관하도록 한다.

3 교사의 역할

유아들이 흥미를 갖게끔 위와 같이 적절한 환경 구성으로 준비해 준다.

모래놀이시 안전을 위해 유아들과 함께 규칙을 정하고 안전관리를 철저히 한다. 유아들의 창작물을 성인의 수준에서 평가하지 말고 칭찬해 준다.

놀이 중에 교사와 유아, 유아와 유아 간의 상호작용이 원활하도록 놀이가 끝난 후에는 정리 · 정돈이 잘 될 수 있도록 지도한다.

① 모래를 다른 사람에게 던지지 않는다.
② 마른 모래를 뿌리거나 바람에 날려 친구의 눈이나 머리에 들어가지 않게 한다.
③ 모래놀이 도구로 친구를 때리지 않는다.
④ 모래를 입에 넣지 않는다.
⑤ 모래에 다른 이물질(예 흙, 진흙 등)을 섞지 않는다.

4 활동의 실제

1 내가 좋아하는 음식

활동목표

- 자신이 좋아하는 음식에 관심을 갖는다.
- 모래놀이에 즐겁게 참여할 수 있다.

누리과정 관련요소

- 신체 운동 · 건강: 신체 활동에 참여하기–바깥에서 신체 활동하기
- 사회관계: 나를 알고 존중하기–나를 알고 소중히 여기기

활동연령 만 3세

활동자료 모래놀이 도구(예 삽, 다양한 크기 및 종류의 그릇, 숟가락, 포크, 냄비, 프라이팬 등), 자연물(예 나뭇잎, 나뭇가지, 돌멩이 등)

활동방법

1. 유아가 좋아하는 음식에 관해 이야기를 나눈다.
   - 친구가 좋아하는 음식에는 어떤 것들이 있나요?
   - 좋아하는 이유는 무엇인가요?
   - 직접 만들어 본 적 있나요?
2. 모래로 좋아하는 음식을 어떻게 만드는지 알아본다.
   - 모래로 음식을 어떻게 만들 수 있을까요?
   - 어떤 약속을 지켜야 할까요?
3. 바깥놀이터에서 모래로 좋아하는 음식을 만들어 본다.

4 모래로 좋아하는 음식을 만들어 본 느낌에 관해 이야기를 나눈다.

- 모래로 어떤 음식을 만들어 보았어요?
- 모래로 좋아하는 음식을 만들어 보니 기분이 어땠나요?
- 모래로 음식을 만들 때에 어떤 점이 재미있었어요?
- 모래로 음식을 만들 때에 어떤 점이 어려웠어요?

유의점 모래놀이터에서 활동하면서 지켜야 할 약속에 대해 충분히 이야기한 후에 활동을 한다.

확장활동 친구에게 만들어 주고 싶은 음식을 만들어 보거나 지점토를 활용하여 내가 좋아하는 음식을 만들고 상차림 활동을 할 수 있다.

2 두꺼비 집짓기

활동목표

- 모래놀이에 즐겁게 참여한다.
- 자연물을 활용하여 놀이한다.

누리과정 관련요소

- 예술경험: 예술적 표현하기-통합적으로 표현하기
- 자연탐구: 과학적 탐구하기-자연현상 알아보기

활동연령 만 3세

활동자료 모래, 약간의 물

활동방법

1. 흙이나 모래 속에 한 손을 파묻고 다른 한 손으로 흙이나 모래를 파묻힌 손 위로 쌓는다.
2. 흙이나 모래를 쌓으면서 두들겨서 단단하게 두꺼비집을 만든다.
3. 두꺼비집을 만들면서 노래를 부른다.
   - 노래 1: 두껍아 두껍아 집 지어라. 황새야 황새야 물 길어 와라.
   - 노래 2: 두껍아 두껍아 헌 집 줄게 새집 다오.
4. 내기를 할 경우에는 누가 지은 집이 더 큰가, 혹은 누가 지은 집이 더 좋은지를 정해 놀이를 한다.

유의점 약간의 물기가 있는 모래로 집을 지어야 두꺼비집을 잘 지어지므로 놀이 시작 전에는 모래 위에 물을 뿌려둔다.

확장활동 쌓기놀이 영역에서 다양한 블록으로 다른 두꺼비집을 만들어 볼 수 있다.

3 모래 삽으로 구멍을 파요

활동목표

- 모래놀이 도구를 안전하게 사용해 본다.
- 도구를 이용한 모래놀이에 관심을 갖는다.
- 안전한 모래놀이를 위하여 친구를 배려해야 함을 안다.

누리과정 관련요소

- 신체운동 · 건강: 신체 활동에 참여하기-기구를 이용하여 신체 활동하기
- 신체운동 · 건강: 안전하게 생활하기-안전하게 놀이하기
- 사회관계: 다른 사람과 더불어 생활하기-사회적 가치를 알고 지키기

활동연령 만 3세

활동자료 엄마 거북 막대 인형, 모래 삽, 다양한 모양 찍기 도구, 물

활동방법

1. '엄마 거북' 의 고민을 듣는다.
   - 이제 곧 알을 낳을 때가 됐어요. 모래를 깊이 파야 우리 아이들이 안전할 수 있어요.
   - 그런데 모래를 깊게 파기가 너무 힘들어요. 어떻게 하면 좋을까요?
2. '엄마 거북' 의 고민을 듣고 유아들과 함께 모래를 깊이 팔 수 있는 방법에 대해 이야기를 나눈다.
   - '엄마 거북' 의 고민을 어떻게 해결해 줄까요?
   - 모래를 깊이 파려면 어떻게 해야 할까요?
   - 우리 원에 있는 바깥놀이 도구 중에 어떤 도구를 사용하면 좋을까요?
3. 모래놀이 도구를 탐색해 본다.
   - (모래 삽이나 모양 찍기 도구를 보여주며) 이 도구의 이름은 무엇일까요?

- 어떻게 사용하는 것일까요?

4 모래놀이 도구 사용의 안전한 사용법에 대해 이야기를 나눈다.
- 모래 삽을 사용할 때는 어떤 점을 조심해야 할까요?
- 모양 찍기 도구를 사용할 때는 어떤 점을 조심해야 할까요?

5 모래를 파거나 놀이할 때 안전한 약속에 대해 이야기를 나눈다.
- 모래를 팔 때는 어떤 점을 조심해야 할까요?
- 모래를 파는 도중에 친구에게 모래가 튀지 않게 하려면 어떻게 해야 할까요?

6 도구를 안전하게 사용하며 모래놀이를 해본다.

유의점

- 모래를 자유롭게 탐색한 후에 도구를 사용한다.
- 모양 찍기 도구를 사용할 때는 약간의 물을 섞어서 사용할 수 있도록 한다. 이때 물을 너무 많이 사용해서 질퍽해지지 않도록 한다.
- 모래놀이를 마친 후에는 팠던 구덩이를 메울 수 있도록 한다.

확장활동

- 모래를 깊게 먼저 파는 친구가 이기는 게임 활동을 한다.
- 모래를 높이 쌓아올리는 활동을 해본다.
- 쌓아올린 모래 산에 고리를 던지며 놀이할 수도 있다.
- 바구니로 만든 거북의 등을 쓰고 모래를 파는 거북의 모습을 표현해 본다.

4 고운 모래로 음식 만들기

활동목표

- 고운 모래를 사용하여 다양한 음식을 만든다.
- 음식 만들기놀이에 즐겁게 참여한다.

누리과정 관련요소

- 신체운동 · 건강: 신체 인식하기–감각 능력 기르고 활용하기
- 자연탐구: 탐구하는 태도 기르기–탐구과정 즐기기

활동연령 만 4세

활동자료 크기가 서로 다른 다양한 체 망, 모래, 나뭇가지, 모래놀이 소꿉 도구, 다양한 모양의 틀

활동방법

1. 모래로 만들 수 있는 음식에 대해 이야기를 나눈다.
   - 모래로 무엇을 할 수 있을까요?
   - 어떤 음식을 만들 수 있을까요?
2. 고운 모래를 만드는 방법에 대해 이야기한다.
   - 체 망에 모래를 넣어볼까요?
   - 이 체 망에 모래를 넣으면 어떻게 될까요?
   - 모래가 잘 걸러지려면 어떻게 해야 할까요?
   - 체 망에 모래를 거르니 어떻게 달라졌나요?
   - 체 망 위에 있는 모래와 걸러진 모래는 어떻게 다른 것 같나요?
   - 모래를 만져본 느낌이 어떤가요?
3. 고운 모래를 이용하여 음식을 만들어 본다.
   - 이 모래를 활용하여 무엇을 할 수 있을까요?

- 어떤 음식을 만들 수 있을까요?
- 물을 넣으니 모래가 어떻게 변했나요?
- 마른 모래와 무엇이 다른 것 같나요?
- 젖은 모래로 어떤 음식을 만들 수 있을까요?
- 무엇을 만들고 싶나요?
- 찍기 틀로 찍어볼까요?
- 무슨 모양이 나왔나요?
- 빵을 만들려면 어떻게 해야 할까요? (젖은 모래를 그릇에 넣고 누른 후 뒤집는다.)

4 다 함께 만든 음식으로 놀이를 한다.

- 무엇을 만들었나요?
- 이것을 가지고 어떤 놀이를 해볼까요?

5 놀이 후에는 활동한 느낌에 대하여 이야기를 나눈다.

- 모래로 음식을 만들면서 어떤 점이 재미있었나요?
- 힘든 점은 있었나요?
- 더 즐겁게 놀이하려면 어떻게 하면 좋을까요?

유의점

- 체 망의 구멍 크기에 따라 걸러지는 모래의 크기를 비교해 볼 수 있도록 한다.
- 젖은 모래와 일반 모래의 색과 느낌에 따라 다양한 음식을 구성하도록 한다.
- 놀이를 하며 모래를 입에 넣거나 먹지 않도록 한다.

확장활동

- 나뭇잎과 나뭇가지 등 다양한 자연물을 수집하여 음식 만들기를 해볼 수 있다.
- 음식점놀이와 손님 초대하기놀이 등으로 확장하여 놀이한다.

5 모래섬 만들기

활동목표

- 모래의 특성을 안다.
- 친구들과 협동하며 모래놀이를 즐긴다.

누리과정 관련요소

- 사회관계: 다른 사람과 더불어 생활하기–친구와 사이좋게 지내기
- 자연탐구: 과학적 탐구하기–물체와 물질 알아보기
- 자연탐구: 과학적 탐구하기–자연현상 알아보기

활동연령 만 4세

활동자료 모래를 파낼 수 있는 도구(예 유아용 놀이 삽, 모종 삽 등), 물을 나를 수 있는 도구(예 양동이, 큰 그릇 등)

활동방법

1. 유아들에게 섬을 보았거나 가본 적이 있는지 이야기를 나눈다.
   - 너희들은 섬을 본 적이 있나요?
   - 어디서 보았어요? (바다에 갔을 때 보았어요.)
   - 섬 주변에는 무엇이 있었어요? (바닷물로 꽉 차 있었어요.)
   - 우리 동네에 있는 강에도 섬처럼 생긴 곳이 있는데 본 적이 있나요?
2. 모래섬을 어떻게 만들지 계획한다.
   - 오늘도 모래놀이장에서 모래로 섬을 만들려고 하는 데 무엇이 필요할까요? (모래를 팔 수 있는 삽이 있어야 해요./물도 필요해요.)
   - 그래, 물이 필요한데 어떻게 물을 옮겨볼까요?
3. 모래놀이 시 주의할 점을 이야기한다.
4. 바깥으로 나가서 모래섬을 만든다(물을 부어도 물이 자꾸만 없어져요./모래섬이 자

꾸 무너져요.).

- 모래 위에 물을 많이 부었는데 왜 물이 없어질까요?
- 어떻게 하면 물이 없어지지 않을까요?
- 모래섬이 무너지지 않게 하려면 어떻게 할까요?

⑤ 모래섬을 만든 후에 친구들과 함께 감상하고 정리 · 정돈을 한다.

유의점

- 생활주제 '여름'과 연계하여 물놀이한 물을 재활용할 수 있도록 활동함으로써 물을 아껴 사용해야 함을 알게 한다.
- 모래가 유아들의 얼굴이나 몸에 들어가지 않도록 안전에 유의한다.

확장활동

- '종이배'를 접거나 페트병 등 재활용품을 이용하여 배를 만들어 놀이한다.
- 자연물을 활용하여 섬을 꾸미기 활동을 한다.

6 모래로 만드는 우리 동네

활동목표

- 우리 동네의 모습에 관심을 가진다.
- 유치원을 중심으로 건물 등의 위치를 안다.
- 모래를 활용하여 동네의 모습을 창의적으로 표현한다.

누리과정 관련요소

- 사회관계: 사회에 관심 갖기–지역사회에 관심 갖고 이해하기
- 예술경험: 예술적 표현하기–미술 활동으로 표현하기
- 자연탐구: 수학적 탐구하기–공간과 도형의 기초개념 형성하기

활동연령 만 5세

활동자료

유아들이 만든 간판과 표지판 모형, 주변의 자연물(예 풀꽃, 풀, 솔방울, 열매, 나뭇가지), 모래상자나 모래놀이장, 여러 가지 모래놀이 도구(예 삽, 모종 삽, 갈퀴, 체, 그릇류), 물

활동방법

1. 우리 동네의 모습에 대해 이야기를 나눈다.
   - 우리 동네에는 무엇이 있나요?
   - 우리 동네에는 어떤 건물들이 있을까요?
   - 우리 동네에서 어떤 간판들을 보았나요?
   - 유치원 옆에는 어떤 건물이 있었나요?
2. 우리 동네를 꾸미는 자료를 보며 모래로 동네를 어떻게 만들지 이야기를 나눈다.
   - 우리 동네를 꾸미려면 무엇이 필요할까요? (예 모래놀이 도구, 물, 간판, 자연물, 표지판 등)
   - 길이나 건물을 꾸미려면 무엇이 필요할까요?
   - 우리 동네를 모래로 꾸민다면 무엇을 만들어 보고 싶나요?

- 우리 동네의 ○○을 어떻게 만들 수 있을까요?

❸ 유치원을 중심으로 건물과 표지판 등의 위치를 정하고 말해본다.

- ○○ 가게를 유치원의 어느 쪽에 둘까요?
- ○○ 표지판은 유치원에서 어느 방향에 두어야 할까요?
- ○○ 자연물은 유치원의 어느 곳에 있나요?
- ○○으로 가는 길은 어느 방향으로 만들어야 할까요?

❹ 우리 동네 모습을 위치에 따라 모래로 만들고 꾸며본다.

❺ 모래로 만든 우리 동네의 모습을 감상해본다.

- 모래로 만든 우리 동네를 보니 어떤가요?
- 친구들과 함께 모래로 우리 동네를 꾸며보니 어땠나요?
- 어느 부분이 우리 동네 모습으로 잘 표현되었나요?
- 우리 동네에서 없지만 더 만들어 보고 싶은 것이 있나요?

유의점

- 우리 동네 간판 및 표지판은 유아들이 만들 수 있도록 역할을 분담하여 만들게 하거나, 자유선택 활동 시간에 미리 만든 것을 활용할 수 있도록 한다.
- 주변의 다양한 자연물을 충분히 활용하여 자유롭게 동네를 꾸며볼 수 있도록 한다.

확장활동

- 종이로 만든 표지판 대신 인간 표지판이 되어 전달하고자 하는 내용을 특정한 몸짓으로 표현해 보는 활동을 전개할 수 있다.
- 간판 꾸민 것을 쌓기놀이 영역에 두고 우리 동네 꾸미기를 할 수 있다.

7 돌멩이와 나뭇잎으로 소꿉놀이하기

활동목표

- 자연환경의 아름다움을 느낀다.
- 돌멩이와 나뭇잎 등 자연물로 소꿉놀이를 한다.
- 친구와 협력하여 놀이한다.

누리과정 관련요소

- **예술경험**: 아름다움 찾아보기－미술적 요소 탐색하기
- **자연탐구**: 탐구하는 태도 기르기－호기심을 유지하고 확장하기

활동연령 만 5세

활동자료 돌멩이, 나뭇잎, 나뭇가지, 찍기 모양 틀

활동방법

1. 유아와 함께 유치원 주변을 돌아보면서 소꿉놀이에 쓸 수 있는 재료를 모아 본다.
   - 소꿉놀이를 하려면 주변에서 어떤 것을 구할 수 있을까요?
   - 주변에서 소꿉놀이에 필요한 것들을 모아 볼까요?
2. 놀이에 필요한 그릇과 음식은 어떤 것이 있는지를 이야기를 나누고 준비한다.
   - 어떤 음식을 만들어 볼까요?
   - 그릇은 무엇으로 하면 좋을까요?
   - 음식을 만들어 어디에 놓을까요?
   - 식탁은 무엇으로 할까요? 그리고 어디에 놓을까요?
3. 젖은 모래를 이용하여 다양한 음식을 만들어 본다.
   - 모래에 물을 넣고 국자로 저어보니 어떻게 되었나요?
   - 젖은 모래를 모양 찍기 틀로 찍어 볼까요?

- 어떤 모양이 나왔어요?
- 손으로 빚어서 여러 가지 형태의 과자나 떡을 만들어 볼까요?
- 어떤 과자(떡)를 만들고 싶은가요?
- 젖은 모래를 커다란 그릇에 담고 손으로 누른 후 쟁반에 뒤집어 케이크를 만든다.
- 나뭇잎이나 작은 돌멩이로 장식하고 나뭇가지 초를 꽂는다.

4. 다 같이 함께 모은 재료와 음식으로 소꿉놀이를 한다(생일 축하놀이로 연계, 음식점놀이로 연계, 바른 자세로 앉아 음식을 먹는다.).

5. 놀이 후 느낌에 대하여 이야기를 나눈다.

유의점

- 돌멩이, 나뭇잎, 나뭇가지 등을 쉽게 모을 수 있는 장소를 미리 돌아보면서 살펴둔다.
- 여러 가지 다양한 크기와 모양의 돌멩이, 나뭇잎, 나뭇가지로 놀이하도록 격려한다.
- 다양한 자연물로 만든 음식에 대한 이야기를 나누는 것에 중점을 둔다.

확장활동

- 큰 돌멩이나 나뭇가지 등으로 영역을 나누어 집을 꾸며서 놀이한다.
- 놀이가 끝난 후에는 젖은 모래로 만든 음식이 어떻게 되었는지 관찰한다.

8 물 · 모래로 독도 만들기

활동목표

- 독도가 우리나라의 땅임을 안다.
- 모래와 물을 이용하여 다양한 방법으로 독도를 표현한다.

누리과정 관련요소

- 사회관계: 사회에 관심 가지기–우리나라에 관심 갖고 이해하기
- 예술경험: 예술적 표현 즐기기–통합적으로 표현하기

활동연령 만 4세

활동자료 우리나라 지도, 모래, 독도 사진이나 그림 자료, 물, 크고 작은 돌, 모래놀이 기구, 물뿌리개

활동방법

1. '독도는 우리 땅' 노래를 부른다.
2. 우리나라 지도를 보며 독도를 찾아본다.
   - 우리나라 지도에서 독도는 어디에 있을까요?
3. 독도 사진 및 그림 자료를 보면서 이야기를 나눈다.
   - 독도에 대하여 들어본 적이 있나요?
   - 독도는 천연기념물 제336호로 지정되어 있어요.
   - 독도는 어디에 있는 섬일까요?
   - 독도는 어떻게 생겼을까요?
   - 독도에는 무엇이 있을까요?
   - 독도를 지키는 사람은 누구일까요?
   - 독도를 지키는 사람을 독도 수비대라고 해요.
4. 독도 만드는 방법을 알아본다.

- 모래와 물을 활용하여 독도를 만든다.
- 독도에 살고 있는 여러 가지 생물을 종이에 그려 오린다.
- 오린 그림을 나무젓가락과 빨대에 붙인다.
- 독도 주위를 장식하여 완성한다.

5. 친구와 협력하여 독도를 만든다.

유의점

- 독도 박물관 사이트(http://www.dokdomuseum.go.kr)를 활용하여 독도에 대하여 알 수 있도록 한다.
- 유아들이 만든 작품과 사진은 전시하여 지속적인 관심을 가지도록 한다.

확장활동

- 독도에 대한 홍보물 만들기를 할 수 있다.
- 독도 수비대에게 글과 그림으로 편지 쓰기를 할 수 있다.

9 모래 음식

활동목표

- 흙과 모래의 특성을 안다.
- 재료를 이용하여 극놀이를 즐긴다.

누리과정 관련요소

- 예술경험: 예술적 표현 즐기기–통합적으로 표현하기
- 자연탐구: 과학적 탐구하기–자연현상에 대하여 알아보기

활동연령 만 4세

활동자료 다양한 크기와 모양의 플라스틱 그릇, 물, 모래

활동방법

1. 다양한 크기와 모양의 플라스틱 그릇을 이용하여 모래 음식을 만든다.
   - 모래로 맛있는 음식을 만들어 볼까요?
   - 이 그릇으로는 어떤 모양이 만들어질까요?
   - 어떤 음식이지요?
2. 모래의 젖은 상태와 음식이 만들어지는 현상을 탐색한다.
   - 왜 모양이 만들어지지 않았을까요? (마른 모래)
   - 모래로 모양을 잘 만들려면 어떻게 하면 좋을까요? (젖은 모래)
3. 모래로 만든 음식을 이용하여 극놀이를 한다.
   - 식탁 차리기/음식점놀이/가게놀이/생일 초대놀이

유의점

- 여러 가지 모양으로 만들어 볼 수 있도록 다양한 크기와 모양의 플라스틱 그릇을 준비한다.
- 비 온 후에 모래놀이를 하면서 이전의 마른 모래와의 경험을 비교해 보게 하면

자연스럽게 접근할 수 있다.

확장활동

- 모래로 만든 음식들의 모양을 몸으로 표현하며 다양한 상황과 음악에 맞추어 신체 표현을 한다.
- 모래놀이를 하면서 노래 '모래놀이'를 부른다. 만 3, 5세 유아들의 활동에서도 연계하여 부를 수 있다.
- 라이트 테이블 위에 고운 모래를 뿌리고 손가락을 이용하여 모래 그림을 그려 본다(유아가 그린 모래 그림을 함께 감상하고 사진을 찍어 게시한다.).
- 모래를 체로 쳐서 고운 모래를 만들고, 염료를 섞어 색 모래를 만든 후에 색 모래 그림을 그려본다.

10 산과 나무

활동목표

- 흙의 종류와 특성을 안다.
- 규칙을 지키며 게임을 할 수 있다.

누리과정 관련요소

- 사회관계: 사회에 관심 갖기-우리나라에 관심 갖고 이해하기
- 자연탐구: 과학적 탐구하기-자연현상에 알아보기

활동연령 만 4세

활동자료 여러 종류의 흙(예 모래, 진흙, 밭의 흙 등)과 자갈(예 게임할 수 있는 양만큼 각각 용기에 담아 놓는다.), 다양한 굵기와 길이의 나뭇가지

활동방법

1. 흙의 종류를 탐색한다.
   - 무슨 흙일까요? (이름, 경험 이야기)
   - 흙의 상태를 비교하기(색, 단단함, 촉감, 생김새 등)
2. 게임 방법을 알아본 후에 게임을 시작한다.
   - 게임자들은 산을 만들 흙(자갈)을 결정한다.
   - 흙(자갈)으로 만든 산에 나뭇가지를 꽂는다.
   - 순서를 정해 흙(자갈)을 손으로 덜어 온다.
   - 마지막까지 나뭇가지를 쓰러뜨리지 않는 사람이 이긴다.
3. 흙의 종류와 나무의 크기에 따른 여러 가지 상황을 고려하면서 전략을 세우고 새로운 규칙을 정한다.
   - 왜 나뭇가지가 쓰러졌을까요? (흙의 양을 덜어내는 방향 및 높이)
   - 나뭇가지를 쓰러뜨리지 않게 하려면 어떻게 해야 할까요?

유의점

- 실내 활동으로 계획할 경우에는 바닥에 비닐이나 매트를 깐다.
- 다양한 변수에 따른 게임의 즐거움을 발견하도록 한다(예 산의 크기, 단단함, 나뭇가지의 크기, 덜어낼 때의 힘과 흙의 양 등).

확장활동

- 주변의 다양한 돌멩이를 모아 관찰한 후에 기준을 정하여 분류해 본다.

11 모래와 바다

활동목표

- 모래에 물이 흡수되는 현상을 발견한다.
- 다양한 방법으로 문제를 해결한다.

누리과정 관련요소

- 신체운동 · 건강: 건강하게 생활하기–건강한 일상생활하기
- 자연탐구: 과학적 탐구하기–자연현상 알아보기

활동연령 만 5세

활동자료 모래놀이용 모래, 모래놀이용 구성 활동 도구(예 물통, 비닐, 플라스틱 판, 파이프, 모종 삽, 장난감 자동차, 배 등)

활동방법

1. 모래놀이를 하면서 여러 가지 구성물을 만든다.
2. 물을 이용하여 바다(강의 물길)를 만든다.
   - 모래 위에 바다(강의 물길)를 어떻게 만들까요?
   - 바다: 모래 위에 부은 물이 어디로 갔을까요? 스며든 물은 어디에 있을까요? (물의 흡수)
   - 강: 물길을 어느 쪽으로 만들면 좋을까요? (물길의 높낮이)
   - 모래에 물이 스며들지 않게 할 방법은 없을까요? (흡수되지 않는 재질 찾기)
3. 유아들이 만든 바다(강의 물길) 위로 배놀이, 항구놀이, 다리놀이 등의 극놀이를 한다.
   - 물길 위로 무엇이 지나갈까요?/항구에는 무엇이 있을까요?
   - 배는 무엇으로 만들까요?/강은 어떻게 만들까요?

유의점 모래와 물의 특성을 알 수 있도록 유아와 상호작용하며 활동한다.

확장활동

- 유아들이 놀이에서 발견한 모래의 여러 현상을 이야기한 것을 모아 동시로 구성한다.
- 며칠 동안 실외 활동으로 모래놀이를 진행하며 물이 증발한 모래의 변화를 관찰한다.

Chapter 11

조작놀이

1 교육적 가치

2 지도시 유의점

3 교사의 역할

4 활동의 실제

조작놀이는 퍼즐, 구슬 꿰기, 도미노 게임, 끈으로 묶기, 모형 꿰기 등과 같이 유아가 주로 책상 위에서 손과 손가락을 이용해서 놀잇감을 맞추고, 배열하고 재배열해 보는 것으로 소근육발달과 눈과 손의 협응능력을 돕는 활동이다(전남련 외, 2007). 조작놀이는 다른 놀이에 비해 조용하고, 탐색적인 특징을 지니며, 유아의 흥미와 자발적인 활동을 유발시킨다. 또한 문제 상황을 스스로 탐색하고 극복하는 과정을 통하여 집중력과 지구력, 자신감과 자율성이 발달된다.

1 교육적 가치

조작놀이의 교육적 가치를 살펴보면 다음과 같다.

① 소근육 운동능력 및 눈과 손의 협응력발달을 돕는다.

조작놀이는 손으로 여러 가지 놀잇감을 조작하기 때문에 손가락과 손목의 운동능력을 발달시키고, 눈과 손의 통합과 협응력을 증진시킨다.

② 형태, 크기, 무게, 질감에 대한 개념발달 및 수개념, 탐구력, 관찰 습관 등으로 인지발달을 돕는다.

조작놀이에는 다양한 크기, 다양한 모양의 놀잇감이 제공된다. 이러한 놀이재료를 다루면서 유아는 일 대 일 대응, 수세기, 짝짓기, 분류(예 모양, 크기, 색깔, 속성), 비교, 그래프 등을 구체적으로 조작해 보는 경험을 가지기 때문에 인지적 개념을 발달시킬 수 있다.

③ 다양한 어휘 습득 및 글자의 형태와 의미 습득 등 언어발달을 돕는다.

조작놀이를 하면서 유아는 활발한 언어적 상호작용을 통한 의사소통을 하게 된다. 뿐만 아니라 조작 자료들의 다양한 이름을 습득하게 되어 어휘력이 증진되고 글자의 형태와 의미를 알게 되어 언어발달을 이루게 된다.

④ 다른 유아들과 함께 조작놀이를 함으로써 서로 의견을 존중하고 이해하는 사회성 발달을 돕는다.

조작 놀잇감을 어떻게 다루고 무엇을 구성할 것인지 서로 의견을 주고받으면서 남의 의견도 소중하게 받아들이고 존중하는 마음을 갖게 되어 사회성 발달을 이루게 된다.

⑤ 문제 상황을 끊임없이 탐색하고 극복하는 과정을 통하여 자신감과 성취감 형성 등 정서발달을 돕는다.

2 지도시 유의점

조작놀이를 지도할 때에 유의해야 할 사항은 다음과 같다.

① 유아의 흥미와 호기심을 유발하고 풍부한 조작적 탐색이 이루어지도록 다양한 조작 교구 및 놀잇감을 제공한다.

② 교사의 지시나 감독이 없더라도 스스로 활동이 가능하도록 지시 카드를 통해 자료의 활용 방법을 안내해 주는 것이 좋다.

③ 모든 교재는 한꺼번에 제시하기보다 시간을 두고 계속 변화를 주면서 바꾸거나 보충하여 준다. 그리고 교사가 창의적으로 만든 교구를 많이 활용할 수 있는 곳이므로 파손되거나 손실된 교구는 반드시 수리 · 보완하도록 한다.

④ 그룹 게임의 경우에 초기에는 단순한 규칙에 의한 게임을 준비하여 주고 점차 규칙이 복잡하거나 유아들이 스스로 규칙을 변형시켜 나갈 수 있는 것으로 발전시킨다.

3 교사의 역할

유아들에게 조작놀이를 지도하기 위해서 교사는 다음과 같은 점에 유의하여 지도하도록 한다(이숙재, 2014).

① 발달에 알맞은 놀이 경험을 제공한다.

조작놀이를 하려면 유아의 인지적 발달과 손가락 운동을 조정하는 근육발달이 이루어져야 한다. 따라서 조작놀이는 단순한 놀이 활동부터 복잡한 놀이 활동으로 점진적인 놀이 기회를 제공해야 한다. 구슬 꿰기의 놀이 활동을 단계적으로 제시하면 | 그림 11-1 | 과 같다.

단순한 활동 → 복잡한 활동

1. 구슬 1, 2개를 끈에 꿰기
2. 목걸이 만들기
3. 한 가지 색깔의 구슬만 끈에 꿰기
4. 한 가지 형태(모양)의 구슬만 끈에 꿰기
5. 한 가지 색깔이면서 동시에 한 가지 모양의 구슬 (예 빨강색이면서도 둥근 모양)만 꿰기
6. 두 가지 색깔의 구슬을 번갈아 가면서 꿰기
7. 두 가지 색깔이면서도 모양도 두 가지인 구슬을 일정한 순서에 따라 꿰기

| 그림 11-1 | 구슬 꿰기의 단계적 활동

| 출처 | 이숙재(2014: 314). 영유아 놀이의 이론과 실제.

② 유아가 조작할 때에 교사는 다양한 탐색을 할 수 있도록 한다.

조작놀이를 하면서 유아는 다양한 탐색을 하고 관찰하기 때문에 편안하고 안락하며, 다른 유아들의 방해를 받지 않는 놀이 공간을 조성해 주고 충분한 시간도 할애해 주어야 한다.

③ 조작놀이에 참여하지 않는 유아나 같은 수준의 조작놀이를 계속하는 유아에게는 교사가 적극적으로 놀이에 개입한다.

조작놀이 영역에서 다른 유아가 놀이하는 것을 쳐다보거나 방관자적 행동을 나타내는 유아나 교구를 조작하더라도 단순한 놀이만 반복하는 유아에게 교사는 조작놀이를 할 수 있도록 제안을 하거나 시범을 보여주거나 하면서 적절한 개입을 해야 한다.

④ 조작 놀잇감은 지정된 놀이 영역에서만 갖고 놀도록 하며 다 사용한 후에는 제자리에 정리 · 정돈하는 습관을 갖도록 한다.

4 활동의 실제

1 숟가락, 젓가락으로 옮겨요

활동목표

- 이에 좋은 음식과 안 좋은 음식을 안다.
- 손가락을 조절하여 숟가락과 젓가락을 사용해 본다.
- 숟가락과 젓가락의 바른 사용 방법에 관심을 갖는다.

누리과정 관련요소

- 신체운동 · 건강: 신체 조절과 기본 운동하기–신체 조절하기
- 신체운동 · 건강: 건강하게 생활하기–바른 식생활하기
- 자연탐구: 과학적 탐구하기–간단한 도구와 기계 활용하기

활동연령 만 3세

활동자료 남녀 유아가 입 벌리고 있는 바구니 2개(건강한 이와 썩은 이를 붙일 수 있도록 제작), 이에 좋은 음식과 안 좋은 음식 모형 20개(지름 2cm 스티로폼 공을 반으로 잘라 우유, 멸치, 생선, 사탕, 초콜릿, 과자 등의 사진을 코팅하여 붙인다.), 숟가락 1개, 안전 젓가락 1개, 숟가락과 젓가락 사용 방법 그림 또는 사진 자료

유아가 입을 벌리고 있는 바구니

이에 좋은 음식과 안 좋은 음식 모형

숟가락 사용 방법

젓가락 사용 방법

활동방법

1. 이에 좋은 음식과 안 좋은 음식에 대해 이야기를 나눈다.
   - 어떤 음식이 있나요?
   - 이 음식을 먹어본 적이 있나요? 어떤 맛인가요?
   - 어떤 음식이 이에 좋은 음식일까요?
2. 숟가락과 젓가락의 사용 방법을 익힌다.
   - 숟가락과 젓가락은 언제 사용하는 도구일까요?
   - 숟가락과 젓가락을 사용해 본 경험이 있나요?
   - 숟가락을 바르게 잡아볼까요? 이번에는 젓가락도 바르게 잡아볼까요?
3. 바구니에 숟가락과 젓가락을 이용하여 이에 좋은 음식과 안 좋은 음식을 구분하여 넣어본다.
   - 숟가락을 이용하여 이가 건강한 친구에게 이에 좋은 음식을 먹여줄까요? 이가 썩은 친구에게는 이에 안 좋은 음식을 넣어볼까요?
   - 이번에는 젓가락을 이용하여 넣어볼까요?
4. 활동 후에 생각과 느낌을 이야기를 나눈다.
   - (건강한 이 바구니를 보며) 이 친구의 이는 어떤가요?
   - (썩은 이 바구니를 보며) 이 친구의 이는 어떤가요?
   - 이가 왜 썩었을까요?
   - 이에 안 좋은 음식을 계속 먹는다면 친구의 이는 어떻게 될까요?

- (사탕과 과자를 가리키며) 이런 음식을 좋아하는 친구에게 어떤 말을 해주고 싶나요?
- 그럼 이 친구의 이가 건강해지려면 어떤 음식을 먹어야 할까요?

유의점 젓가락 사용에 어려움이 있을 수 있으므로 안전 젓가락을 준비하고 사용 방법을 사진이나 그림으로 제시한다.

확장활동

- 식품의약품안전청에서 제작한 '올바른 간식 선택' 동영상을 시청하고, 몸에 좋은 음식과 해로운 음식에 대해 살펴본다.
- 역할놀이 영역에서 치과 병원놀이(치과 견학 등)로 연계해 볼 수 있다.

2 쌍둥이 물고기를 찾아요

활동목표

- 여러 종류의 물고기를 알아본다.
- 모양을 변별하여 일 대 일 대응을 할 수 있다.
- 친구와 함께 놀이하는 것을 즐긴다.

누리과정 관련요소

- 사회관계: 다른 사람과 더불어 생활하기–친구와 사이좋게 지내기
- 자연탐구: 수학적 탐구하기–공간과 도형의 기초개념 알아보기
- 자연탐구: 과학적 탐구하기–생명체와 자연환경 알아보기

활동연령 만 3세

활동자료 어항 속 풍경 배경판, 다양한 색깔과 무늬 등의 물고기 사진 카드

활동방법

❶ 다양한 물고기 사진을 보며 이야기를 나눈다.

- 물고기의 색깔(예 무늬, 모양 등)은 어떤가요?
- 물고기가 어떻게 움직이고 있나요?
- 색깔과 무늬가 같은 물고기를 찾아볼까요?

❷ 활동 방법을 소개한다.

〈'쌍둥이 물고기를 찾아요' 활동 방법〉

1 물고기 사진을 나누어 가진다.
2 게임 순서를 정하고, 차례가 되면 가지고 있는 물고기 중 하나를 어항 속 풍경 배경판에 놓는다.
3 다른 유아가 붙인 물고기와 같은 색깔(예 무늬, 모양 등)의 물고기를 가진 유아는 "쌍둥이 물고기를 찾았다!"를 외치며 물고기 옆에 놓는다.
4 가지고 있는 물고기 사진이 다 없어지면 활동이 끝난다.

❸ 쌍둥이 물고기 찾기 활동을 한다.

- 쌍둥이 물고기는 어떤 점이 같나요?
- 쌍둥이 물고기를 몇 마리 찾았나요?
- 이제 물고기가 몇 마리 남았나요?

❹ 활동을 한 후에 이야기를 나눈다.

- 쌍둥이 물고기를 찾아서 짝을 지어보니 어땠나요?
- 더 재미있게 하려면 어떻게 할까요? 다음에는 엄마 물고기와 아기 물고기 짝

을 지어보면 어떨까요?

유의점 유아들의 수준에 따라 처음에는 색깔, 무늬, 모양 등 한 가지 기준으로 물고기 짝을 찾은 후에는 차츰 두 가지 이상 기준으로 분류해 보도록 할 수 있다.

확장활동

- 물고기 이외의 바다 속 생물에 관심을 갖도록 돕는다.
- 미술 영역에서 바다 속 풍경 꾸미기를 할 수 있다.

3 우리나라 도자기 도미노

활동목표

- 전통 도자기에 관심을 갖는다.
- 여러 가지 모양을 감상하고 느낌을 표현한다.
- 그림을 구별하며 짝을 맞출 수 있다.

누리과정 관련요소

- 의사소통: 말하기–느낌, 생각, 경험 말하기
- 사회관계: 사회에 관심 갖기–우리나라에 관심 갖고 이해하기
- 자연탐구: 수학적 탐구하기–규칙성 이해하기

활동연령 만 3세

활동자료 여러 형태의 도자기 사진, 도자기 도미노 카드, 게임 규칙판

도자기 도미노 카드

활동방법

1. 여러 형태의 도자기 사진을 보며 이야기를 나눈다.
   - 이것을 본 적이 있나요?
   - 어디에 사용하는 물건인가요?
   - 무엇으로 만들었을까요?
   - 이름을 무엇이라고 부를까요?
2. 도미노 카드를 보면서 도자기의 모양과 문양에 대해 이야기를 나눈다.

- 도자기의 모양이 어떻게 다른가요?
- 도자기 속에 어떤 문양들이 있나요?

③ 게임 규칙판을 보면서 게임 방법을 알아본다.

〈우리나라 도자기 도미노 게임 방법〉

1 도미노 카드 한 장을 놓는다.
2 먼저 놓은 카드의 그림과 동일한 그림이 있는 카드를 선택한다.
3 선택된 카드는 먼저 놓은 카드 그림과 맞추어 놓는다.
4 같은 방식으로 위, 아래, 옆으로 놓아가면서 다양한 모양을 만든다.

④ 규칙대로 게임을 한 후에는 게임에 대해 평가한다.

유의점

- 같은 도자기에는 같은 바탕색을 사용하여 색상으로도 분류해 보도록 한다.
- 도자기 실물 또는 사진을 이용하여 도자기 형태와 문양을 감상하도록 한다.

확장활동

- 점토를 이용하여 도자기 빚기 활동을 해본다.
- 내가 그리고 싶은 도자기 문양을 그려보도록 한다.

4 옷을 입혀 주세요

활동목표

- 우리 동네 사람들의 직업에 대해 관심을 갖는다.
- 직업에 따라 사람들이 하는 일에 대해 관심을 갖는다.
- 직업에 필요한 옷과 도구를 찾는다.

누리과정 관련요소

- 신체운동 · 건강: 신체 조절과 기본 운동하기-신체 조절하기
- 사회관계: 사회에 관심 갖기-지역사회에 관심 갖고 이해하기

활동연령 만 3세

활동자료 사람 도안, 직업을 나타내는 옷과 도구(예 소방관 옷, 안전모, 불 끄는 호스, 경찰관 옷, 경찰관 모자, 가스총, 의사 옷, 청진기, 요리사 옷, 요리사 모자, 프라이팬, 미용사 옷, 가위 등의 뒷 부분에 자석을 부착한다.), 화이트보드

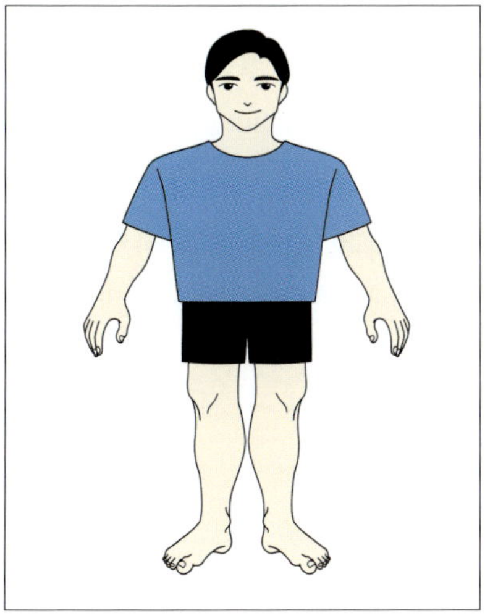

경찰관을 나타내는 옷과 도구

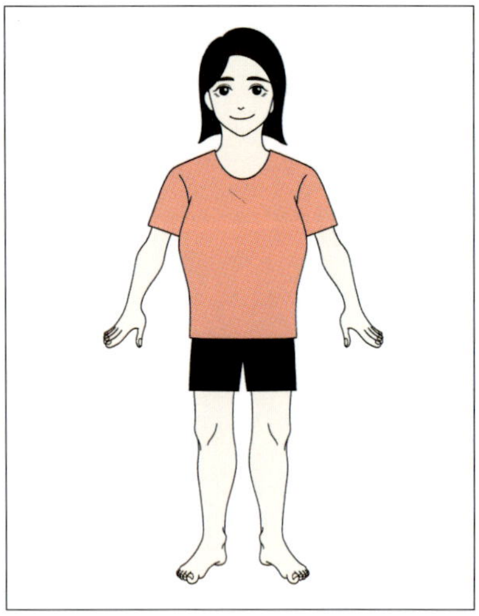

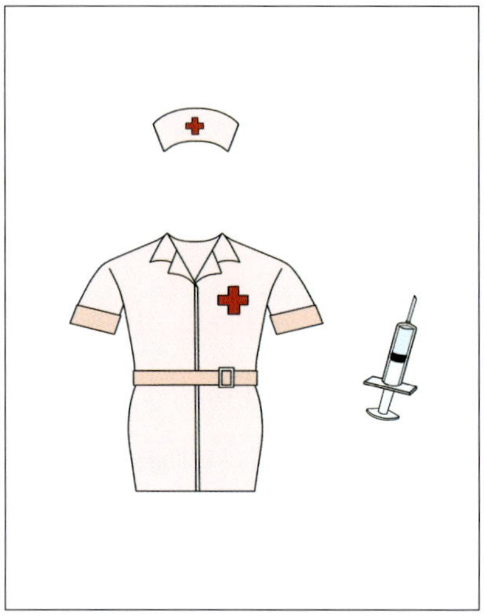

간호사를 나타내는 옷과 도구

활동방법

❶ 유아들과 우리 동네 사람들의 직업에 대해 이야기를 나눈다.

- 우리 동네에 어떤 직업의 사람들이 있을까요?
- ㅇㅇ는 커서 어떤 직업을 갖고 싶나요?

❷ (경찰관, 소방관, 의사, 요리사, 미용사 등의 옷을 화이트보드에 붙이며) 우리 동네 사람들의 직업에 따라 하는 일, 필요한 옷과 도구에 대해 이야기를 나눈다.

- 경찰관(소방관, 의사, 요리사, 미용사 등)은 어떤 일을 하는 사람일까요?
- 경찰관(소방관, 의사, 요리사, 미용사 등)은 어디에서 일을 하나요?
- 경찰관(소방관, 의사, 요리사, 미용사 등)은 어떤 옷을 입고 일을 할까요?
- 이런 옷들을 왜 입어야 할까요?
- 경찰관(소방관, 의사, 요리사, 미용사 등)은 일을 할 때에는 무엇이 필요할까요?
- 소방관에게 안전모와 소방호스가 없다면 어떨까요?
- 요리사에게 앞치마와 프라이팬이 없다면 어떨까요?

❸ '옷을 입혀 주세요' 활동을 한다.

- 의사에게 어울리는 옷과 도구를 찾아 붙여볼까요?
- 왜 그렇게 생각했나요?

❹ 활동을 한 후의 생각과 느낌에 대해 이야기를 나눈다.

- 경찰관(소방관, 의사, 요리사, 미용사 등)은 어떤 옷과 도구가 필요했나요?
- 옷을 입혀 주면서 어떤 점이 재미있었나요?
- 어떤 다른 직업의 옷과 도구들이 있을까요?

유의점

- 유아의 거주 지역에 따라 우리 동네에서 경험할 수 있는 직업을 중심으로 시작하여 점차적으로 직업의 종류를 확장해 나가도록 한다.
- 유아의 수준에 따라 직업을 나타내는 옷과 도구 그림의 크기를 조절하도록 한다.

확장활동

- 역할놀이 영역에서 직업에 관한 극놀이를 할 수 있다.
- 경찰관(소방관, 의사, 요리사, 미용사 등)을 초대하여 경찰관이 하는 일에 대해 들어보는 기회를 가질 수 있다.

5 봉숭아꽃을 피워요

활동목표

- 식물의 성장 과정과 씨앗이 자라는 데 필요한 것들을 안다.
- 규칙을 지키며 즐겁게 게임에 참여한다.

누리과정 관련요소

- 사회관계: 다른 사람과 더불어 생활하기–친구와 사이좋게 지내기
- 자연탐구: 탐구하는 태도 기르기–생명체의 자연환경 알아보기

활동연령 만 4세

활동자료 '봉숭아꽃을 피워요' 게임판, 봉숭아꽃 피는 과정 그림 카드, 주사위, 게임말 2개, 게임 규칙판

봉숭아꽃 피는 과정 그림 카드

'봉숭아꽃을 피워요' 게임판

활동방법

❶ 봉숭아꽃의 성장 그림 카드를 살펴보며 게임 방법에 대해 이야기를 나눈다.

- 씨앗일 때의 모습은 어떤가요?
- 꽃이 피었을 때의 모습은 어떤가요?
- 씨앗 주머니와 씨앗이 나올 때의 모습은 어떤가요?
- 꽃이 피는 과정을 순서대로 이야기해 볼까요?

❷ 게임 규칙을 정한 후에 게임을 시작한다.

- 어떻게 순서를 정할까요?
- 게임 규칙을 어떻게 정하면 좋을까요?
- 규칙에 따라 게임을 시작해 보아요.

〈'봉숭아꽃을 피워요' 게임 방법〉

1 가위바위보로 차례로 게임의 순서를 정한다.
2 자신의 말을 골라 출발선에 말을 둔다.
3 주사위를 굴려 나온 수만큼 말을 움직인다.
4 봉숭아꽃의 성장 그림을 따라서 말을 움직여 도착 지점에 먼저 들어가는 팀이 이긴다.

❸ 게임을 한 후 이야기를 나눈다.

- 규칙을 지켜 게임을 하였나요?
- 어떤 점이 재미있었나요?
- 게임을 하면서 어려운 점은 없었나요?

유의점

봉숭아꽃 씨앗 심기 활동을 한 후에 게임을 활용한다.

확장활동

- 봉숭아꽃의 성장 그림 카드를 이용하여 언어 영역에서 봉숭아꽃의 성장 과정 책을 만들어 본다.
- 성장 과정에 따라 변화하는 모습과 특징을 그림으로 표현해 볼 수 있다.

6 우리 가족 행복한 모습 퍼즐 맞추기

활동목표

- 가족의 행복했던 경험을 그림으로 표현한다.
- 친구와 함께 퍼즐을 완성한다.

누리과정 관련요소

- **예술경험**: 예술적 표현하기–미술 활동으로 표현하기
- **자연탐구**: 탐구하는 태도 기르기–탐구기술 활용하기

활동연령 만 4세

활동자료 퍼즐판(아무 그림이 없는 퍼즐조각과 퍼즐판), 그리기 도구(사인펜, 매직, 네임펜, 색연필)

| 그림 제공 | 하늘숲유치원(2015)

활동방법

❶ 가족과 행복했던 경험에 대해 이야기를 나눈다.

- 가족과 함께 언제 행복하다고 느끼나요?
- 가족과 어떻게 지낼 때에 행복한 마음이 드나요?

❷ 가족과 함께 행복했던 경험을 그림으로 표현해 본다.

- 가족과 함께 행복했던 경험들을 그림으로 그려서 퍼즐판을 완성해 볼까요?
- 언제 행복한지, 무엇을 할 때에 행복한지를 그려봅시다.

❸ 완성된 퍼즐판의 그림을 보고 이야기를 나눈 후에 퍼즐을 맞춰본다.

- 어떤 그림을 그렸는지 이야기해 볼까요?
- ○○는 가족들과 언제 행복한 모습을 그린건가요?
- 그림을 잘 살펴보고 퍼즐을 맞추어 볼까요?
- 이번에는 친구의 그림을 바꾸어서 퍼즐을 맞추어 봅시다.

유의점

- 유아들의 경험이나 생각을 그림으로 잘 표현할 수 있도록 상호작용한다.
- 유아들의 퍼즐이 섞이지 않도록 퍼즐 뒤판의 색깔을 다르게 하거나 유아의 이름으로 표시해준다.

확장활동

- 가족의 행복한 모습에 대한 이야기를 지어본다.
- 역할놀이 영역에서 가족 소풍놀이를 해볼 수 있다.

7 내가 이용한 교통기관 패턴놀이

활동목표

- 패턴의 규칙성을 찾아본다.
- 교통기관에 대해 관심을 갖는다.

누리과정 관련요소

- 자연탐구: 탐구하는 태도 기르기-탐구과정 즐기기
- 자연탐구: 수학적 탐구하기-규칙성 이해하기

활동연령 만 4세

활동자료 도입용 교통기관 사진(예 자전거, 버스, 택시, 기차, 지하철), 패턴 카드(교통기관 사진), 교통기관 사진 낱장 카드, 바구니

패턴 카드 예시

활동방법

① 교통기관의 사진을 보며 이야기를 나눈다.

- 무슨 사진인가요?
- 사진 속의 것들을 타본 적이 있나요?

② '가나' 형태의 패턴 카드를 탐색하고 활동 방법을 알아본다.

- 바구니에 무엇이 있나요?
- 교통기관 카드를 놀이판 위에 어떤 방법으로 놓을 수 있을까요?
- 자전거, 버스, 자전거, 버스 이렇게 놓여 있네요.
- 순서대로 교통기관 카드를 놓아볼까요?
- '?' 부분에는 어떤 카드를 놓아야 할까요?

③ 위와 같은 방법으로 다양한 패턴 카드 활동을 한다('가나다', '가가나', '가나나' 형태 등).

- 이번에는 버스 2장을 놓고 옆에 지하철을 놓았어요. 그리고 다시 버스 2장을 놓았어요. '?' 부분에는 어떤 카드를 놓아볼까요?

유의점

- '가나' 패턴 카드 형태를 익힌 후에 '가나다', '가가나', '가나나' 형태 등의 활동을 한다.
- 활동에 익숙해지면 교통기관 종류를 늘려서 패턴을 제시한다.

확장활동

- 육상, 항공, 해상 교통기관 등으로 패턴 활동을 한다.
- 쌓기놀이 영역에서 블록을 활용하여 내가 이용한 교통기관을 만들어 본다.

8 명화 얼굴 눈, 코, 입 그림 맞추기

활동목표

- 명화의 다양한 그림 표현에 흥미를 가진다.
- 부분 그림을 관찰하여 전체 그림을 구성한다.

누리과정 관련요소

- 예술경험: 예술 감상하기–다양한 예술 감상하기
- 자연탐구: 수학적 탐구하기–공간과 도형의 기초개념 알아보기

활동연령 만 4세

활동자료 명화 폴 고갱의 '언제 결혼하니' 그림판, 파블로 피카소의 '마리 테레즈' 그림판, 반 고흐의 '자화상' 그림판, 레오나르도 다빈치의 '모나리자' 그림판, 각 그림의 눈 · 코 · 입 부분 그림 카드

명화 그림판과 각 그림의 눈 · 코 · 입 부분 그림 카드

활동방법

❶ 그림을 그린 화가와 제목을 소개하고 명화를 감상한다.

- 그림 속 사람들의 얼굴 모습이 어떤가요?
- 사람들의 표정은 어떤가요?
- 어떤 느낌이 드나요?

❷ 눈, 코, 입 부분 그림 조각을 살펴보고 조각 그림을 전체 그림에 맞추어 본다.

- 어떤 종류의 조각 그림이 있는지 말해 볼까요?
- 조각 그림과 같은 부분을 전체 그림에서 찾아 맞추어 볼까요?

❸ 활동 후 느낌을 서로 이야기를 나눈다.

유의점

유아들의 수준에 따라 부분 그림의 조각 수를 조절하며 제공한다(머리 부분, 옷 부분, 손 등).

확장활동

- 그림의 얼굴만 제공하고 몸통은 유아들이 꾸며보는 활동으로 확장해 본다.
- 세계 여러 나라 화가의 다양한 명화를 활용해 본다.

9 일상생활에 필요한 조작을 해요

활동목표

- 일상생활에 필요한 조작을 해봄으로써 손 근육을 발달시킨다.
- 일상생활에 필요한 조작을 하며 자유롭게 옷 꾸미는 경험을 한다.

누리과정 관련요소

- 신체운동 · 건강: 신체 조절과 기본 운동하기-신체 조절하기
- 예술경험: 아름다움 찾아보기-미술적 요소 탐색하기

활동연령 만 5세

활동자료 조작할 수 있는 청바지, 청치마(예 지퍼, 끈매기, 단추, 똑딱단추, 벨크로 테이프 등), 부착용 동물 얼굴, 장식용 주머니 또는 액세서리 3~4개(다양한 색상과 무늬로 준비함)

조작할 수 있는 청바지

조작할 수 있는 청치마

활동방법

1. 조작놀이 영역에 제시된 자료를 보며 이야기를 나눈다.
   - 여기 청바지와 청치마가 있군요.
   - ○○의 옷에도 지퍼가 달려 있군요. 혼자서 할 수 있나요?

2. 지퍼, 끈매기, 단추, 똑딱단추, 벨크로 테이프, 부착용 동물 얼굴 등을 조작할 수 있도록 안내한다.
   - 똑딱단추를 뗐다, 붙였다 해볼까요? 지퍼도 위로 올렸다가 내려 볼까요?
   - 옷 뒷주머니 위치에 곰 얼굴을 붙여 볼까요?
3. 지퍼, 끈매기, 단추 등 일상생활에 필요한 조작을 하며 자유롭게 옷 꾸미기놀이를 한다.
   - 이 옷에는 어떤 주머니가 어울릴까요? 체크무늬 주머니는 어떨까요?
   - 바지 옆 지퍼를 올리니까 더 멋있네요.
4. 활동 후에 생각과 느낌을 이야기를 나눈다.
   - 지퍼를 올려보고, 곰 얼굴을 붙여보니 어땠나요?
   - 옷을 더 예쁘고, 멋지게 꾸미려면 어떻게 할까요? 다음에는 꽃그림과 자동차를 옷에 붙여보면 어떨까요?

유의점

- 주머니 위치에 단추를 달아서 붙이고 싶은 주머니를 달도록 한다.
- 지퍼, 단추, 똑딱단추, 벨크로 테이프 등은 유아가 조작하기에 적당한 크기로 한다.

확장활동

- 역할놀이 영역에서 인형 옷 입히기놀이를 하며 자유롭게 옷 꾸미는 경험을 제공한다.

10 점이 모여 모여

활동목표

- 점이 모여 여러 가지 선과 모양이 만들어진다는 것을 안다.
- 눈과 손의 협응력을 기른다.

누리과정 관련요소

- 신체운동 · 건강: 신체조절과 기본 운동하기–신체 조절하기
- 자연탐구: 수학적 탐구하기–공간과 도형의 기초개념 알아보기

활동연령 만 5세

활동자료

그림책 『점이 모여 모여』(그림 · 엄정순/출판 · 창비, 점이 모여 모여 다양한 선과 모양을 이룬다는 내용), 다양한 모양과 색깔 스티커(동그라미, 세모, 하트, 별 모양 등), 그림책에 제시된 선과 모양이 그려져 있는 활동지, 스케치북

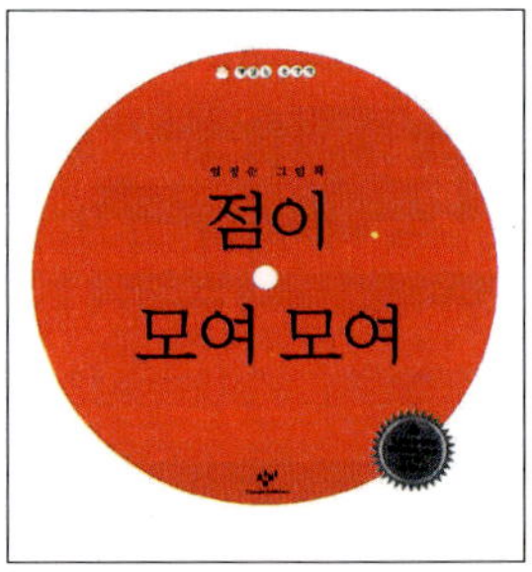

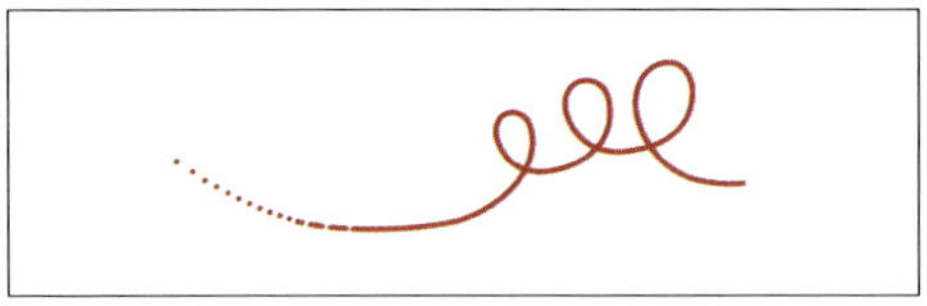

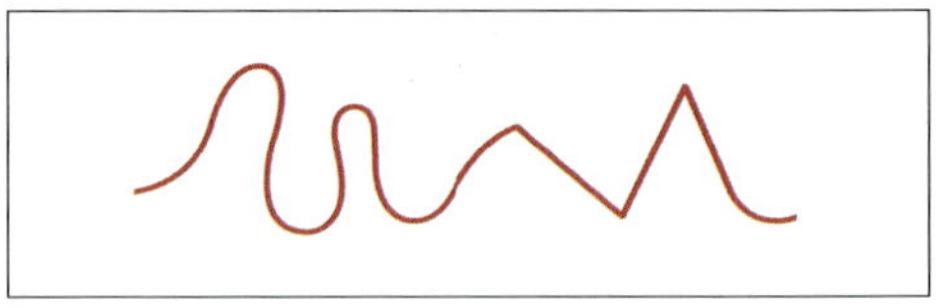

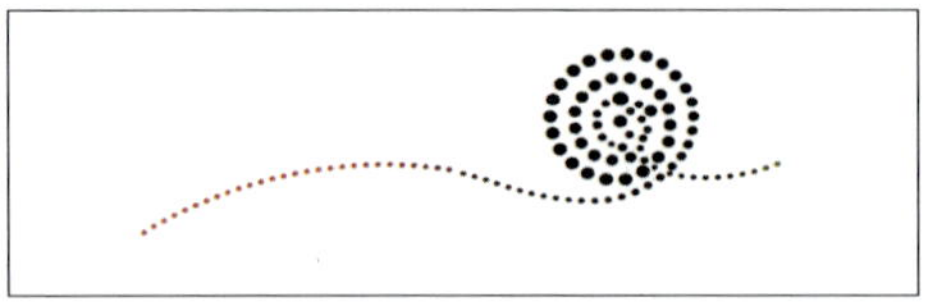

활동방법

1. 그림책 『점이 모여 모여』를 보며 그림책 내용에 대해 이야기를 나눈다.
   - 점이 모여 모여서 무엇이 되었나요?

- 데굴데굴 구르는 선, 오르락내리락하는 선, 삐쭉삐쭉한 선 등 재미있는 선들이 많이 있네요.
- 점들이 모여서 모양을 만들 수도 있네요.

2. 그림책의 선과 모양이 그려져 있는 활동지 위에 다양한 모양과 색깔의 스티커를 붙여본다.
   - ○○는 어떤 선과 모양을 꾸미고 싶나요?
   - 점이 모여 모여서 빨간 선이 되었네요.
   - ○○는 초록색 점 스티커로 오르락내리락하는 선을 만들었네요.
   - 세모 스티커가 모여 모여서 별 모양이 되었네요.

3. 그림책 내용뿐만 아니라 유아가 스스로 선이나 모양을 그린 후에 스티커를 붙여 보도록 한다.
   - 자기가 그리고 싶은 선이나 모양을 자유롭게 그려볼까요?
   - ○○는 동글동글 달팽이 모양의 선을 그렸네요.
   - ○○는 하트 모양을 그렸네요. 어떤 스티커를 붙이고 싶나요?

4. 활동을 한 후에 이야기를 나눈다.
   - 점이 모여 모여서 무엇이 되었나요?
   - 스티커를 붙이면서 어떤 점이 재미있었나요?

유의점

- 유아의 수준에 따라 스티커를 뗐다 붙였다 하는 데 어려움이 있을 수 있으므로 스티커의 크기를 조절해 준다.
- 스티커의 그림을 다양하게 제공해 주어 흥미를 높인다.

확장활동

- 종이컵, 액자 등 입체 모양에도 스티커를 붙여보면서 공간과 도형에 대한 기초 개념을 갖도록 돕는다.

11 운동경기 빙고 게임

활동목표

- 여러 가지 운동경기에 관심을 갖는다.
- 게임의 규칙을 지키며 즐겁게 활동에 참여한다.
- 글자를 읽는 것에 관심을 갖는다.

누리과정 관련요소

- 의사소통: 읽기-읽기에 흥미 가지기
- 사회관계: 다른 사람과 더불어 생활하기-친구와 사이좋게 지내기

활동연령 만 5세

활동자료

네모가 8~10칸 정도 있는 게임판 2개, 운동경기(태권도, 수영, 권투, 야구, 축구, 농구, 탁구, 배드민턴, 리본체조) 사진 카드 2세트, 운동경기 이름 글자 카드 2세트, 바구니 2개

운동경기 사진 카드 예

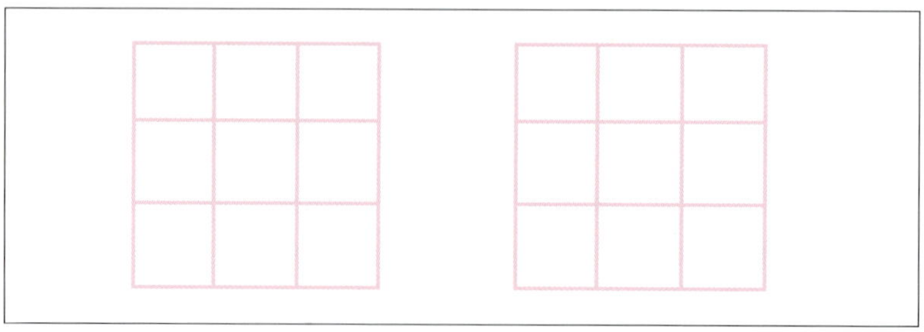

운동경기 빙고 게임판

활동방법

❶ 게임 자료를 탐색하며 활동 방법에 대해 이야기를 나눈다.

- 무엇이 있나요?
- 왜 운동경기의 사진이 있을까요?
- 친구들은 어떤 운동경기를 좋아하나요?
- 이것을 가지고 어떤 활동을 할 수 있을까요?

❷ 게임 방법에 대해 설명한다.

〈게임 방법〉

1. 운동경기의 사진을 골라 게임판 위에 놓고 빙고판을 구성한다.
2. 게임 순서를 정한다.
3. 두 친구가 차례대로 운동경기를 하나씩 말한다.
4. 친구가 말한 운동경기는 빙고판 위에서 바구니로 옮겨 놓는다.
5. 빙고판 위에서 한 줄의 사진이 모두 없어지면 빙고 1이 된다(빙고의 개수는 유아들이 결정하도록 한다.).
6. 정해진 빙고를 먼저 다 만들고 "빙고!"라고 외치면 게임이 끝난다.

❸ 게임 방법을 시범적으로 보여주고 난 후에 게임을 한다.

❹ 글자를 잘 아는 유아는 운동경기의 이름 글자 카드로만 게임을 해본다.

- 게임판 위에 운동경기의 이름 글자 카드를 놓고 빙고판을 구성한 후에 두 친구가 번갈아 가면서 운동경기 이름을 말한다.
- 게임 방법을 위의 방법과 같이 한다.

유의점

처음 시작해보는 유아에게는 3×2칸의 칸이 적은 게임판을 주고, 더 많은 칸의 게임판을 요구하면 칸 수를 조절하며 늘려준다.

확장활동

- 글자를 쓸 수 있는 유아는 빈 카드를 주어, 운동경기의 이름을 직접 써서 게임을 해본다.
- 반 친구(또는 가족)들이 제일 좋아하는 운동경기 그래프를 만들어 본다.

12 깨끗한 물(강, 바다)이 좋아요

활동목표

- 물의 오염 원인을 안다.
- 물의 오염 원인을 알고 실천한다.

누리과정 관련요소

- 자연탐구: 탐구하는 태도 기르기-탐구기술 활용하기
- 자연탐구: 과학적 탐구하기-생명체와 자연환경 알아보기

활동연령 만 5세

활동자료 오염된 물(강, 바다)의 사진 게임판 2개, 깨끗한 물(강, 바다)의 사진 퍼즐 2세트, 뒤집기 카드 30장(오염을 줄이는 사진 5장, 물을 오염시키는 사진 5장씩 3세트)

활동방법

1. 깨끗한 물(강, 바다)과 오염된 물(강, 바다)의 사진을 보면서 이야기를 나눈다.
   - 물 색깔이 어떤가요? 그리고 주변은 어떤가요?
   - 깨끗한 물과 오염된 물을 보니 어떤 느낌이 드나요?
   - 깨끗한 물과 오염된 물에 살고 있는 생물들은 어떤 기분일까요?
2. 물을 오염시키는 사진 카드와 물의 오염을 줄이는 사진 카드를 보면서 이야기를 나눈다.
   - 물이 왜 이렇게 오염되었을까요?
   - 맑고 깨끗한 물은 누가 좋아할까요?
   - 어떻게 하면 맑고 깨끗한 물을 만들 수 있을까요?
   - 물을 깨끗하게 하기 위하여 우리가 할 수 있는 일은 무엇일까요?
3. 게임 방법을 설명한다.

〈게임 방법〉

1 오염된 물(강, 바다)의 게임판과 깨끗한 물(강, 바다)의 퍼즐 조각을 각각 나누어 갖는다.
2 물을 오염시키는 사진 카드(15장)과 오염을 줄이는 사진 카드(15장)를 섞어 놓는다.
3 순서를 정한 후 뒤집기 카드를 한 장 뒤집는다. 물의 오염을 줄이는 사진이 나오면 게임판에 깨끗한 물 퍼즐 조각을 하나 맞추고, 물을 오염시키는 사진이면 깨끗한 물 퍼즐 조각을 맞출 수 없다.
4 게임판에 깨끗한 물의 퍼즐을 먼저 완성하는 유아가 이긴다.

4 게임 방법을 시범적으로 보여주고 난 후에 게임을 한다.

유의점

- 유아들이 게임판을 충분히 탐색할 수 있도록 물의 오염에 관한 활동을 사전에 전개한다.
- 유아가 물의 오염 원인을 알고 실제생활에서 물의 오염을 예방하는 방법을 실천할 수 있도록 한다.

확장활동

- 깨끗한 물을 위해 지켜야 할 약속을 정하고 실천 약속에 관한 포스터를 만들어 홍보를 한다.
- 정수장 견학을 통해 깨끗한 물이 우리에게 오는 과정을 알아본다.

〈활동 자료 제작 방법〉

재료: 하드보드지, 함석판, 고무자석, 양면 테이프, 종이 테이프

자료 제작 방법

1. 게임판과 퍼즐

1 오염된 물(강, 바다)의 게임판 사진(40×26cm)을 함석판에 붙인다.
2 1을 하드보드지에 붙이고 테두리 부분에 테이프를 두른다.
3 1와 똑같은 크기의 깨끗한 물(강, 바다)의 사진을 12조각 퍼즐로 만들고 고무자석을 붙인다.

깨끗한 물(강, 바다)

오염된 물(쓰레기로 가득한 바다)

오염된 물(녹조로 덮인 강)

2. 뒤집기 카드

1 물을 오염시키는 사진(5장×3세트=15장)과 오염을 줄일 수 있는 사진(5장×3세트=15장)을 6×6cm 크기로 출력하여 오린다.

2 사진을 하드보드지에 붙이고 테두리 부분에 테이프를 두른다.

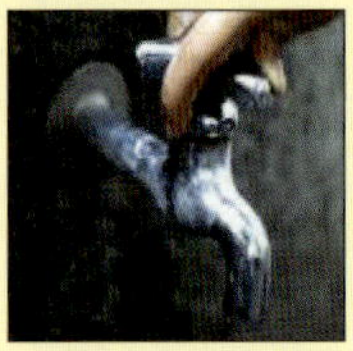

물의 오염을 줄이는 사진 카드

물을 오염시키는 사진 카드

Chapter 12

대집단 게임

집단 게임은 조직적인 놀이로서 시간을 구조화하는 방법의 한 활동으로 교육과정의 내용과 관련되어 있지만 자유선택 활동을 통해서 충분히 경험할 수 없는 것을 교사가 목적을 가지고 조직화할 수 있는 활동이다. 즉, 게임은 구조화된 놀이로서 둘 이상의 편으로 나누어 규칙에 따라 경쟁하여 이기려고 노력하는 놀이 활동이다.

1 게임의 선정 조건

어떤 게임을 할 것인지 선택하는 것이 가장 기본이 된다. 좋은 게임이란 유아가 지니는 모든 힘을 최대한 발휘하여 움직이게 하고, 장기간 흥미가 지속되며 능력을 최대한 개발시킬 수 있는 것이어야 한다.

따라서 게임의 선정 조건은 다음과 같다(정진 외, 2004).

① 유아의 발달 단계에 맞는 게임을 선택한다.

② 집단에 적합한 게임을 선택한다. 규칙을 변경하더라도 유아가 할 수 있고, 즐거운 것으로 집단 구성원의 흥미도, 성취감, 환경이나 진행상의 안전을 충분히 고려한다.

③ 장소와 시간에 알맞은 게임을 선택한다.

④ 게임 자체의 신체적, 인지적, 정서적, 사회적 목적에 따라 선택한다.

⑤ 유아교육과정에 따른 생활 주제 또는 일과 진행에 따라 구조화된 게임을 선택할 수 있다.

2 게임의 유형

1) 원 게임

원 게임은 주로 학기 초에 유아들이 둥글게 앉아서 하는 지시와 규칙이 적은 게임을 말한다. 원 게임은 집단에 대한 소속감을 느끼게 할 뿐 아니라 간단한 규칙을 이해하고 지키는 경험을 하게 한다. 이기고 지는 결과가 뚜렷이 구분되지 않으므로 누구나 성취감을 느끼며 자신감을 형성할 수 있다.

원으로 집단을 구성하여 게임을 실시할 때에 다음과 같은 방법으로 지도할 수 있다.

① 유아들을 둥글게 의자나 바닥에 앉게 한다.

② 교사는 게임에 대한 동기유발을 여러 가지 자료와 활동(그림 자료, 인형, 노래 부르기, 수수께끼, 실제 준비물)을 이용하여 유도한다.

③ 게임의 방법과 규칙은 적절한 질문과 준비된 자료를 제시하여 정해보도록 지도한다.

④ 게임을 통해 개별적으로 움직이는 활동뿐만 아니라 2~3명씩 한꺼번에 움직여야 하는 활동 등을 다양하게 경험시킨다.

⑤ 게임을 하는 도중에 교사는 유아의 이해 정도와 흥미를 파악하고 평가하도록 한다. 따라서 평가는 과정 중심으로 한다.

⑥ 게임 후 정리·정돈을 하도록 하고 게임에 사용된 자료는 흥미를 지속시키는 데 도움이 될 수 있도록 적당한 흥미 영역에 마련해 줄 수 있다.

2) 자유 대형 게임

일정한 대형 없이 교사와 유아가 함께 하는 게임의 형태이다.

원 게임과 마찬가지로 지시가 적으며, 이기고 지는 결과가 뚜렷이 구분되지 않으며,

자유롭게 장소를 이동하면서 공간을 탐색하고 자신의 신체를 최대한 활용해 볼 수 있다는 특징이 있다.

게임이 시작되기 전에 게임 방법과 규칙에 대해 충분히 이야기를 나누어 결정한 후 활동을 진행해야 한다.

게임의 종류로는 손유희를 활용한 게임, 신체 마주 대기, 짝짓기, 모양 식구 찾기 등이 있다.

3) 편 게임

두 편으로 집단을 나누어 게임을 하는 것으로 편 의식이 있어야 하며, 게임에 필요한 지시와 규칙이 많은 게임 유형이다. 그러므로 게임의 의미와 규칙을 잘 지켜야 한다는 인식이 생긴 후에 편 게임을 실시하도록 한다.

편 게임은 유아의 개별적 성과보다는 자기 편을 위한 협력으로 성취감을 느낄 수 있도록 지도한다. 편 게임의 구체적인 지도 방법은 다음과 같다(김미애 외, 1997).

① 게임을 하기 전에 출발선과 목적물을 준비해 둔다.

② 유아들은 양편으로 나누어 의자나 바닥에 앉힌다.

③ 양편의 수를 유아들과 함께 비교 · 확인한다. 확인해 보는 방법으로는 마주 보는 상대편 친구와 가운데에서 만나 인사하는 방법, 악수하는 방법 등 짝짓는 방법과 수 세기와 관련된 노래 '열 꼬마 인디언' 을 부르면서 짝을 지어볼 수 있다. 양편의 수가 같지 않을 경우에는 유아들과 의논하여 문제를 해결해 볼 수 있다.

④ 게임의 흥미를 더하기 위해 편의 이름을 정한다. 유아들이 편 이름을 정할 수 있도록 구체적인 범위를 관련 활동과 연결하여 제시해 줄 수 있다. 예를 들어 '가을에 나는 과일 이름 중에서 정해 보자.', '동물 이름 중에서 정해 보자.', '만화영화 중에서 이름을 정해 보자' 등으로 편 이름을 정할 수 있다.

⑤ 준비된 자료를 이용하여 게임 방법을 유도해 낸다. 교사는 일방적 지시의 설명이 아니라 준비된 자료와 적절한 질문으로 자극을 주어 유아들이 방법과 규칙을 생각

하고 정할 수 있도록 도움을 준다.

⑥ 게임의 결과보다 정해진 방법과 규칙을 지켜야 함을 강조해 둔다. 게임의 규칙을 유아들과 정하여 규칙판에 제시할 수도 있다.

⑦ 교사는 유아들이 게임을 잘 이해하지 못하거나 지나치게 흥분했을 때 개입하여 감정을 조절할 수 있는 기회를 줄 수 있다.

⑧ 평가는 과정 중심으로 유아들과 함께 하도록 한다. 특히, 게임하기 전에 정했던 규칙을 잘 지켰는지 평가해 볼 기회를 준다. 규칙이 잘 지켜지지 않았을 경우에는 승패를 가리지 않거나 진 것으로 평가하여 규칙에 대한 강조를 할 수 있다.

⑨ 이긴 편을 너무 부추기거나 우월감을 갖도록 하여 지나치게 승부에 매달리지 않도록 유의해서 지도한다. 그러므로 만세를 부르게 한다거나 이긴 편에게만 박수를 치는 것은 바람직하지 않다.

⑩ 게임을 하고 난 자리와 준비물을 함께 정리 · 정돈하도록 지도한다.

게임 활동의 참여를 거부하는 유아에게는 처음부터 참여를 강요하지 않으며, 교사는 유아가 참여하지 않으려는 원인을 알아내고 해결 방안을 모색한다. 교사는 이해와 끈기를 갖고 계속 유아를 자극하고 격려하여 차츰 참여할 수 있도록 한다.

3 게임 운영시 교사의 역할

유아기는 발달적 측면에서 볼 때 아직 게임을 능숙하게 운영할 만큼 성숙하지 못하기 때문에 교사는 게임을 제시할 때에는 다음의 몇 가지를 고려해야 한다.

① 게임의 유형을 단계별로 제시한다. 게임은 유아들이 정해진 규칙에 따라 놀이를 수행해 나가는 것으로서 다른 놀이에 비해 자유가 적고, 사회성이 많이 발달되어야 하며, 객관적인 규칙을 이해할 수 있어야 한다. 따라서 게임을 단계별로 제시할 필요가 있다.

② 안정된 상태에서 게임에 대한 설명을 한다. 우선 게임의 대형으로 앉혀 자리 정돈이 된 후에 교사는 게임에 대한 설명(약속, 승부 판별기준, 게임 내용)을 한다.

③ 게임을 통하여 유아의 인지적인 발달을 촉진시킨다. 즉, 교사가 게임의 자료를 제시하고, 유아들이 게임 방법을 만들어 보는 기회를 제공할 수 있다. 또한 게임을 한 후에는 유아들이 스스로 평가해 보도록 하거나, 게임 시작 전에 미리 지켜야 할 약속이나 규칙을 유아들이 찾아보도록 할 수 있다.

④ 승부는 게임이 목적하는 사항을 준거로 한다. 유아들은 게임에 참가하는 중에 지나친 승부욕으로 상대편에게 적대성을 나타내거나, 게임의 목적에 위반되는 태도를 보인다. 따라서 교사는 게임의 결과보다 과정의 중요성을 느낄 수 있도록 평가와 아울러 게임에 임하는 태도(끝까지 임무를 수행했나, 질서를 지켰나 등)도 함께 평가해 주어 지나치게 승부에 집착하지 않도록 도와주어야 한다. 교사의 태도는 유아의 활동에 많은 영향을 미치므로 교사는 결과로 나타나는 승부보다 과정의 중요성을 강조하고 즐길 수 있는 시간이 되도록 노력한다.

⑤ 게임 도중에 유아들이 지나치게 흥분하였을 때는 잠시 중단시켜 감정을 조절할 수 있는 기회를 준다.

⑥ 자율성을 부여한다. 규칙을 자율적으로 준수함으로써 경쟁적인 태도를 규제할 수 있다. 게임에서의 규칙은 생활에 대한 규칙이므로 참가자 전원이 이 규칙을 지키

게 되므로 유아들 스스로가 규칙을 만들 수 있는 특별한 기회를 가지게 되며, 유아 스스로 규칙에 따라야 할 필요성을 인식했을 때는 압박감으로서가 아니라 자발적으로 그 규칙을 받아들이게 되고 규칙을 지켜야 할 필요성을 이해하게 된다. 따라서 유아 자신이 스스로를 조정하여 공정한 놀이자가 될 수 있게 지도하는 것이 중요하다.

⑦ 교사는 태도나 행동에서 규칙과 질서를 존중하는 태도를 스스로 보이고 정해진 규칙을 지키도록 일관성 있게 지도해야 한다. 그리고 규칙을 지키지 않았을 때의 벌칙은 유아와 함께 논의하여 결정한다. 교사의 단독적인 결정에 의한 벌칙보다는 유아들 스스로 정한 벌칙이 더 효과적이다.

4 활동의 실제

1 우리 가족 모여라(자유 대형 게임)

활동목표

- 우리 가족과 다른 가족의 다양한 형태에 관심을 갖는다.
- 게임의 규칙을 알고 지키는 태도를 기른다.

누리과정 관련요소

- 신체운동 · 건강: 신체 활동에 참여하기–자발적으로 신체 활동에 참여하기
- 사회관계: 다른 사람과 더불어 생활하기–사회적 가치를 알고 지키기

활동연령 만 3세

활동자료 가족 구성원 삽화, 가족 구성원이 그려져 있는 색깔 카드(빨강-엄마, 아이, 파랑-엄마, 아빠, 아이, 노랑-엄마, 아빠, 아이, 동생), 마스킹 테이프(빨강, 파랑, 노랑), 경쾌한 음악

활동방법

1. 색깔 카드를 소개한다.
   - 이 카드는 무슨 색깔인가요?
   - 이 카드에 있는 사람은 가족 중에 누구일까요?
2. 색깔 카드와 마스킹 테이프로 표시한 색깔 집을 보며 게임 방법에 대해 이야기를 나눈다.
   - 파랑(빨강, 노랑) 카드를 뽑으면 무슨 색깔 집으로 가면 될까요?

〈게임 방법〉

1 음악이 나오면 제자리에서 춤을 춘다.
2 음악이 멈추면 바닥에 있는 카드 한 장을 가진다.
3 카드와 같은 색깔의 집으로 간다.
4 가족이 모두 모인 팀은 자리에 앉는다.
5 카드의 그림을 보고 자신이 누구인지 소개한다.
6 가족이 모두 손을 잡고 제자리에 돌아온다.

3 게임을 할 때에 지켜야 할 규칙을 알아본다.
- 지켜야 할 규칙은 무엇이 있을까요?
- 색깔 카드를 주울 때에 조심해야 하는 것은 무엇일까요?

4 시범을 보인다.

5 게임을 한다.

6 게임 후에 평가한다.
- ○○ 집에는 가족이 몇 명 있나요?
- 게임을 하면서 어떤 점이 가장 재미있었어요?

유의점

- 다양한 가족 형태가 반영되도록 카드를 만든다.
- 색깔 카드를 미리 바닥에 골고루 놓아둔다.

확장활동 가족 구성원 카드를 이용해 짝 맞추기 제안을 한다.

2 으뜸헤엄이-힘을 합쳐요(자유 대형 게임)

활동목표

- 게임에 즐겁게 참여한다.
- 떼지어 다니는 물고기의 특성에 관심을 가진다.

누리과정 관련요소

- 의사소통: 듣기–동요, 동시, 동화 듣고 이해하기
- 사회관계: 다른 사람과 더불어 생활하기–친구와 사이좋게 지내기
- 자연탐구: 과학적 탐구하기–생명체와 자연환경 알아보기

활동연령 만 3세

활동자료 동화 『으뜸헤엄이』(글 · 레오 리오니/출판사 · 마루벌), 작은 물고기 모형 다수, 큰 물고기 모형 1개, 작은 물고기 모음판(부직포 또는 펠트지), 신호 악기, 빈 벽면이나 융판

활동방법

1. 동화 내용을 회상한다.
   - 주인공은 왜 으뜸헤엄이라 불리게 되었나요?
   - 으뜸헤엄이와 작은 물고기들은 커다란 물고기를 만났을 때 어떻게 했나요?
   - 바닷속 작은 물고기가 떼지어 다니는 모습을 텔레비전이나 책에서 본 적 있어요?
2. 게임 자료를 보며 게임 방법을 알아본다.
   - (빈 벽면에 큰 물고기 모형과 으뜸헤엄이, 작은 물고기 모음판을 붙인다.) 무엇이 보이나요? 큰 물고기로부터 으뜸헤엄이를 구해줘야 할 것 같아요. 여러분들이 도와줄 수 있나요?
   - 선생님이 교실 곳곳에 으뜸헤엄이를 도와줄 작은 물고기를 숨겨놓았어요. 여러분이 숨어있는 작은 물고기를 찾아와 더 큰 물고기를 만들어 줄 수 있겠어요?

〈게임 방법〉

1 교사는 사전에 작은 물고기 모형을 교실 곳곳에 숨긴다.
2 교사가 악기로 신호를 하면 유아들은 자리에서 일어난다.
3 유아들은 교실에 숨겨진 물고기를 각각 1개씩 찾는다(교사는 유아들이 숨겨진 물고기를 찾는 동안 배경음악으로 '인어공주 영화음악'을 들려준다.).
4 자신이 찾은 물고기를 작은 물고기 모음판에 붙인 후 자리에 앉는다.
5 유아들이 찾아 붙인 커다란 물고기 모양을 탐색한다.

3 게임할 때 지켜야 할 규칙을 정한다.

- 게임을 재미있게 하려면 어떤 규칙을 지켜야 할까요?

4 게임을 한다(예 유아들이 찾아온 물고기를 작은 물고기 모음판에 부착하여 큰 물고기를 구성해 볼 수 있도록 격려한다.).

5 게임에 대해 평가한다.

- 큰 물고기보다 더 큰 물고기를 만들었을 때에는 어떤 기분이었나요?
- 게임의 규칙을 잘 지켰나요?

유의점

- 사전 활동으로 동화 『으뜸헤엄이』를 감상하고, 떼지어 다니는 물고기의 습성에 대해 이야기를 나눈다.
- 협동 게임이므로 경쟁하지 않고 협력하여 게임을 진행할 수 있도록 한다.
- 물고기 수는 유아 수보다 많게 준비하여, 모든 유아가 물고기를 찾을 수 있도록 준비한다.
- 교사는 물고기를 찾지 못한 유아를 지속적으로 격려하고, 물고기를 여러 개 찾은 유아에게는 규칙을 알리고 여유분의 물고기는 숨기고 올 수 있도록 한다.
- 전체 유아가 한꺼번에 물고기를 찾는 경우에는 혼잡해지거나 물고기를 찾지 못하는 유아가 발생할 수 있으므로, 흥미 영역별로 숨겨놓은 물고기의 수를 동일하게 하고, 숨겨놓은 물고기 수보다 적은 수의 유아를 흥미 영역별로 출발시킨다.

확장활동

- 미술 영역에서 게임에 사용할 물고기를 유아들이 직접 만들어 보는 활동을 한다.
- 떼지어 다니는 물고기 동영상을 함께 감상해 본 후에는 몸으로 표현해 본다.
- 게임에 익숙해지면 편을 나누어 유아들이 직접 물고기를 교실 곳곳에 숨기고 찾아볼 수 있도록 한다.

3 도구 짝꿍 찾기(자유 대형 게임)

활동목표

- 도구의 안전한 사용법을 안다.
- 규칙을 지켜 즐겁게 참여한다.

누리과정 관련요소

- 신체운동 · 건강: 안전하게 생활하기–안전하게 놀이하기
- 사회관계: 다른 사람과 더불어 생활하기–사회적 가치를 알고 지키기

활동연령 만 3세

활동자료 도구 그림 카드(예 포크, 책, 연필, 의자, 가위), 도구 안전 그림 카드(도구별 각각 3장), 머리띠

활동방법

1. 도구의 안전한 사용법에 대해 이야기를 나눈다.
   - 이것은 무엇인가요?
   - 이 도구를 안전하게 사용하는 방법을 찾아볼까요?
2. 도구 그림 카드와 도구 안전 그림 카드를 짝지어 본다.
3. 게임 방법 및 규칙에 대해 이야기를 나눈다.
   - (그림 카드를 보며) 어떤 게임을 하면 좋을까요?
   - 어떤 친구들끼리 짝꿍이 될 수 있을까요?
   - 친구와 부딪치지 않으려면 어떻게 해야 할까요?
4. 게임을 한다.

〈게임 방법〉

1 유아들이 원하는 도구 그림 카드 또는 도구 안전 그림 카드를 선택하여 머리띠에 붙인다.
2 음악에 맞춰 자유롭게 돌아다니며 춤을 춘다.
3 신호에 따라 같은 도구끼리 모인다.
4 팀별로 모여 자신의 도구와 안전 사용법에 대해 소개한다.
5 몇 차례 반복 후에는 그림 카드를 서로 바꾸어 게임해 본다.

5 게임 후 느낀 점에 대해 이야기를 나눈다.

- 어떤 점이 재미있었나요?
- 어떤 도구를 소개했어요?
- 그 도구를 사용할 때 조심해야 할 점은 무엇이었나요?

유의점

- 팀끼리 모였을 때는 한꺼번에 모두 소개하기가 어려우므로 한 명씩 순서를 정하여 소개해 보도록 한다.
- 음악에 맞춰 자유롭게 춤을 추고 모일 때에는 서로 부딪치지 않도록 주의한다.
- 도구 또는 안전 사용법에 대해 상세히 소개하도록 강요하지 않는다.
- 도구 안전 사용법에 대해 자연스럽게 관심을 갖도록 하는 데 중점을 둔다.

확장활동

- 게임에 익숙해지면 팀 이름이나 구호를 정해 게임해 본다.
- 포크, 책, 연필, 의자, 가위 외에 다른 도구로 바꾸어 게임한다.
- 도구를 신체로 표현하여 맞추는 '몸으로 말해요' 게임을 한다.

4 어느 집으로 갈까요?(자유 대형 게임)

활동목표

- 기후와 지역에 따라 집의 형태가 다름을 안다.
- 규칙을 지켜 게임을 한다.

누리과정 관련요소

- 신체운동 · 건강: 신체 조절과 기본 운동하기–기본 운동하기
- 사회관계: 사회에 관심 갖기–세계와 여러 문화에 관심 가지기

활동연령 만 4세

활동자료 세계 여러 나라의 집 3~4종류의 사진 자료(예 대한민국-초가집이나 한옥, 몽골-천막집 게르, 아프리카-소똥집, 캐나다 북극-이글루), 할로우 블록(세계 여러 나라의 집 사진 자료를 출력하여 할로우 블록의 앞, 뒤에 붙여 세워 놓을 수 있도록 제작), 세계 여러 나라의 집 사진 카드, 경쾌한 음악, 신호 악기 등

활동방법

1. '세계 여러 나라의 집' 사진 자료를 보며 이야기를 나눈다.
   - 이런 집을 본 적 있나요?
   - 이 집의 모양은 어때요?
2. 기후나 지역에 따라 집 짓는 재료나 집의 형태가 다양하게 나타날 수 있음에 대해 이야기를 나눈다.
   - 이 집은 무엇으로 만들었을까요? 어떻게 만들었을까요?
   - 세계 여러 나라의 집은 그 나라에서 구하기 쉬운 재료나 날씨에 따라 다양하게 나타나요.
3. 준비된 게임 자료를 보며 게임 방법에 대해 이야기를 나눈 후에 방법을 알려 준다.

〈게임 방법〉

1 경쾌한 음악에 맞추어 집 구경을 하며 주위를 자유롭게 걸어다닌다.
2 신호음이 울리면 교사가 보여주는 '세계 여러 나라의 집' 사진 카드를 보고, 그 사진과 같은 집을 찾는다.
3 그 집 주위로 모인 유아들이 손을 잡아 원을 만들고, 집 이름을 외친다.
4 1~3을 반복한다.

4 규칙에 대해 이야기한다.
- 어떤 규칙을 지켜야 할까요?
- 선생님이 보여주는 사진 카드와 같은 집을 찾는다.
- 모인 유아들이 모두 손을 잡고 난 후에 집 이름을 외친다.

5 원하는 유아들이 나와 게임 시범을 보인다.

6 게임을 한다.

7 게임이 끝난 후에는 평가를 한다.

유의점

- 자유 대형 게임이므로 교사가 미리 색 테이프를 붙여 유아들의 움직이는 반경을 조절할 수 있다.
- 유아들의 수와 관계없이 모인 유아들이 손을 잡고 집 이름을 먼저 외치도록 한다.
- 유아들이 게임에 익숙해지면 집에 보이는 사람의 수를 제한할 수 있다. 손을 잡지 못한 유아는 자기 자리로 돌아오도록 하여 마지막까지 남은 유아를 뽑는 게임으로도 진행할 수 있다.

확장활동

- 게임이 익숙해지면 세계 여러 나라의 집 사진 개수를 늘려 활동을 진행할 수 있다.
- 세계 여러 나라의 집에 대해 이야기를 나누고, '우리 반 어린이들이 살고 싶은 집' 그래프를 만들어 볼 수 있다.

5 아빠처럼, 엄마처럼(원 게임)

활동목표

- 가족의 역할이 상황에 따라 달라질 수 있음을 안다.
- 집안일과 사용되는 물품을 연결지을 수 있다.
- 게임의 규칙을 알고 지키는 태도를 기른다.

누리과정 관련요소

- **사회관계**: 가족을 소중히 여기기-가족과 협력하기
- **사회관계**: 다른 사람과 더불어 생활하기-사회적 가치를 알고 지키기
- **자연탐구**: 수학적 탐구하기-수와 연산의 기초개념 알아보기

활동연령 만 4세

활동자료 가족이 사용하는 물건(예 양복, 넥타이, 앞치마, 시장바구니, 모자, 구두, 핸드백 등), 가족들의 역할 그림 카드, 점수판, 신호 악기

활동방법

1. 가족이 사용하는 물건들을 소개한다.
   - 우리 가족이 사용하는 물건에는 어떤 것들이 있을까요?
2. 그림 카드를 제시하여 다양한 가족의 역할을 알아본다.
   - 이 그림은 누가 무엇을 하고 있는 그림인가요?
3. 게임 방법을 알아본다.

〈게임 방법-1〉

1. 출발선에 각 팀별로 한 명씩의 유아가 선다.
2. 출발 신호인 징소리를 듣고 출발하여 가족 역할 그림 카드를 한 장씩 뽑는다.
3. 그 역할에 맞는 옷이나 장신구를 찾아서 착용한다.
4. 출발선으로 먼저 돌아온 유아가 점수를 얻는다.
5. 찾아온 옷이나 장신구를 제자리에 가져다 놓고 자리에 앉는다.

〈게임 방법-2〉

1. 동그라미 모양으로 앉아 팀을 나누고 두 명의 유아가 대각선으로 마주 선다.
2. 출발신호를 듣고 출발하여 가운데에 있는 가족 역할 그림 카드를 한 장씩 뽑는다.
3. 그 역할에 맞는 옷이나 장신구를 찾아서 착용한다.
4. 자기 자리로 먼저 돌아온 유아가 점수를 얻는다.
5. 찾아온 옷이나 장신구를 제자리에 가져다 놓고 자리에 앉는다.

❹ 게임을 할 때 지켜야 할 약속에 대해 이야기를 나눈다.

❺ 팀을 나누는 방법에 대해 이야기를 나눈다.
- 두 팀을 어떻게 나누면 좋을까요?
- 각 팀의 이름은 무엇으로 정할까요?

❻ 게임을 한다.

❼ 게임 후에 평가한다.
- 게임을 하면서 어떤 점이 가장 재미있었어요?
- 우리가 만든 약속을 잘 지켰나요?
- 칭찬해 주고 싶은 친구는 누구였어요?
- ○○의 어떤 점을 칭찬해 주고 싶었어요?
- 졌지만 최선을 다한 친구들에게는 어떻게 칭찬을 해주면 좋을까요?

❽ 게임 도구와 자리를 정리한다.

유의점

- 엄마, 아빠의 역할은 상황에 따라 누구나 할 수 있다는 것에 대해 이야기를 나눌 수 있도록 한다.
- 팀을 나눌 때 꼭 2팀이 아니라 3팀, 4팀으로 나누어 게임을 해보도록 한다.

확장활동

- 게임에 사용했던 소품을 역할놀이 영역에 비치하여 가족 역할놀이로 확장할 수 있다.

6 봄꽃을 찾아요(원 게임)

활동목표

- 봄에 피는 꽃의 모양과 색을 구별한다.
- 모양과 색이 같은 꽃을 연결할 수 있다.
- 규칙을 지켜 게임을 할 수 있다.

누리과정 관련요소

- 신체운동 · 건강: 신체 조절과 기본 운동하기–신체 조절하기
- 사회관계: 다른 사람과 더불어 생활하기–사회적 가치를 알고 지키기
- 자연탐구: 수학적 탐구하기–기초적인 자료 수집과 결과 나타내기

활동연령 만 3세

활동자료 봄에 피는 꽃 사진(예 개나리, 진달래, 목련), 봄꽃 사진을 출력하여 만든 판(바닥에 부착), 봄에 피는 꽃 사진을 출력하여 만든 꽃목걸이(지름 10cm), 종(신호용)

활동방법

1. 꽃 사진을 보여주며 이야기를 나눈다.
   - 이 꽃을 알고 있나요?
   - 어디서 본 적이 있나요?
   - 색(모양)은 어때요?
   - (세 가지 꽃 중 하나를 가리키며) 목련과 색(모양)이 어떻게 다른가요?
2. 유아들에게 게임 방법을 소개한다.
   - 종이 울리면 어떻게 할까요?
   - 개나리꽃 목걸이를 한 친구는 어디에 앉아야 할까요?

〈게임 방법〉

1. 색 테이프를 붙여 같은 꽃목걸이를 가진 유아들이 동시에 앉을 수 있을 만큼의 공간을 만든다.
2. 출력한 꽃 사진을 미리 만들어둔 공간 안에 붙인다.
3. 유아들이 원하는 꽃의 꽃목걸이를 선택한 후 목에 건다.
4. 꽃 사진이 붙여진 곳들을 둘러싸고 원형으로 선다.
5. '그대로 멈춰라' 노래를 부르면서 한 방향으로 돌거나 자유롭게 춤을 춘다.
6. 종소리가 나면 자신의 꽃목걸이와 똑같은 사진이 있는 곳에 앉는다.
7. 함께 있는 유아들의 꽃목걸이가 바닥에 있는 꽃 사진과 같은지 알아본다.

③ 유아들과 함께 게임을 한다.

④ 게임을 마친 후에는 평가를 한다.

- 게임을 해보니 어땠어요?
- 목걸이와 같은 꽃을 어떻게 찾을 수 있었어요?

유의점

- 제시한 자료 외에 유아들이 봄나들이를 가서 찍은 사진을 활용하여 게임 자료를 만들어 제시할 수 있다.
- 게임 방법에 익숙해지면 유아들끼리 꽃목걸이를 바꾸어 활동해 본다.

확장활동

꽃 모양 구슬을 같은 종류, 같은 색끼리 모아 끼우거나 간단한 패턴에 따라 꽃목걸이를 만들어 본다.

7 얼음과 물(원 게임)

활동목표

- 온도 차이로 인한 물과 얼음의 변화 과정을 안다.
- 걷기, 달리기, 뛰기 등 다양한 이동운동을 한다.
- 게임 규칙을 알고 지킨다.

누리과정 관련요소

- 신체운동 · 건강: 신체 조절과 기본 운동하기–기본 운동하기
- 사회관계: 다른 사람과 더불어 생활하기–사회적 가치를 알고 지키기
- 자연탐구: 과학적 탐구하기–물체와 물질 알아보기

활동연령 만 4세

활동자료 게임 방법에 대한 그림, 청백 머리띠(앞면은 하얀색, 뒷면은 파란색 펠트 머리띠)

활동방법

1. 바깥놀이 시간에 얼음과 물이 있는 곳을 찾아보며 물과 얼음의 특성에 대해 이야기를 나눈다.
   - 어디에서 얼음을 찾을 수 있을까요?
   - 어디에 물이 있었어요?
   - 왜 어떤 곳은 얼음이 있고, 또 어떤 곳은 물이 있을까요?
2. '얼음과 물'에 대한 게임 방법을 소개한다.
   - 오늘은 '얼음과 물'이라는 게임을 하려고 해요. 어떻게 하는 게임인지 잘 들어보세요.

〈'얼음과 물' 게임 방법〉

1 유아들이 둥글게 서서 손을 잡고 커다란 얼음을 만든 후, 물(술래)을 정해서 물이 얼음 동그라미 안에 들어간다.

2 유아들이 좋아하는 겨울 노래를 부르면서 빙글빙글 돌고, 노래가 끝나면 술래인 '물'인 유아가 얼음 유아에게 다가가 얼음을 녹이듯이 꼭 안아주면 그 유아는 물이 된다.

3 반복적으로 게임을 하다가, 물 동그라미 대형이 얼음 동그라미 대형보다 커지면 물 동그라미 유아들이 얼음 동그라미 유아들을 모두 꼭 안아주어 물로 변하게 된다.

4 마지막에 모두 물 동그라미가 되면 겨울 노래를 부르면서 게임을 마친다.

※ 양면으로 된 청백 머리띠를 착용하고 게임을 할 때, 물은 '파란색', 얼음은 '하얀색' 머리띠로 정한다. 게임을 하다가 얼음에서 물이 되면, 하얀색 머리띠에서 파란색 머리띠로 뒤집어 착용한다.

- 술래는 어떤 역할이에요?
- 나머지는 얼음이 되어서 커다란 동그라미를 만들고, 술래는 얼음 안에 있다가 '얼음 땡' 노래를 다 부르면, 얼음을 녹이듯이 마음에 드는 친구에게 다가가 따뜻하게 안아주면 그 친구는 '물'이 되어요. '물'이 되면 얼음 동그라미 안에서 노래에 맞추어 빙글빙글 돌면 되어요.
- 물이 많아지면 얼음 동그라미와 물 동그라미의 위치를 바꾸어서 빙글빙글 돌면 되어요.

3 처음에는 유아들이 모두 얼음이 되어서 큰 원을 만들고, 그 가운데에 교사가 술래인 '물'이 되어서 게임을 한다.

4 유아들이 게임에 익숙해지면, 유아들의 주도로 게임이 이루어지도록 한다.

5 게임에 대한 평가를 한다.
- '얼음과 물' 게임을 할 때, 어떤 점이 재미있었어요(어려웠어요)?
- '얼음과 물' 게임을 할 때, 어떤 느낌이 들었어요?

유의점

- 날씨가 따뜻할 때는 바깥놀이터에서 '얼음과 물' 게임을 진행하고 날씨가 추울 때는 실내에서 진행할 수 있다.

- 게임 시 노래에 맞추어 원을 돌 수 있도록 안전에 대해 이야기를 나눈다.
- '얼음 땡' 노래를 부르면서 원을 만들면서 돌 때에 '얼음'에서는 몸을 움직이지 않고, '땡'에서 몸을 움직일 수 있다.
- 유아들이 게임 방법을 어려워할 경우에는 전래놀이인 '얼음, 얼음, 땡!' 놀이처럼 바닥에 큰 동그라미를 그어놓고 그 안에서 술래에게 잡히면 얼음처럼 멈추는 놀이를 한다.

확장활동

- 비발디의 사계 중에 '겨울' 음악에 맞추어 얼음과 물이 되어 보는 신체표현 활동을 한다.
- 유아들과 의논한 게임 방법에 따라 얼음과 물의 특성을 살려 다양한 방법으로 게임을 한다.

8 우리 가족 신발을 정리해요(편 게임)

활동목표

- 게임을 통해 가족을 위해 할 수 있는 일을 해본다.
- 게임의 규칙을 이해하고 놀이에 참여한다.

누리과정 관련요소

- **신체운동 · 건강**: 신체 활동에 참여하기–자발적으로 신체 활동에 참여하기
- **사회관계**: 가족을 소중히 여기기–가족과 협력하기

활동연령
만 3세

활동자료
어른 신발 4종류, 유아 신발 4종류, 신발 담을 바구니 2개, 각 신발 크기에 맞는 그림자 시트지, 점수판, 신호 악기

활동방법

1. 신발을 바구니에 넣어 보자기로 가린 후에 소개한다.
   - 바구니에 무엇이 있을까요?
2. 다양한 크기의 가족의 신발을 보며 이야기를 나눈다.
   - 이 신발은 누구의 신발일까요?
   - 내 신발을 스스로 정리해 본 적이 있나요?
   - 가족을 위해 신발을 정리해 본 적이 있나요?
3. 게임을 소개하고 게임 방법을 알아본다.

〈자리배치 방법〉

1 출발선 앞에 선다.
2 출발 신호가 들리면 신발이 있는 바구니까지 달려간다.
3 바구니 안에 있는 신발 중 한 켤레를 잡아서 들고 반환점까지 달려간다.
4 반환점에 있는 다양한 신발 크기의 시트지 중 들고 온 신발에 맞는 크기의 시트지 위에 신발을 놓는다. 달려서 다시 출발선으로 돌아온다.
5 신발 크기에 맞는 그림자 시트지에 신발을 바르게 정리한 유아가 점수를 얻는다.

4 게임 규칙에 대해 이야기를 나눈다.

〈게임 규칙〉

1 출발선을 지킨다.
2 친구들과 정한 게임 방법을 지킨다.
3 끝까지 게임을 한다.
4 게임을 할 차례가 되면 출발선에 준비한다.
5 게임을 하고 있는 친구를 방해하는 행동을 하지 않는다.

5 팀을 나누고 팀 이름을 정한다.

- 어떤 방법으로 팀을 나누면 좋을까요?
- 팀 이름은 어떤 이름으로 정하고 싶은가요?

6 게임 규칙을 지키며 게임을 한다.

7 게임을 한 후에 평가한다.

- ○○팀에게 어떤 방법으로 칭찬해 주면 좋을까요?
- 우리가 정한 규칙이 잘 지켜졌나요?
- 게임을 하면서 어떤 점이 재미있었나요?
- 게임을 하면서 어떤 점이 힘들었나요?

유의점

- 활동의 결과보다는 과정에 중점을 두고 진행한다.
- 실제 신발을 사용할 때는 위생에 유의한다.

확장활동

- 가정 연계 활동을 통해 신발을 정리할 수 있는 활동을 소개할 수 있다.
- 게임에 사용했던 소품을 역할놀이 영역에 비치하여 가족 역할놀이를 할 수 있다.

9 달려라 국자(편 게임)

활동목표

- 국자의 쓰임에 관심을 갖고 활용한다.
- 규칙을 지키며 게임에 적극적으로 참여할 수 있다.

누리과정 관련요소

- 사회관계: 다른 사람과 더불어 생활하기–친구와 사이좋게 지내기
- 자연탐구: 과학적 탐구하기–간단한 도구와 기계 활용하기

활동연령 만 3세

활동자료 실물 자료(국자 2개, 다양한 탁구공이나 색공, 빈 바구니 2개)

활동방법

1. 국자를 보며 이야기를 나눈다.
   - 어디서 본 적이 있나요?
   - 언제 사용하는 도구예요?
   - 모양이 무얼 닮은 것 같은가요?
   - 만약 국자가 없다면 무엇이 뜰 때 어떻게 될까요?
   - 국자를 이용하여 어떤 게임을 할 수 있을까요?
2. 게임 방법을 소개한다.

〈게임 방법〉

1. 유아들은 줄을 지어 순서대로 앉는다.
2. 차례가 되면 바구니 속의 색공을 국자로 뜬다.
3. 뜬 탁구공이나 색공을 국자에 담고 달려가 빈 바구니에 색공을 떨어뜨린다.
4. 다음 친구에게 국자를 넘겨준다.
5. 공을 바구니에 빨리 옮겨 담는 팀이 이긴다.

❸ 게임할 때 지켜야 하는 약속에 대해 이야기를 나눈다.

- 게임할 때에는 어떤 약속을 하면 좋을까요?
- 가다가 공을 떨어뜨릴 때는 어떻게 할까요?
- 바구니에 떨어뜨릴 때에 바구니 밖으로 떨어뜨리면 어떻게 해야 할까요?
- 약속을 잘 지킬 수 있는 좋은 생각을 해볼까요?
- 서로 이기겠다고 반칙을 하면 어떻게 될까요?
- 어떻게 하면 친구들이 힘을 내어 더 재미있게 할 수 있을까요?
- 친구가 신나게 게임할 수 있는 응원 방법을 생각해 볼까요?

❹ '달려라 국자' 게임을 한 후의 느낌을 서로 이야기한다.

- 게임 약속을 잘 지켰나요?
- 이 게임에서 가장 재미있었던 일은 무엇이었나요?
- 어떤 점이 어려웠나요?

유의점

- 게임을 하는 동안 갈등상황이 발생하지 않도록 사전에 게임 약속을 정한다.
- 충분한 양의 공을 제공한다.
- 국자를 사용할 때에는 던지거나 때리지 않도록 주의한다.

확장활동 '요술 국자' 신체 활동을 만들어 본다.

10 투호놀이(편 게임)

활동목표

- 투호놀이를 경험해 본다.
- 투호놀이 방법을 익히고 즐겁게 놀이한다.

누리과정 관련요소

- 신체운동 · 건강: 신체 조절과 기본 운동하기-신체 조절하기
- 사회관계: 사회에 관심 가지기-우리나라에 관심 갖고 이해하기

활동연령 만 3세

활동자료 화살, 항아리, 투호놀이 그림 자료

활동방법

1. 투호놀이 그림을 살펴보며 투호놀이에 대해 이야기를 나눈다.
   - 이 놀이를 해본 적이 있나요?
   - 어떻게 하는 놀이일까요?
   - 이 놀이의 이름은 무엇일까요?
2. 옛날에 어떤 사람들이 하던 놀이였을지 생각하며 이야기를 나눈다.
   - 이 놀이는 어떤 사람들이 즐겨 했을까요?
   - 옛날 궁중이나 양반집에서 항아리에 화살을 던져 넣으며 놀이했대요.
3. 투호놀이를 잘 할 수 있는 방법을 생각해 본다.
   - 어떻게 하면 화살을 항아리 안에 잘 넣을 수 있을까요?
4. 항아리를 준비하여 유아의 다섯 발걸음 정도의 거리에 놓는다.
5. 놀이하는 순서를 정한다.
6. 선을 그어 유아들이 차례대로 줄을 서도록 하고 화살을 나눠준다.

7 화살을 항아리 안에 들어가도록 던진다.

- 유아들이 잘 넣지 못할 경우에는 던지는 선을 앞으로 옮겨 그리고 던지도록 한다.

8 활동을 하고 난 후 생각과 느낌에 대해 이야기를 나눈다.

- 무엇이 가장 재미있었나요?
- 어려웠던 점이 있었나요?

유의점

- 바깥놀이터에서 해보도록 한다.
- 투호놀이 도구가 없을 경우에는 신문지를 말아 투호를 만들고 항아리나 기타 플라스틱 통을 이용하여 놀이를 할 수 있다.
- 다른 유아에게 던지지 않도록 한다.

확장활동

- 자연물에서 투호놀이를 할 수 있는 재료를 구해서 놀이를 해본다.
- 가깝게 또는 멀게 거리를 조절하여 투호놀이를 다양하게 해본다.

11 내 몸 퍼즐 완성하기(편 게임)

활동목표

- 내 몸의 여러 기관에 관심을 갖는다.
- 규칙을 지켜 게임 활동에 참여한다.

누리과정 관련요소

- 신체운동 · 건강: 신체 인식하기–신체를 인식하고 움직이기
- 자연탐구: 수학적 탐구하기–규칙성 이해하기

활동연령 만 4세

활동자료 남아와 여아의 몸 삽화, 우리 몸의 여러 가지 감각 기관 삽화, 바구니, 시트지로 오린 발바닥 모양, 점수판, 호루라기

활동방법

❶ 우리 몸의 다양한 기관에 대한 수수께끼 놀이를 한다.
- 물건을 들 수 있고 친구를 안아줄 수 있는 것은 내 몸의 어느 부분인가요?
- 걸어다니거나 공차기를 할 수 있는 것은 내 몸의 어느 부분인가요?
- 바닥에 앉거나 의자에 앉을 때 닿는 곳은 내 몸의 어느 부분인가요?
- 가방을 멜 수 있는 곳은 내 몸의 어느 부분인가요?

❷ 게임 방법을 소개한다.

〈게임 방법〉

1 각 팀에서 한 명 씩 출발선에서 호루라기 소리를 듣고 출발한다.
2 바닥에 붙어 있는 발바닥 모양을(두 발, 한 발) 따라 밟으며 장애물을 건넌다.
3 바구니에 담겨 있는 신체 기관의 그림을 몸에 해당하는 부분에 붙이고 다시 출발선으로 돌아온다.

3 게임 규칙을 정한다.

- 출발선은 어디로 정할까요?
- 장애물을 건널 때는 어떻게 할까요?

4 게임이 끝난 후에는 이야기를 나눈다.

- 게임을 하면서 어려웠던 점은 무엇인가요?
- 게임을 하면서 우리 몸을 완성해 보는 느낌은 어떤가요?

유의점

- 학급의 전체 유아 수를 고려하여 팀 인원을 조정한다.
- 게임 진행 시 유아들의 안전에 유의한다.

확장활동

- 수 · 조작 영역에서 게임 자료를 축소한 신체기관 맞추기 퍼즐놀이를 할 수 있다.
- 언어 영역에서 우리 몸의 기관 맞추기 수수께끼놀이를 할 수 있다.

12 내 어릴 적 이야기(편 게임)

활동목표

- 나와 친구의 어릴 적 모습에 대해 관심을 갖는다.
- 게임의 규칙을 이해하고 즐겁게 참여할 수 있다.

누리과정 관련요소

- **신체운동 · 건강:** 신체 활동에 참여하기–자발적으로 신체 활동에 참여하기
- **자연탐구:** 과학적 탐구하기–생명체와 자연환경 알아보기

활동연령 만 4세

활동자료 어린 시절의 사진, 유니바, 융판 2개, 출발 신호음(호루라기)

활동방법

1. 어릴 적 사진을 보고 사진 속의 주인공에 대해서 이야기를 나눈다.
   - 이 사진 속의 주인공은 누구인가요?
   - 이 친구는 무엇을 하고 있나요?
2. 어릴 적 사진을 활용하여 어떤 활동을 할 수 있는지 이야기를 나눈다.
   - 나와 친구의 어릴 적 사진을 활용해서 무엇을 할 수 있을까요?
3. 게임 방법과 규칙에 대해 이야기를 나눈다.
   - 출발선을 어디에 정하면 좋을까요?
   - 유니바를 어떤 방법으로 건너면 좋을까요?

〈게임 방법〉

1. 출발선을 그어놓고 각 팀의 유아 1명이 출발선에 선다.
2. 교사의 출발소리를 듣고 유니바를 건너뛰기 시작한다.
3. 융판에 붙여진 사진 중 나의 어릴 적 사진을 떼어낸다.
4. 사진을 가지고 다시 유니바를 건너뛰어서 출발선 근처에 있는 융판에 사진을 붙인다.

4 게임을 할 때 지켜야 할 약속에 대해서 알아본다.

- 게임을 하려면 어떤 약속을 정해야 할까요?

〈게임 약속〉

1 친구들과 함께 정한 게임 방법을 지킨다.
2 끝까지 최선을 다해 게임에 참여한다.
3 게임을 하는 친구에게 방해가 되는 행동은 하지 않는다.
4 게임을 하는 친구가 힘을 낼 수 있도록 같은 팀의 친구는 응원을 해준다.

5 팀을 나눈 뒤에 팀 이름을 정한다.

- 어떤 방법으로 팀을 나누면 되겠어요?
- 팀의 이름을 무엇으로 지을까요?

6 교사나 유아가 게임 시범을 보여준다.

7 게임을 한 후에 평가를 한다.

- 게임을 할 때에 어떤 점이 재미있었어요?
- 나의 사진을 찾는 데 어려움은 없었어요?

유의점

- 출발선에 먼저 들어오는 것보다는 나의 어릴 적 사진을 정확하게 찾아오는 것이 게임의 목표임을 알려준다.
- 게임 규칙에 대해 충분한 이야기를 나누어 유아가 규칙을 잘 지키도록 지도한다.
- 유니바를 활용함에 있어서 안전에 유의하도록 한다.

확장활동

- 자신과 친구의 어릴 적 사진을 퍼즐로 제작하여 활용할 수 있다.
- 친구들의 어릴 적 모습이 익숙해지면, 다른 친구의 사진 찾기 게임으로 진행할 수 있다.

13 꿀벌이 꿀을 모아요(편 게임)

활동목표

- 봄철에 볼 수 있는 곤충인 벌에 관심을 갖는다.
- 다른 사람과 함께 하는 신체 활동에 적극적으로 참여한다.
- 규칙을 지키며 게임을 하는 태도를 기른다.

누리과정 관련요소

- 신체운동 · 건강: 신체 활동에 참여하기–자발적으로 신체 활동에 참여하기
- 사회관계: 다른 사람과 더불어 생활하기–사회적 가치를 알고 지키기
- 자연탐구: 과학적 탐구하기–생명체와 자연환경 알아보기

활동연령 만 4세

활동자료 노란색 뽕뽕이(꿀), 봄꽃이 핀 꽃밭 배경 사진, 머리띠에 붙인 벌 그림, 벌집 그림, 점수판(삼각대), 꿀통으로 사용할 바구니(작은 통)

활동방법

1. 벌을 본 경험에 대해 이야기를 나눈다.
   - 벌은 어떻게 생겼나요?
   - 벌을 꿀을 어떻게 가져오는 걸까요? 무엇으로 나를 것 같아요?
   - 벌집은 어떤 모양인가요? 비슷한 모양을 본 적 있어요?
2. 활동 자료와 게임 방법을 소개한다.
   - 벌이 꽃밭까지 가는 동안 어떤 모습으로 날아가면 좋을까요?
   - 벌이 꿀을 떨어뜨리지 않기 위해서는 어떻게 가야 할까요?

〈게임 방법〉

1 꿀벌 머리띠를 하고 꿀통을 든다.
2 출발선 위에 선다.
3 출발 신호가 울리면 꽃밭까지 벌이 날아가는 흉내를 내며 날아간다.
4 꽃밭의 꽃에 붙어있는 꿀(노란색 뽕뽕이)을 따서 꿀통에 담는다.
5 꿀이 떨어지지 않도록 조심해서 꿀통을 들고 출발선으로 들어온다.
6 출발선에 있는 벌집에 가져온 꿀을 붙인다.
7 자기 자리로 되돌아가서 앉는다.

3 유아들과 함께 게임할 때에는 필요한 약속을 정하고 게임을 한다.

- 게임을 할 때에 지켜야 할 규칙에는 무엇이 있을까요?
- 두 편에 있는 친구들의 수가 같은지 한 번 세어 봐요.

4 게임을 마친 후에는 평가를 한다.

- 정해진 약속을 지켜서 게임했나요?
- 게임을 하며 재미있었던 것은 무엇인가요?
- 게임 방법을 다르게 바꾼다면 어떤 방법이 있을까요?

유의점

- 사전에 벌의 특징과 벌이 꿀을 모으는 과정을 충분히 탐색하고 활동을 전개하면 게임을 더욱 재미있게 할 수 있다.
- 승패에 연연하지 않고 끝까지 최선을 다할 수 있도록 유아들을 격려한다.

확장활동

- 봄에 볼 수 있는 곤충에 대한 그림책을 비치하고 봄철 곤충에 대해 탐색하여 곤충책을 만들어본다.
- 림스키코르사코프의 '왕벌의 비행' CD를 비치하여 음악을 감상하고, 음의 높낮이와 빠르기를 고려하며 벌의 움직임을 신체로 표현해 본다.

14 채소 수확하기(편 게임)

활동목표

- 순발력 있게 몸을 움직일 수 있다.
- 서로 협동하여 규칙을 지키며 게임을 할 수 있다.

누리과정 관련요소

- 신체운동 · 건강: 신체 인식하기–감각능력 기르고 활용하기
- 사회관계: 다른 사람과 더불어 생활하기–공동체에서 화목하게 지내기

활동연령 만 4세

활동자료 여러 가지 채소 모형(역할놀이 영역에서 사용하는 플라스틱이나 헝겊으로 만든 채소), 채소 모형을 담을 큰 바구니 2개, 밭(색 테이프로 밭의 테두리 표시)

활동방법

1. 밭에 채소 모형을 둔다.
2. 양편으로 마주 보고 앉는다.
3. 게임 자료를 소개하고 게임 방법을 알아본다.
   - 여기 선생님 앞에 있는 것은 무엇일까? 채소밭에 무엇이 있나요?
   - 채소밭에 채소와 바구니로 어떤 게임을 할 수 있을까요?
   - 큰 바구니에는 무엇을 담을까요?
   - 같은 편끼리 힘을 합하여 채소를 수확하는 방법이 있을까요?
4. 게임 자료를 보고 게임 방법과 규칙을 정한다.
   - 채소밭 앞에 있는 사람이 채소를 한 개 가지고 와서 옆 사람에게 전달한다.
   - 맨 마지막 사람은 바구니에 채소를 담는다.
   - 채소밭의 채소를 다 수확할 때까지 계속한다.

⑤ 정한 규칙대로 게임을 한다.

⑥ 어느 편이 힘을 합쳐 채소를 잘 수확했는지 이야기해 보자.

- 어떤 채소들이 있는지 보아요.
- 모두 힘을 합쳐서 했나요?

유의점

- 텃밭에서 가꾼 열매(예 토마토, 오이, 호박 등)를 수확한 후에 실물을 가지고 게임을 할 수도 있다.

15 기호는 약속이야(편 게임)

활동목표

- 위험을 알려주는 기호가 있음을 안다.
- 우리 주변에서 볼 수 있는 여러 기호에 대해 관심을 갖는다.

누리과정 관련요소

- 신체운동 · 건강: 안전하게 생활하기-안전하게 놀이하기
- 신체운동 · 건강: 안전하게 생활하기-교통안전 규칙 지키기
- 자연탐구: 탐구하는 태도 기르기-호기심을 유지하고 확장하기

활동연령 만 4세

활동자료 안전 상황 그림 각 8장 2세트, 안전 표지판 각 8장 2세트

활동방법

1. 상황 그림을 보며 게임 내용을 담은 이야기를 듣는다.
   - 안전기호가 어디에 있었어요?
   - 아름이가 보지 못한 기호는 무엇이 있었어요?
2. 안전기호를 살펴보면서 이야기를 나눈다.
   - 이 그림은 어떤 그림일까요?
   - 이 기호를 어디에서 보았나요?
   - 이 기호는 어떤 뜻일까요?
3. 게임 방법을 알아본다.

〈게임 방법〉

1. 팀을 나누어 팀 이름을 정한다.
2. 각 팀에서 한 명씩 나와 출발선에 선다.
3. 나열되어 있는 안전기호 중에 하나를 선택한다.
4. 시작 신호에 맞추어 상황 그림이 부착되어 있는 융판으로 뛰어간다.
5. 상황 그림들 중에 유아가 선택한 안전기호와 일치하도록 상황 그림 밑에 안전기호를 붙인다.
6. 게임이 끝난 후 안전기호와 상황 그림을 비교하여 알맞은 그림을 선택하였는지 알아본다.

❹ 게임의 규칙과 약속을 정한다.

- 게임을 할 때에 지켜야 할 약속에는 어떤 것들이 있을까요?

❺ 게임을 한다.

❻ 게임 자료를 정리한 뒤에는 평가를 한다.

유의점

- 게임 전 동화 『기호는 약속이야』(글 · 황지영/출판 · 여원미디어)를 보며 안전기호에 대해 자세히 살펴본 뒤에 활동하도록 한다.
- 유아들이 안전기호에 익숙하지 않을 경우에는 게임하기 전에 그림 자료를 보며 안전기호에 대해 충분한 이야기를 나누도록 한다.

확장활동

- 안전기호들을 벽면에 제시하여 살펴보거나, 책으로 만들어 볼 수 있다.
- 산책을 하며 우리 주변에서 볼 수 있는 여러 기호들을 직접 찾아볼 수 있다.

16 가마타기(편 게임)

활동목표

- 옛날에 이용했던 교통수단을 안다.
- 친구와 함께 협력하여 가마를 이동한다.
- 규칙을 지켜 게임에 즐겁게 참여한다.

누리과정 관련요소

- 신체운동 · 건강: 신체 조절과 기본 운동하기-기본 운동하기
- 사회관계: 다른 사람과 더불어 생활하기-친구와 사이좋게 지내기
- 사회관계: 사회에 관심 갖기-우리나라에 관심 갖고 이해하기

활동연령 만 4세

활동자료 가마를 타고 가는 사진 자료, 가마, 인형, 반환점, 색깔 막대, 신호 악기, 점수

활동방법

1. 가마 사진을 보면서 이름과 쓰임새에 대해 알아본다.
   - 이것을 본 적이 있나요?
   - 이것의 이름은 무엇일까요?
   - 가마는 어떨 때에 사용했을까요?
2. 게임 자료를 제시한다.
   - 가마와 인형을 이용하여 어떤 게임을 할 수 있을까요?
3. 게임을 할 때에 지켜야 할 약속을 정한다.
   - 게임을 할 때에 어떤 약속이 필요할까요?
   - 가마를 옮기는 친구와 서로 속도가 맞지 않으면 어떻게 될까요?
   - 빨리 다녀오는 것과 친구와 협력하여 가마를 안전하게 옮기는 것 중에 어떤 것이 더 중요할까요?
   - 어떻게 했을 때에 점수를 얻을 수 있을까요?
   - 게임하는 친구에게 어떤 말로 응원해주면 좋을까요?
   - 어디에서 출발하면 좋을까요?

4 색깔막대를 뽑아서 나온 색깔대로 팀을 나누어 앉는다.

5 팀 이름을 정하고 게임을 한다.

〈게임 방법〉

1 각 팀에서 두 명씩 나와 출발선에 선다.
2 가마에 인형을 태운다.
3 두 명의 유아가 인형을 태운 가마를 앞, 뒤에서 든다.
4 출발 신호가 울리면 인형을 태운 가마를 들고 반환점을 돌아온다.
5 게임의 결과에 따라 점수를 준다.

6 게임을 평가한다.

- 점수를 알아봐요.
- 어떤 팀이 더 높은 점수를 얻게 되었나요?
- 어떤 팀이 친구와 잘 협력하여 가마에 탄 인형을 잘 옮겼을까요?
- 가마꾼이 되어 가마를 옮겨보니 어땠나요?
- 어떤 점이 가장 재미있었어요?

유의점

- 가마의 움직임이 수월할 수 있도록 게임 공간을 넓게 만든다.
- 인형이 떨어지지 않도록 두 명의 유아가 서로 잘 협력하도록 한다.

확장활동

- 다양한 옛날 교통수단(예 말, 가마, 마차 등)에 대해 알아본 후에 가마 꾸미기를 한다.

17 모자 전달하기(편 게임)

활동목표

- 여러 나라의 다양한 전통 모자에 관심을 갖고 특징을 알아본다.
- 친구와 협동하여 게임을 한다.

누리과정 관련요소

- 사회관계: 다른 사람과 더불어 생활하기-친구와 사이좋게 지내기
- 사회관계: 사회에 관심 갖기-세계와 여러 문화에 관심 가지기

활동연령 만 4세

활동자료 여러 나라의 전통 모자 4~5종류(예 구할 수 있는 모자를 사용하거나 전통 모자 그림을 A3 크기의 종이에 출력하여 코팅한 후 일반 모자에 붙여서 준비하거나 유아들이 만든 후에 활용), 신호 악기

활동방법

1. 게임을 할 수 있도록 양 편 대형으로 앉는다.
2. '여러 나라의 전통 모자'를 보며 이야기를 나눈다.
   - 이런 모자를 본 적 있나요? 이 모자의 모양이 어떤가요?
   - 언제 쓰면 좋을까요?
3. 그 나라의 날씨나 생활풍습에 따라 모자 모양이나 쓰임새가 다를 수 있음을 알려준다.
   - 여러 나라의 모자는 햇빛을 가리기도 하고, 추위를 막아주기도 해요. 때로는 멋을 내거나 축제 때에 쓰기도 한대요.
4. 준비된 게임 자료를 보며 게임 방법에 대해 이야기를 나눈 후에 방법을 알려준다.

〈게임 방법〉

1 양 편의 첫 번째 유아가 모자를 들고 있는다.
2 신호음이 울리면 모자를 쓰고 박수를 한 번 친 후, 다시 모자를 벗어 옆 친구에게 전달한다.
3 다음 유아도 마찬가지로 모자를 쓰고 박수를 한 번 친 후, 다시 모자를 벗어 옆 친구에게 전달한다.
4 마지막 유아가 모자를 쓰고 박수를 한 번 친 후 교사에게 달려와 모자를 전달해준다.

5 규칙에 대해 이야기한다.
- 어떤 규칙을 지켜야 할까요? (모자를 쓰고 박수를 친 후 옆 사람에게 모자를 전달한다.)

6 시범 게임을 해본다.
- 유아들이 어려워했던 부분은 다시 설명해 준다.

7 게임을 한다.

8 게임이 끝난 후에는 평가를 한다.
- 어느 편이 규칙을 지켜 모자를 전달했나요?
- 어느 편이 선생님에게 모자를 빨리 전해주었어요?

9 모자를 바꾸어 다시 한 번 게임을 한다.

유의점 시범 게임 시 유아들이 모자를 쓴 후 박수 치는 것을 잊는 경우, 모자를 들었다고 생각해 보고 모자를 쓰는 흉내를 내고 박수를 쳐보는 연습을 해 보도록 한다.

확장활동 미술 영역에서 세계 여러 나라의 다양한 모자를 만들어 보는 활동을 진행할 수 있다.

18 비석치기(편 게임)

활동목표

- 몸의 각 부분의 특성을 활용하여 비석치기를 한다.
- 비석치기에 관심을 가지고 즐긴다.
- 거리를 가늠하여 신체를 조절한다.

누리과정 관련요소

- 신체운동 · 건강: 신체 인식하기–신체를 인식하고 움직이기
- 사회관계: 사회에 관심 갖기–우리나라에 관심 갖고 이해하기
- 자연탐구: 수학적 탐구하기–기초적인 측정하기

활동연령 만 4세

활동자료 비석, 출발선

활동방법

1. 비석치기의 유래에 대하여 이야기한다.
   - 비석치기란 무엇일까요?
   - 어떻게 생겨났을까요?
2. 놀이 방법에 대하여 이야기를 나눈다.
   - 5~6m 정도의 거리를 두고 두 줄을 긋는다.
   - 두 편을 나눈다.
   - 놀이 순서를 정한다.
   - 진 편은 맞은 편의 마주 보이는 선에 비석을 세워 둔다.
   - 이긴 편은 비석을 발등에 올린 후 출발선에 선다.
   - 비석을 떨어뜨리지 않고 상대편 비석까지 가서 상대편 비석을 쓰러뜨린다.
3. 다양한 방법으로 비석치기를 한다.

- 선 채로 그냥 던져 쓰러뜨린다.
- 한 발 뛰어 던지기, 두 발 뛰어 던지기, 세 발 뛰어 던지기로 쓰러뜨린다.
- 도둑발: 돌을 발등 위에 올려놓고 비석 가까이 가서 비석을 쓰러뜨린다.
- 토끼뜀: 돌을 발목 사이에 끼워놓고 뛰어가서 쓰러뜨린다.
- 오줌싸개: 돌을 무릎 사이에 끼우고 걸어가서 쓰러뜨린다.
- 가랑이: 돌을 가랑이 사이에 끼우고 걸어가서 쓰러뜨린다.
- 배: 돌을 배 위에 올려놓고 걸어가서 쓰러뜨린다.
- 손등: 팔을 쭉 펴고 손등 위에 돌을 올려놓고 뛰어가 돌을 떨어뜨려 쓰러뜨린다.
- 신문팔이: 돌을 겨드랑이에 끼우고 가서 쓰러뜨리며 "신문 사려~"를 외치고 간다.
- 훈장: 어깨 위에 망을 올려놓고 가서 쓰러뜨린다. 오른쪽, 왼쪽 순으로 한다. ("훈장이요~"를 외치며 간다.)
- 떡 장수: 머리 위에 돌을 올려놓고 가서 쓰러뜨린다. ("떡 사려~"를 외치며 간다.)

❹ 평가를 한다.

- 비석치기를 해보니 어땠어요?
- 어떤 방법의 비석치기가 가장 재미있었어요?

유의점

- 신체를 이용하여 상대편 비석을 쓰러뜨리지 않도록 하며, 반드시 자신의 비석으로 쓰러뜨려야 한다.
- 모서리가 날카롭거나 지나치게 무거운 비석을 사용하지 않도록 유의한다.
- 유아의 수준에 따라 거리를 조절하여 활동하도록 한다.

확장활동

실외에서 다양한 자연물을 이용하여 비석치기 활동을 할 수 있다.

19 장바구니를 채워라(편 게임)

활동목표

- 우리 동네의 시장이나 마트의 역할에 대해 안다.
- 물건을 사고 팔 때에 사용하는 언어나 행동을 경험한다.
- 규칙을 지키며 게임을 한다.

누리과정 관련요소

- 의사소통: 듣기-동요, 동시, 동화 듣고 이해하기
- 사회관계: 사회에 관심 갖기-지역사회에 관심 갖고 이해하기

활동연령 만 5세

활동자료 동화 『장바구니』(글 · 존 버닝햄/번역 · 김원석/출판: 보림출판사), 시장과 마트 동영상, 유아들이 꾸민 시장의 모습, 모형 돈과 지갑 2개, 장바구니 2개

〈게임 방법〉

1. 2팀으로 나누고, 각 팀 2명씩의 유아가 게임을 한다.
2. 1명은 장바구니를 들고 물건을 구입하는 사람이 되고, 1명은 시장의 주인이 되어 돈을 받는 역할을 한다.
3. 장바구니와 돈지갑을 든 유아는 신호와 함께 출발한다.
4. 중간 지점에 놓인 카드를 뒤집어 들고 시장으로 가서 카드에 적힌 물건을 떼어 장바구니에 담는다.
5. 주인은 물건 값을 말하고, 유아는 물건 값을 주인에게 준 다음 출발선으로 돌아온다.
6. 모든 유아들이 게임을 한 후, 팀 전체 점수에 따라 이긴 팀과 진 팀을 알아본다.
7. 유아들이 익숙해지면, 직접 규칙과 방법을 변형하여 실시해본다.

활동방법

1. 마트와 시장 동영상을 보며 물건을 사고 파는 모습에 대해 이야기를 나눈다.
   - 마트(시장)에서는 어떤 모습을 살펴볼 수 있었나요?
   - 마트와 시장은 무엇이 달랐던(같았던) 것 같아요?
   - 물건을 살(팔) 때 사람들은 어떻게 말(행동)했어요?
2. 동화 『장바구니』를 들려준 뒤 동화 내용을 회상한다.
   - 주인공은 누구였어요?
   - 스티븐은 바구니를 들고 어디로 가는 길이었나요?
   - 스티븐처럼 심부름을 해본 적이 있어요?
3. '장바구니를 채워라' 게임에 대해 이야기를 나눈다.
   - 스티븐이 심부름 간 길을 교실에 만들어 장바구니에 물건을 채워오는 게임을 해보자.
4. 게임 자료(예 장바구니, 돈지갑, 모형돈, 물건 지시 카드, 25호 집, 울타리, 쓰레기통, 사나운 개가 사는 집, 도로 공사 중 표지판)를 보며 이야기를 나눈다.
   - (물건 지시 카드를 제시) 어떤 물건을 가져와야 되는 걸까요?
   - 이 카드에 적혀 있는 당근은 어느 가게에서 팔까요?
5. '장바구니를 채워라' 게임 방법에 대해 이야기를 나눈다.
6. 유아들과 스티븐이 심부름 갔던 길을 교실에 만든다.
7. 유아들과 '장바구니를 채워라' 게임을 해본다.
8. '장바구니를 채워라' 게임에 대해 평가한다.
   - 우리 교실 시장에는 어떤 물건들이 있었나요?
   - 어떤 물건이 더 있었으면 좋겠어요?
   - 놀이할 때에 어떤 점이 재미있었어요?

유의점

- 사전에 동화 『장바구니』를 들려주도록 한다.
- 시장까지 가는 길에 동화 『장바구니』에 나오는 장소(25호 집, 울타리, 쓰레기통,

사나운 개가 사는 집, 도로 공사)를 설치(예 경사로 스펀지, 반원형 스펀지 등)하거나, 색 테이프로 지그재그 길을 만들어 주어 통과하면서 진행하도록 한다.

- 처음에는 교사가 제시한 방법으로 게임을 진행하고, 그 이후에는 유아들이 직접 게임 규칙을 정하여 실시해 볼 수 있도록 한다.

확장활동

- 미술 영역에서 돈, 지갑, 장바구니를 만든 뒤 소품을 이용하여 시장놀이를 할 수 있다.
- 엄마와 함께 시장에서 사고 싶은 물건의 목록을 작성한 다음, 실제 장보기 활동을 할 수 있다.

20 응급환자를 옮겨라(편 게임)

활동목표

- 직업을 경험하는 기회를 갖는다.
- 협동하는 마음을 갖는다.
- 게임의 규칙을 이해하고 지킨다.

누리과정 관련요소

- 신체운동 · 건강: 안전하게 생활하기-비상 시 적절히 대처하기
- 신체운동 · 건강: 신체 활동에 참여하기-기구를 이용하여 신체 활동하기
- 사회관계: 다른 사람과 더불어 생활하기-공동체에서 화목하게 지내기

활동연령 만 5세

활동자료 들것 2개, 사람 인형 2개, 병원 표시와 모형침대 2개, 장애물로 사용할 기둥 각 팀에 4개씩, 구조대원 조끼와 모자, 환자 이송 사진

활동방법

1. 응급환자에 대한 이야기를 나눈다.
   - 응급환자가 생기면 어떻게 해야 할까요?
   - 누가 도와줘야 할까요?
2. 게임하기에 적절한 대형으로 앉아 인원수가 같은지 확인한다.
3. 게임에 필요한 자료를 탐색한다.
   - 이것이 무엇인지 아세요?
   - 언제 어떻게 사용하는 것일까요?
4. 게임 방법을 알아본다.
   - 여기에 있는 것들로 어떤 게임을 해볼 수 있을까요?
   - 병원표시판은 어디에 두면 좋을까요?

5 팀 이름과 응원구호를 정해본다.

- 각 팀의 이름을 정해보아요.
- 팀의 이름을 정했으면 응원구호도 함께 의논하여 정해보아요.

6 게임에 필요한 규칙과 약속을 정한다.

- 게임을 할 때에 지켜야 할 규칙은 어떤 것이 있을까요?
- 점수는 어떤 친구들에게 주면 좋을까요?

7 시범을 보인다.

8 게임을 한다.

9 게임 후에는 평가를 한다.

유의점

- 실제 유아를 들것에 태우지 않도록 한다.
- 환자를 옮기는 속도보다 안전이 중요한 요인이라는 것을 강조한다.

확장활동 역할놀이 영역에서 병원놀이로 확장할 수 있다.

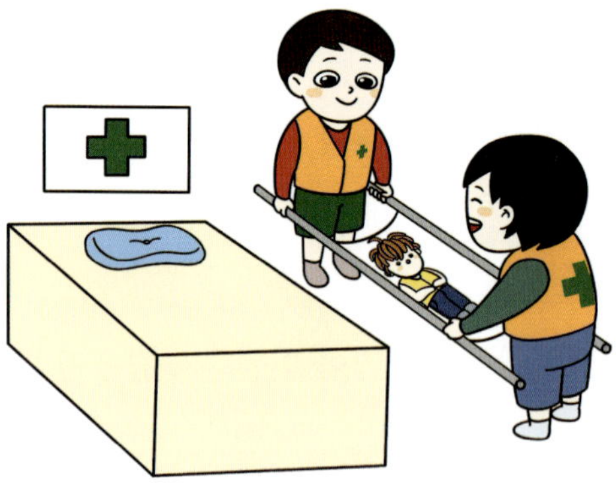

21 구호 물품을 전달해요(편 게임)

활동목표

- 다른 나라의 도움이 필요한 사람에게 도움을 줄 수 있는 방법에 대해 안다.
- 나눔의 의미를 알고, 실천하려는 마음을 갖는다.
- 게임 규칙을 알고 즐겁게 게임에 참여한다.

누리과정 관련요소

- 신체운동 · 건강: 신체 인식하기–신체를 인식하고 움직이기
- 사회관계: 사회에 관심 갖기–세계와 여러 문화에 관심 가지기
- 사회관계: 다른 사람과 더불어 생활하기–공동체에서 화목하게 지내기

활동연령
만 5세

활동자료
'구호 물품을 전달해요' PPT 자료, 게임 자료(도움 요청 카드-3종류, 구호 물품 카드-뒷면에 까슬이 붙인 것, 구호 물품 상자-각 칸마다 보슬이를 붙여 제작 후 뒷면에는 융판에 부착할 수 있도록 까슬이를 붙인 것 2세트)

활동방법

1. 사전 활동으로 '구호 물품을 전달해요' 자료를 이용하여 도움이 필요한 친구들에 대한 이야기를 나눈다.
   - 영양 결핍, 의료 자원 부족, 의류 부족 등으로 고통 받고 있는 어린이들이 있으며, 이러한 어린이들을 도와주기 위해 많은 사람들이 노력하고 있다.
   - 이러한 어린이들을 도와주기 위해 음식, 의약품, 의류 등을 모아서 구호 물품으로 보내줄 수 있음을 소개한다.
2. 게임을 할 수 있도록 두 편으로 나누어 마주보고 앉는다.
   - 양편에 앉은 유아의 수가 같은지 확인을 해봐요.
3. 준비한 게임 자료를 함께 살펴보며 게임 방법에 대해 유아들과 이야기를 나눈다.
   - 이제 게임을 해볼건데, 어떤 자료들이 있나요?
   - 어떤 방법으로 게임을 해보면 좋을까요?
4. 게임을 한다.

〈게임 방법〉

1 양편에서 유아가 1명씩 나온다. 출발선에 서면 교사가 제시하는 도움 요청 카드를 보고, 무엇이 필요한지 확인한다.
2 유니바를 넘어서 구호 물품 카드가 있는 곳으로 간 후 도움 요청 카드에 해당되는 구호 물품 카드를 고른다.
3 반환점에 있는 구호 물품 상자에 구호 물품을 붙이고 돌아온다.
4 해당 물품을 붙이고 빨리 돌아온 유아에게 점수를 준다.

5 게임이 끝난 후 평가를 한다.

- 해당 물품을 붙이고 빨리 돌아온 유아가 많은 편(점수가 높은 편)에 1점을 준다.
- 바른 태도로 앉아서 응원을 열심히 한 편에게 점수를 준다.

6 활동 전반에 대한 평가를 한다.

- 오늘 친구를 도와주기 위해서 물품을 전달하는 게임을 해보았는데, 느낌이 어땠나요?
- 구호 물품 상자가 비어 있었는데, 너희들이 노력해서 옮겨주니까 상자가 가득 채워졌어요. 저 상자가 도움이 필요한 다른 나라 친구들에게 도움이 되면 좋겠어요.

유의점

- 유아들의 생활과 직접적으로 관련이 없다고 느낄 수 있는 먼 나라의 일이지만 조금만 관심을 가지면 작은 노력으로도 직접적인 도움을 줄 수 있음을 대해 유아들이 느낄 수 있도록 상호작용한다.
- 구호 물품 카드 및 상자는 자료를 인쇄하여 활용할 수도 있고, 물품 카드를 붙여 꾸민 우유팩과 빈 상자를 게임 자료로 활용할 수도 있다.

참고문헌

고문숙 · 임영심 · 황정숙(2006). 어린이 놀이지도. 경기: 양서원.

고준희(2012). 유아 대상 TV 프로그램 캐릭터 놀이감이 유아의 가상놀이에 미치는 영향. 이화여자대학교 대학원 박사학위논문.

김광웅(1975). 유아교육 방법의 탐색. 한국 행동과학연구소. 연구 노트, 4(7), 55-62.

김문희(2010). 유아놀이 유형이 창의성에 미치는 영향. 성균관대학교 대학원 석사학위논문.

김미애 · 류경화(1997). 놀이지도. 서울: 동문사.

김수영(2000). 유아의 또래수용도, 놀이 상호작용 및 놀이 형태와의 관계. 유아교육연구, 20(3), 47-66.

김수영 · 김수임 · 김현아 · 정정희(2007). 놀이지도. 경기: 양서원.

김수영 · 김수임 · 정정희(2014). 놀이지도. 경기: 양서원.

김윤숙 · 조희숙(2012). 만 2세반 영아의 역할놀이 특성에 관한 연구, 유아교육연구, 32(5), 53-78.

김태연(1984). 놀잇감의 종류와 수가 유아의 행동에 미치는 영향. 이화여자대학교 석사학위논문.

김희숙(1989). 역할놀이 활동이 아동의 사회성에 미치는 영향. 이화여자대학교 대학원 석사학위논문.

박소영(2015). 유아의 스마트미디어 사용실태 및 과다사용에 영향을 미치는 변인 연구. 가톨릭대학교 대학원 박사학위논문.

박은영(2013). 전통놀이를 활용한 신체 활동이 유아의 기초체력과 사회성에 미치는 영향. 전남대학교 교육대학원 석사학위논문.

박찬옥 · 김영중 · 정남미 · 임경애(2002). 유아놀이지도. 서울: 학문사.

변영신 · 이수경(2006). 부모의 행동유형이 아동의 놀이 형태에 미치는 영향. 한국 · 유아교육보육행정연구, 10(4), 69-89.

보건복지부(2008). 3세 보육 프로그램. 서울: 육아정책개발센터.

보건복지부(2008). 4세 보육 프로그램. 서울: 육아정책개발센터.

보건복지부(2008). 5세 보육 프로그램. 서울: 육아정책개발센터.

보건복지부 · 교육과학기술부(2013). 3-5세 연령별 누리과정 지침서. 서울: 보건복지부 · 교육과학기술부.

보건복지부 · 교육부(2013). 3세 누리과정 교사용 지도서. 서울: 보건복지부 · 교육과학기술부.

보건복지부 · 교육부(2013). 4세 누리과정 교사용 지도서. 서울: 보건복지부 · 교육과학기술부.

보건복지부 · 교육부(2013). 5세 누리과정 교사용 지도서. 서울: 보건복지부 · 교육과학기술부.
성연정(2015). 2세 영아의 도구 탐색을 통한 신체 활동 프로그램 개발과 효과. 전남대학교 박사학위논문.
송명자(2005). 발달심리학. 서울: 학지사.
송미선(2001). 또래갈등상황에서의 유아의 전략, 사회적 행동특성, 그리고 또래 수용도와의 관계. 아동학회지 22(3), 229-239.
송연숙 · 남미경 · 최애경(2013). 보육과정. 서울: 파란마음.
신동주(1997). 실외놀이터 환경 변화가 유아의 놀이 행동에 미치는 영향. 어린이와 환경. 제5회 국제 학술대회, 삼성복지재단 어린이 개발센터, 198-247.
신유림 · 문혁준 · 나종혜 · 박진옥 · 서소정 · 신혜영 · 신혜원 · 유경애 · 이미란 · 조혜정 · 김선영 · 김숙이(2014). 놀이지도. 서울: 창지사.
신화식 · 이희경 · 오은순 · 곽노의 · 김명희 · 이성희 역(2006). 영유아 놀이지도. 서울: 교문사.
안인희(2004). 루소의 교육론: 에밀. 경기: 양서원.
오미경 · 이은미 · 송윤이 · 황은순(2014). 놀이지도. 경기: 공동체.
오영희 · 박찬옥 · 박영양(2005). 유아를 위한 놀이 이론과 실제. 경기: 21세기사.
유구종(2012). 유아교육기관 스마트폰, 태블릿 PC 활용 프로그램 개발 및 유아의 과학적 사고에 미치는 효과. 열린유아교육연구, 17(3), 85-110.
유효순 · 김희태(2014). 놀이지도. 서울: 한국방송통신대학교 출판부.
이규남(2003). 유아들의 컴퓨터 활동과 블록 활동이 공간인식 능력 및 사회적 능력에 미치는 영향 비교. 전남대학교 대학원 석사학위논문.
이상금(1987). 한국 유아교육의 본질. 유아교육 세미나: 한국 유아교육의 현황과 개선 방향. 사단법인 새세대 육영회, 5-15.
이숙재(1984). 유아의 상상놀이와 제 변인과의 관계 연구. 연세대학교 대학원 박사학위논문.
이숙재(2004). 영유아 놀이의 이론과 실제. 서울: 창지사.
이숙재(2011). 영유아 놀이 활동. 서울: 창지사.
이숙재(2014). 영유아 놀이의 이론과 실제. 서울: 창지사.
이승아(2015). 걸음마기 영아의 놀이특성 및 놀이행동 변화 탐색. 유아교육학논집, 19(1), 413-440.
전남련 · 최진원 · 권경미(2007). 놀이지도. 서울: 학현사.
정계숙 · 황영미(2000). 고립유아의 사회적 상호작용 행동 특징 연구. 유아교육논총, 9(1), 29-47.
정선영(2003). 캐릭터를 활용한 패키지 디자인이 아동의 구매 형태에 미치는 영향에 관한 연구. 홍익대학교 산업미술대학원 석사학위논문.
정옥분(2006). 아동발달의 이해. 서울: 학지사.
정진 · 성원경(2004). 유아놀이와 게임. 서울: 학지사.
정현숙(1995). 도시와 농촌의 집단 게임 양상에 관한 조사연구. 이화여자대학교 대학원 석사학위논문.
조해연 · 이기숙(2014). 어린이집 2세 학급의 물리적 환경, 보육과정, 교사 상호작용의 질이 영아의 놀이행동에 미치는 영향, 교육과학연구, 45(3), 115-136.
좌승화(2001). 모자상호작용에서 사회문화적 놀이맥락과 비계설정에 관한 연구. 유아교육연구, 21(4), 85-101.
좌승화(2007). 유아들의 놀이행동 및 놀이기구 선택. 인문과학논총, 12(1), 경성대학교 인문과학 연구소.
지성애(2001). 유아놀이지도. 서울: 정민사.
지성애 · 채영란 · 심금호 · 박희숙 · 박유영(2014). 놀이지도. 서울: 정민사.
천혜경(1988). 유아의 인지 양식과 놀이행동 간의 관계-장 독립성-장 의존성 차원을 중심으로. 이화여자대학교 대학원 석사학위논문.
최양미 · 김길숙 · 김혜윤(2009). 놀이지도. 서울: 파란마음
최양미 · 김길숙 · 김혜윤(2012). 놀이지도. 서울: 파란마음.
최인숙 · 박화윤(2005). 놀이주제 친숙도에 따른 유아의 상위놀이에 관한 연구. 유아교육연구, 25(5), 101-122.
한국인터넷진흥원(2013). 2012년 스마트폰 이용실태조사.
한국정보화진흥원(2012). 스마트미디어 중독 특성 및 중독 해소 개입 전략 개발 연구.
한석실 · 박주희(2007). 구성놀이 질과 문제해결력 간의 관계. 아동학회지, 28(5), 143-159.
허진경(2001). 사회극놀이 수준이 다른 유아 간 상호작용이 표상능력과 협상능력에 미치는 영향. 이화여자대학교 석사학위논문.
황윤세(2010). 유아의 영재성과 상호작용적 또래놀이와의 관계. 변형유아교육연구, 4(1), 133-145.

Abramvitch. R. & Grusec, J. R. (1978). Peer imitation in a natural setting. *Child Development, 49*, 60-65.
Bateson, G. (1971). The message "This is play.". In R. E. Herron and B. Sutton-Smith(Eds.). *Children's Play*. New York: Hoyn Wiley & Sons. 261-266.
Berk, L. E. & Winsler, A. (1995). *Scaffolding children's learning: Vygotsky and early childhood education*. Washington, DC: NAEYC.

Berlyne, D. E. (1960). *Conflict, arousal, and curiosity.* New York: McGraw-Hill.

Bettelheim, B. (1988). Boys and girls at play. *Scholastic Prekindergarten today.* 45-46.

Blurton-Jones, N. (1976). Rough-and-tumble play among nursery school children. In J. Bruner, A. Jolly & K. Sylvia(Eds.), *Play: T' s Role in Development and Evolution.* New York: Penguin Books. 352-363.

Bodrova, E. & Leong, D. J. (1996). *Tools of mind: The Vygotskian approach to early childhood education.* Englewood Cliffs, New Jersey: Prentice Hall.

Brown, N., Curry, N. E., & Titlnich, E. T.(1971). How groups of children deal with stress through play. In N. E. Curry and S. Amaud(Eds.). *Play: The child' s drive toward self-realization.* Washington, DE: NAEYC.

Bruner, J. S. (1972). The Nature and Uses of Immatuarity. *American Psychologist, 27.*

Burns, S. M. & Brainerd, C. J. (1979). Effect of constructive and dramatic play on perspective-taking in very young children. *Developmental Psychology, 15,* 512-521.

Caldera, Y. M., Houston, A. C., & O'Brien, M. (1989). Social inrteraction and play patterns of parents and toddlers with femine, masculine, and neutral toys. *Child Development, 60,* 70-76.

Campbell, S. D. & Frost, J. L. (1985). The effect of playground type on the cognitive social behaviors of grade two children. In Frost, J. L. & Sunderlind, S. (Eds.), *When Children Play.* Weaton, MD: ACEI.

Chang, S. (2003). *Children' s pretend play with television and film-scripted character toys.* Unpublished master' s thesis. Concordia University, Montreal, Quebec, Canada.

Connolly, J. A. (1980). *The relationship between social pretend play and social competence in preschoolers: Correlational and experimental studies.* Unpublished doctoral dissertation. Concordia University.

Connolly, J. A. & Doyle, A. B. (1984). Relation of social fantasy play to social competence in preschoolers. *Developmental Psychology, 20,* 797-806.

Csikszenmihalyi, M. (1990). *Flow: The psychology of optimal experience.* New York: Harper & Row.

Dietz, W. H. & Gortmaker, S. L. (1985). Do we fatten our children at the television set? Obesity and television viewing in children and adolescent. *Pediatrics, 75,* 807-812.

Dodge, M. K. & Frost, J. L. (1986). Children' s dramatic play: Influence of thematic and nonthematic settings. *Childhood Education, 99*, 166-170.

Eisenberg, N. (1983). Sex-typed toy choices: What do they signify? In M. B. Liss(Ed.) *Social and cognitive skills: Sex roles and children's play*(pp. 45-70). New York: Academic Press.

Ellis, M. J. (1973). *Why people play*. Englewood Cliffs, NJ: Prentice-Hall.

Fein, G. G., Campbell, P. F., & Schwartz, S. S. (1987). Microcomputers in the preschool: Effects on social participation and cognitive play. *Journal of Applied Developmental Psychology, 8*, 197-208.

Fenson, S. & Schell, R. E. (1986). The origins of exploratory play. In P. K. Smith(Ed.), *Children's Play: Research developments and practical applications*. New York: Gordon and Breach. 15-38.

Fontaine, A. M. (1996). 유아들 간의 의사소통 능력발달과 놀이. 어린이와 놀이: 건전한 성장과 발달을 위한 놀이 방법 연구. 제4회 국제학술대회. 삼성복지재단 어린이 개발 센터.

Freud, A. (1971). *Nanality and Pathology in Childhood: Assessment of development*. New York: International University Press.

Frost, J. L. (1992). *Play and Playscapes*. Albany, New York: Delmar Publishers Inc.

Frost, J. L. & Kissinger, B. L. (1976). *The Young child and the educative process*. NY: Holt. Rinehart & Winston.

Frost, J. L. & Klein, B. L. (1979). *Children's play and playground*. Boston: Allyn & Bacon.

Garvey, C. (1977). *Play*. Cambridge, MA: Harvard University Press.

Gestwicki, C. (1995). *Developmentally Appropriate Practice: Curriculum and Development in Early Education*. Albany, New York: Delmar Publishers Inc.

Goldberg, S. & Lewis, M. (1969). Play behavior in the year-old infant: Early sex differences. *Child Development, 40*, 21-31.

Goncu, A. (1993). Development of intersubjectivity in the dyadic play of preschoolers. *Early Childhood Research Quarterly*, 8, 99-116.

Groos, K.(1901). *The Role of Man*. New York: Apleton.

Haight, W. & Miller, P. J. (1993). *Pretending at home: Early development in sociocultural context*. Albany: State University of New York Press.

Henninger, M. L. (1987). Learning mathematics and science through play. *Childhood Education, February*, 161-171.

Hetherington, F. M., Cox, M., & Cox, R. (1979). Play and Social interaction in children following divorce. *Journal of Social Issues, 35*, 26-49.

Hill, P. M. & McGune-Nicolich, L. (1981). Pretend play and patterns of cognition in down syndrom children. *Child Development, 52*, 611-617.

Hughes, F, P. (1995). *Children, play and Development.* Boston: Allyn and Bacon.

Huizinga, J. (1955). *Homo ludens: A study of the play Element in Culture.* Boston: Beacon Press. 김윤수 역(1981). 호모 루덴스: 놀이와 문화에 관한 연구. 서울: 까치.

Hutt, C. (1971). Exploration and play in children. In R. E. Herron and Sutton-Smith(Eds.). *Child' s Play.* New York: John Wiley & Sons. 231-251.

Johnson, J. E., Christie, J. F., & Wardle, F. (2005). *Play, development, and early education.* Boston: Pearson/A and B. 이진희 · 손원경 · 안효진 · 유연옥 역(2006). 놀이, 발달, 유아교육. 서울: 아카데미프레스.

Johnson, J. E., Christie, J. F., & Yawkey, T. D.(1999). *Play and Early Childhood Development*(2nd.). New York: Longman.

Johnson, M. W. (1935). The effect on behavior of variation in the amount of play equipment. *Child Development, 6*, 56-68.

King, N. R. (1979). The kindergarten' s perspective. *The Elementary School Journal, 80(2)*, 81-87.

Levy, J. (1978). *Play behavior.* New York: John Wiley & Sons.

Lieberman, J. N. (1977). *Playfulness: Its relationship to imagination and creativity.* New York: Acamedic Press.

Marotz, L. R., Cross, M. Z., & Rush, J. M. (2002). *Health, Safty, and Nutrition for the young child*-5th ed. Albany: Delmar pub. Co.

Miller, S. (1968). *The Psychology of Play.* New York: Penguin Books.

Muller, A. A. & Perlmutter, M. (1985). Preschool children' s problem-solving interaction at computers and jigsaw puzzles. *Journal of Applied Development Psychology, 6*, 173-186.

Parten, M. B. (1932). Social participation among preschool children. *Journal of Abnormal & Social Psychology, 27*, 243-269.

Patrick, G. T. W. (1916). *The psychology of relaxation.* Boston: Houghton Mifflin.

Pellegrini, A. D. & Galda, L. (1982). The effects of thematic-fantasy play training on children' s play. Development of children' s story comprehension. *American Educational Research Journal, 19(3)*, 443-452.

Pepler, D. & Ross, H. S. (1981). The effects of play on convergent and divergent problem-solving. *Child Development, 52*, 1202-1210.

Piaget, J. (1962). *Play, Dreams, and Imitation in Childhood.* New York: W. W. Norton.

Reifel, S. & Yeatman, J. (1993). From category to context: Reconsidering classroom play. *Early Childhood Research Quarterly, 8*, 347-367.

Rose, R. J., Koskenvuo, M., Kaprio, J., Sarna, S., & Langinvainio, H. (1988). Shared genes, shared experience and similarity of personality: Data from 14, 288 adult Finnish co-twins. *Journal of Personality and Social Psychology, 54*, 161-171.

Rubin, K. H., Fein, G. G., & Vanderberg, B. (1983). Play In E. Hetherington(Ed.), P. H. Mussen(Series Ed.) , Handbook of child psychology, Vol. 4. *Socialization, personality, and social development*(pp. 694-759). New York: Wiley.

Salta, E. (1980). The role of adult-child play in language development. In K. H. Rubin(Ed.), *Children' s play.* San Francisco: Jossey-Bass.

Saltz, E. & Johnson, J. (1974). Training for disadvantaged preschoolers on various fantasy activities: Effects on cognitive function and impulse control. *Child Development, 48*, 367-380.

Seedfeldt, V. (1984). Physical fitness in preschool and elementary school-aged children. *Journal of physical Education. Recreation and Dance November/ December*: 33-40.

Singer, J. L. (1980). The power and imitations of television: A cognitive affective analysis. In P. H. Tannenbaum(Ed.), *The entertainment functions of television.* New York: Lawrence Erlbaum. 31-65.

Sluss, D. J. (2005). *Supporting play: Birth through age eight.* New York: Thomson Delmar Learning.

Smilansky, S. (1968). *The effects of social-dramatic play on disadvantaged preschool children.* New York: John Wiley.

Smith, P. K. & Lloyd, B. (1978). Maternal behavior and perceived sex of infant: Resisited. *Child Development, 49*, 1263-1266.

Smith, P. K. & Boulton, M. (1987). How rough is rough-and-tumble? *SET Research Information for teachers, 1*, item 11.

Spencer, H. (1873). *Principles of psychology.* New York: Appleton-Century-Crofts.

Sroufe, L. A. & Walters, E. (1977). Heart rate as a convergent measure in clinical and developmental research. *Merrill-Palmer Quarterly, 23*, 3-27.

Steinfeld, J. L. (1973). TV violence is harmful. Readers Digest, April, *U.S.A. Today*(May 15, 1985), 9-A.

Sutton-Smith, B. (1967). The role of play in cognitive development. *Young Children, 22*, 31-30.

Sutton-Smith, B. (1980). Children' s Play: Sources of Play Theorizing. In K. H. Rubin, Ed., *Children' s Play*. San Francisco: Jossey-Bass.

Thomas, A. & Chess, S. (1984). Genesis and evaluation of behavioral: From infancy to early adult life. *American Journal of Psychiatry, 141*, 1-9.

U.S. News and World Report (1985). *What entertainment are doing to your kids*. October 28: 46-49.

Vygotsky, L. S. (1978). *Mind in society: The development of higher psychological processes*. Cambridge: Cambridge University Press.

Walder, R. (1933). The psychoanalytical theory of play. *Psychoanalytic Quarterly, 2*, 208-224.

Winston, P. (1984). Despite fitness boom, the young remain unfit. *Education Week, 9(October 31)*.

Wohlwill, H. F. (1984). Relationships between exploration and play. In T. D. Yawkey and A. D. Pellegrini(Eds.), *Child' s play: Developmental and applied*. Hillsdale, NJ: Lawrence Erlbaum Associates Inc. 143-170.

Wolfgang, C., Mackender, B., & Wolfgang, M. (1981). *Growing and learning through play*. New York: Instructo/McGraw-Hill.

Wood, D. Mcmahon, L., & Cranstoun, Y. (1980). *Working with under fives*. Ypsilanti, MI: High/Scope.

http://blog.busan.go.kr/2404

http://blog.daum.net/i_lovewater/372

http://blog.daum.net/7kablee/34

http://blog.daum.net/_blog/BlogTypeView.do?blogid=0jX6P&articleno=180&_bloghome_menu=recenttext

http://blog.daum.net/_blog/BlogTypeView.do?blogid=0jOIG&articleno=49

http://blog.incheon2014.kr/2014/01/%EB%B0%B0%EB%93%9C%EB%AF%BC%ED%84%B4/

http://blog.naver.com/cindy620?Redirect=Log&logNo=150112983712

http://blog.naver.com/gksrhdms0615?Redirect=Log&logNo=220027845294
http://blog.naver.com/izi121?Redirect=Log&logNo=70146416025
http://blog.naver.com/kimyangok1?Redirect=Log&logNo=70050753495
http://blog.naver.com/jjjm5?Redirect=Log&logNo=220351533184
http://blog.naver.com/manttang0?Redirect=Log&logNo=90185158832
http://blog.naver.com/mcjang85?Redirect=Log&logNo=10159378769
http://blog.naver.com/unokim21?Redirect=Log&logNo=30051259867
http://blog.naver.com/someday621?Redirect=Log&logNo=220101282427
http://bsu-az.org/cars/otkryvaem-avtomojku-plyusy-i-minusy
http://duga.tistory.com/600
http://food4-d.dothome.co.kr/bbs/bbs/view.php?bbs_no=3&data_no=4&page_no=1&sub_id=m-4
http://haja.tistory.com/51
http://kimstreasure.tistory.com/15
http://kimstreasure.tistory.com/36
http://m.inews.seoul.go.kr/hsn/program/mobileHiSeoul/mobileArticleDetail.jsp?menuID=005001002&boardID=170514&category1=NC1&category2=NC1_2
http://moneyamoneya.tistory.com/1073
http://news.sbs.co.kr/news/endPage.do?news_id=N1001062735
http://photo.naver.com/view/2008042817185942677
http://samsamstory.com/786
http://sau2011.tistory.com/910
http://sports-pure.blogspot.hk/2011/02/blog-post.html
http://stuffpoint.com/fish/image/418782/tropical-pink-fish-picture/
http://tadream.tistory.com/8891
http://terms.naver.com/entry.nhn?docId=973274&mobile&cid=46720&categoryId=46798
http://terms.naver.com/entry.nhn?docId=974521&mobile&cid=46720&categoryId=46846
http://terms.naver.com/entry.nhn?docId=976234&mobile&cid=46720&categoryId=46850
http://terms.naver.com/entry.nhn?docId=1111522&cid=40942&categoryId=33081
http://terms.naver.com/entry.nhn?docId=1136121&cid=40942&categoryId=32134
http://terms.naver.com/entry.nhn?docId=1152070&cid=40942&categoryId=33081
http://terms.naver.com/entry.nhn?docId=1152375&cid=40942&categoryId=31980
http://terms.naver.com/entry.nhn?docId=1164226&cid=40942&categoryId=32138

http://terms.naver.com/entry.nhn?docId=1152070&cid=40942&categoryId=33081
http://terms.naver.com/entry.nhn?docId=1152375&cid=40942&categoryId=31980
http://terms.naver.com/entry.nhn?docId=1164226&cid=40942&categoryId=32138
http://terms.naver.com/entry.nhn?docId=1397822&cid=47318&categoryId=47318
http://terms.naver.com/entry.nhn?docId=1631626&cid=42651&categoryId=42651
http://terms.naver.com/entry.nhn?docId=2028332&cid=46704&categoryId=46743
http://terms.naver.com/imageDetail.nhn?docId=970735&imageUrl=http://dbscthumb.phinf.naver.net/1843_000_1/20120618144546866_2LM77WYZ3.jpg/77_i1.jpg?type=m4500_4500_fst_n&mode=simple&cid=47318&categoryId=47318
http://unknown70.tistory.com/31
http://www.absolut-china.com/la-muralla-china-la-serpiente-montanosa/
http://www.doremihouse.com/bbs/57356
http://www.enter.co/cultura-digital/secretos-tecnologia/el-reciclaje-de-dispositivos-electronicos-aumento-un-53-en-2011/
http://www.greenfish.co.kr/shop/shopdetail.html?branduid=1193
http://www.greenfish.co.kr/shop/shopdetail.html?branduid=1317&xcode=011&mcode=&scode=&type=X&sort=order&cur_code=011&GfDT=bmt%2FW11H
http://www.greenfish.co.kr/shop/shopbrand.html?xcode=002&type=X&sort=price2&mcode=003
http://www.newsjeju.net/news/articleView.html?idxno=213447
http://www.ohmynews.com/NWS_Web/View/at_pg.aspx?CNTN_CD=A0001987104
http://www.ohmynews.com/NWS_Web/view/at_pg.aspx?CNTN_CD=A0001758227
https://www.sc.or.kr/guide/nanum-detail.do?pageDetail=23802
http://www.shmoop.com
http://www.tynp.com/sub_read.html?uid=2046
https://www.youtube.com/watch?v=CD3WyJcxZTM
http://www.zooclub.ru/fotogal/oboi/aqua/index6.shtml

좌 승 화

University of Texas at Austin 유아교육 전공 (교육학 석사)
University of Texas at Austin 유아교육 전공 (철학 박사)
현) 동의과학대학교 유아교육과 교수

최 애 경

부산대학교 교육대학원 유아교육 전공 (교육학 석사)
부산대학교 대학원 유아교육 전공 (교육학 박사 수료)
부산대학교 대학원 특수교육 전공 (교육학 박사)
현) 부산과학기술대학교 사회복지계열 (아동복지보육전공) 교수

김 길 숙

부산대학교 교육대학원 유아교육 전공 (교육학 석사)
경남대학교 대학원 교육과정 및 교육방법 전공 (교육학 박사)
현) 창원문성대학교 유아교육과 교수

김 혜 윤

부산대학교 교육대학원 유아교육 전공 (교육학 석사)
동아대학교 대학원 교육과정 및 교육방법 전공 (교육학 박사)
현) 창신대학교 유아교육과 교수

놀이지도

초판 1쇄 인쇄 2015년 8월 19일
초판 1쇄 발행 2015년 8월 26일

지은이_ 좌승화 · 최애경 · 김길숙 · 김혜윤
펴낸이_ 황호철
펴낸곳_ 도서출판 파란마음

주소_ 04315 서울시 용산구 백범로90라길 47 | 전화_ (02) 3275-2110~1 | 팩스_ (02) 3275-2199
홈페이지_ http://paranmaum.co.kr/

등 록_ 2006년 4월 24일 · 제302-2006-00024호

ISBN 978-89-97982-31-8 93370
값 20,000원